至圣孔子

杨朝明 著

『儒家五圣』丛书 杨朝明 主编

曲阜文化建设示范区推进办公室 组编

齊魯書社
·济南·

图书在版编目（CIP）数据

至圣孔子 / 曲阜文化建设示范区推进办公室组编；杨朝明主编；杨朝明著. -- 济南：齐鲁书社, 2023.9
（“儒家五圣”丛书）
ISBN 978-7-5333-4684-3

Ⅰ. ①至… Ⅱ. ①曲… ②杨… Ⅲ. ①孔丘（前551-前479）－人物研究 Ⅳ. ①B222.25

中国国家版本馆CIP数据核字(2023)第050140号

策划编辑　傅光中
责任编辑　马安钰　井普椿
装帧设计　亓旭欣

至圣孔子
ZHISHENG KONGZI
曲阜文化建设示范区推进办公室　组编　　杨朝明　主编
杨朝明　著

主管单位	山东出版传媒股份有限公司
出版发行	齊魯書社
社　　址	济南市市中区舜耕路517号
邮　　编	250003
网　　址	www.qlss.com.cn
电子邮箱	qilupress@126.com
营销中心	（0531）82098521　82098519　82098517
印　　刷	山东成信彩印有限公司
开　　本	720mm × 1020mm　1/16
印　　张	17
插　　页	2
字　　数	284千
版　　次	2023年9月第1版
印　　次	2023年9月第1次印刷
标准书号	ISBN 978-7-5333-4684-3
定　　价	56.00元

“儒家五圣”丛书
编辑委员会

总序一

济宁位于鲁西南地区，地处黄淮海平原与鲁中南山地交接地带，素以“孔孟之乡”“运河之都”“文化济宁”著称。孔孟之乡、礼义之邦的济宁是中华文明的重要发祥地，诞生了人文始祖轩辕黄帝和孔子、颜子、曾子、子思子、孟子等圣人。西周初年，周公受封建立鲁国，为儒学的诞生提供了前提。济宁辖区内有曲阜市、邹城市两个国家历史文化名城，有“三孔”和京杭大运河两处世界文化遗产，有水浒故事发源地水泊梁山、铁道游击队故乡微山湖……圣人、圣地、水乡交相辉映，优秀传统文化与红色文化在此水乳交融。

习近平总书记指出：“孔子创立的儒家学说以及在此基础上发展起来的儒家思想，对中华文明产生了深刻影响，是中国传统文化的重要组成部分。”“研究孔子、研究儒学，是认识中国人的民族特性、认识当今中国人精神世界历史来由的一个重要途径。”儒学是一个博大精深的思想体系，其形成有广阔的社会背景和漫长的历史过程。中华优秀传统文化就像一棵生生不息、枝繁叶茂的参天大树，生命坚韧，历久弥新，在不同时期结出了不同的文明硕果。

孔子开创的儒家学说，不仅影响了中国古代社会的政治、经济、文化、教育等诸多方面，而且对人类现代社会依然有着重要影响。在现代社会，儒家文化所强调的仁、义、礼、智、信等人伦道德理念，仍然是我们中国人处理人际关系所遵从的基本原则。在政治方面，儒家文化讲仁爱、重民本，为国家管理者提供了治国理政方面的有益遵循。在经济方面，儒家文化强调道德修养及社会责任，有助于中国商业的健康发展。

在文化层面，儒家学说促进了人与人、国与国之间的交流与合作。在教育方面，孔子开创了民间教育的先河，成为此后中国培养人才的重要方式。可以说，儒家学说曾经长期是中国社会的主流文化，而且至今仍然在很大程度上影响着中国乃至世界儒家文化圈人民的思想观念和精神生活。

2013年11月，习近平总书记视察山东济宁，就弘扬中华优秀传统文化问题发表重要讲话，对济宁寄予殷切期望，赋予光荣使命。近年来，济宁市深入学习贯彻习近平总书记重要讲话指示精神，发挥文化底蕴厚重、资源丰富的优势，配合建设大运河、黄河等国家文化公园，把握好国际孔子文化节、尼山世界文明论坛等重大文化活动契机，倡导中华优秀传统文化“八个融入”理念，推动研究阐发“登峰”与推广普及“落地”并重，做好中华优秀传统文化“创造性转化、创新性发展”的文章，全力打造集世界文明交流互鉴高地、中华优秀传统文化“两创”先行示范区、世界文化旅游名城于一体的文化建设新高地，自觉在服务国家文化战略中担负重大使命、做出更大贡献。

习近平总书记在文化传承发展座谈会上强调，要在新的历史起点上继续推动文化繁荣、建设文化强国、建设中华民族现代文明。要坚定文化自信，坚持走自己的路，立足中华民族伟大历史实践和当代实践，用中国道理总结好中国经验，把中国经验提升为中国理论，实现精神上的独立自主。要秉持开放包容，坚持马克思主义中国化时代化，传承发展中华优秀传统文化，促进外来文化本土化，不断培育和创造新时代中国特色社会主义文化。要坚持守正创新，以守正创新的正气和锐气，赓续历史文脉，谱写当代华章。

破浪前行风正劲，奋楫扬帆正当时！济宁市将全面贯彻落实党的二十大精神，以习近平新时代中国特色社会主义思想为指引，深入推动文化繁荣发展，努力让中华优秀传统文化焕发出新的时代光彩：创新突破传播交流，推进尼山文化片区规划建设，全方位提升国际孔子文化节、尼山世界文明论坛等重大活动能级，充分运用数字技术等现代手段提升中华优秀传统文化的国际影响力；创新突破教育普及，建设全国干部政德教育基地、全国教师培训基地、全国青少年优秀传统文化传承体验基地，大力推进“领导干部学国学”“优秀传统文化进校园”，以中华优秀传统文化教育影响“关键少数”，让“关键少数”影响带动社会大多数，形成宣传普及中华优秀传统文化的热潮；创新突破落地转化，推动中华优秀传统文化“八个融入”，即融入精神文明建设，融入青少年教育，融入干部政德建设，融入基层社会治理，融入文化旅游高质量发展，融入乡村振兴，融入网络建设，融入城市发展，用中华优秀传统文化涵育“人人彬彬有礼、户户和和美美、处处干干净净”的城乡文明新风尚；创新突破文旅融合发展，实施“百家景区焕新”行动，对全市100余家A级景区实行“一景区一方案”，推动经典景区“破圈突围”、传统景区“做优做强”、新兴景区“深度开发”，打响“孔孟之乡、运河之都、文化济宁”的文旅品牌。

为了弘扬以儒家文化为代表的中华优秀传统文化，围绕“四个讲清楚”“两个结合”等重大论断，结合孔孟故里的区位优势，济宁市深入挖掘整理、研究阐发以儒家文化为重点的中华优秀传统文化资源，推进“儒家五圣”思想学说研究，特约请著名儒学研究专家杨朝明教授担纲主编，于国内优秀专业古籍出版社齐鲁书社编辑出版了这套“儒家五圣”丛书。本丛书分别阐述了至圣孔子、复圣颜子、宗圣曾子、述圣子思子、亚圣孟子的生平事迹、思想观点及时代价值，是一套通俗化、普及性的儒家文化宣传读本，是济宁市文化“两创”工作的标志性成果之一。希望这套丛书的出版发行，能够让更多的读者了解孔孟之乡、了解儒家文化，进而学好用好以儒家文化为代表的中华优秀传统文化。

希望有志于文化建设的社会各界人士，积极投身于中华优秀传统文化“两创”实践，为推动完成新的文化使命、建设中华民族现代文明做出新的更大贡献！

中共济宁市委常委、副市长
曲阜文化建设示范区党工委书记　董　冰

2023年8月

总序二

在中华传统文化中，圣人是最为崇高的人。圣人不仅人格完美高尚，而且智慧出类拔萃、超凡脱俗。“圣人”一词虽然有时被用来美化帝王，后来也用于指称精通某事或在学问、技艺方面有超高成就的人，但通常情况下，都是指道德、智慧最为高超的理想人物。在中国，中华民族最伟大的文化圣人主要指至圣孔子、复圣颜子、宗圣曾子、述圣子思子、亚圣孟子等。欲推进文化自信，就必须文化自知；要了解中华民族文化，不了解“儒家五圣”几乎不可想象。

一

孔子把人分为五类：庸人、士人、君子、贤人、圣人。在孔子心目中，圣人的德行合于天地之道，圣人能统物通变，推究万事规律，协调万物机理，广布道艺，成就物性。圣人与日月齐辉，化行天下如同神明，普通人未必了解他的德行，见到他的人也未必能看出他的卓异。这样的人就是圣人。按照孟子的说法，圣人代表人格追求的最高标准。他说：“圣人，人伦之至也。”

孔子、孟子等曾以“君子”自许，却没有以“圣人”自居。例如，有人称孔子为“圣”为“仁”时，孔子谦卑地说：“圣与仁，我哪里敢当！我只不过朝着这样的方向努力而不满足，教诲别人而不觉疲倦罢了。”也许，“学而不厌，诲人不倦”正是圣人的高度，他们在追寻圣道的路上一定会发愤忘食、乐以忘忧。然而，在弟子后学心目中，孔子等人已经达到“圣”的境界，例如子贡常称孔子为“圣人”，称赞孔子“固天纵之将圣，又多能也”。

子贡所说“固天纵之将圣”，很值得玩味！孔子当然不认为自己生而知之，而是说自己年少贫贱，“多能鄙事”，由此成就了自己。这仅是问题的一个方面。任何人的成功都是主客观多种因素造成的。孔子及其弟子后学颜子、曾子、子思、孟子出现在衰周之际、成就于泰山之阳的洙泗之域，恰是时势所造，而这个“时势”就是子贡说的“天”。有人慨叹“天不生仲尼，万古长如夜”（《朱子语类》），天生至圣孔子，天生儒家群圣，这是中华文化之“天”培育的丰硕成果，是天地自然送给中华民族的宝贵礼物！

“儒家五圣”是儒学的创立者、定型者。基于儒学的特性及儒学在中华优秀传统文化中的地位，他们不仅属于儒家，更属于整个中华民族乃至整个人类。他们构建并承载了中华民族的价值观念。“儒家五圣”的思想孕育于邹鲁、形成在周代，历史渊源悠久，文化积淀深厚。

二

能看见多远的过去，才能看清多远的未来——往回看恰是为了向前看。如果不理解孔子“述而不作”的文化观，不理解孔子“祖述尧舜，宪章文武”的丰富内涵，就很难读懂孔子儒学。“儒家五圣”承载了他们以前中华文化的发展，其思维高度与深度联结了古代中国历史发展的长度和宽度。必须清楚，孔子继承了周代以前的王官学传统。要准确把握中国文化精神要义，就要知道它与上古三代文化的关系。

儒学产生前，“儒”早已存在。商朝甲骨文中的“儒”，像以水冲洗沐浴濡身。“儒”的早期字形可隶定为“需”，“需”通“濡”，它应该就是儒的本义。汉代有时依然把“儒”写成“濡”，汉碑中就有“少以濡术”的用法。最初，在进行礼仪活动（如祭祖宗、事上帝等）时，儒要斋戒沐浴，盛服逢迎，以此致孝敬之心，故孔子说“儒有澡身而浴德”。孟子说，“虽有恶人，斋戒沐浴，则可以祀上帝”，大意也是如此。孔子创立的“儒学”与原始的“儒”都有改变、教化之意，儒家则不仅通过斋戒沐浴致其诚敬，而且更关注世道人心，希望社会和谐。

关于儒学的产生，《淮南子·要略》说：“孔子修成、康之道，述周公之训，以教七十子，使服其衣冠，修其篇籍，故儒者之学生焉。”西周初年，周公辅政成王。成王之后，康王继位。《史记·周本纪》记载：“成康之际，天下安宁，刑错四十余年不用。”孔子研修“成康之道”，传述“周公之训”，教授生徒，创立了儒学。《汉书·艺文志》载：“儒家者流，盖出于司徒之官，助人君顺阴阳明教化者也。游文于六经之中，留意于仁义之际，祖述尧舜，宪章文武，宗师仲尼，以重其言，于道最为高。”“司徒之官”为“周礼六官”之一。孔子继承尧、舜、禹、汤、文、武、周公，孔子以后的儒家则以孔子为宗师，这就明确道出了儒学与官学的联系。

周文化继承了夏、商文化，正如孔子所说“周因于殷礼”“殷因于夏礼”“周监于二代”。周代教育有“小学”“大学”之别。小学谓“小子之学”，大学谓“大人之学”。“小子之学”是教小孩子的，“大人之学”是成人教育。“小子之学”旨在学习洒扫、应对、进退之节，学习礼、乐、射、御、书、数之文；“大人之学”旨在学习穷理、正心、修己、安人之道，学习修身、齐家、治国、平天下。《大戴礼记·保傅》称“小学”是“小艺”“小节”；到十五岁左右，“束发而就大学”，学习“大艺”“大节”。孩子懂事了，就可以学习天地自然、社会人生的道理，故孔子说：“自行束脩以上，吾未尝无诲焉。”东汉郑玄注释“束脩”，谓年十五以上。孔子所教，正是穷理正心、修己安人的“大学”，所以如有十五岁及以上年龄的青年人来求教于他，他都加以教诲，这正体现了他“有教无类”的教育思想。

孔子家学与周代官学具有直接联系。从内容看，孔子继承了周代以来的教育传统。《礼记·王制》载：“乐正崇四术，立四教，顺先王《诗》《书》

《礼》《乐》以造士。春秋教以《礼》《乐》，冬夏教以《诗》《书》。”“孔子以诗书礼乐教”(《史记·孔子世家》)，“兴于《诗》，立于礼，成于乐”(《论语·泰伯》)。由此可知孔子家学的内容与官学基本一致。

孔子逝世后，弟子们“散游诸侯”，按照《史记·儒林列传》的说法，“大者为师傅卿相，小者友教士大夫”。在弟子们的共同努力下，孔子学说被发扬传播到各地。尤其是在齐、鲁两国，儒家之学得到了很好的传承，其中最为突出的是在齐国威王、宣王之际，“孟子、荀卿之列，咸遵夫子之业而润色之，以学显于当世”。

三

孔子是守正创新的典范。他强调要继承前代而有创新——“温故而知新，可以为师矣”。弟子有子也说“因不失其亲（新），亦可宗也”。孔子之所以可“宗”可“师”，是因为他正确处理好了继承与创新的关系。创新离不开继承，要以继承为前提；继承是为了创新，是为了更好地创新。守正不是教条主义、本本主义的保守，创新不是无原则、无基础的求新。例如，对“礼”的传承，礼的形式可以“因”，可以因循继承，也可以根据时代的变化适时“损益”，但礼的内在精神不可轻易改变，故孔子说“虽百世可知也”。

中华礼乐文化是源于天而根于心的。礼乐传统是中华文化传统的荦荦大端，在中华民族跨进文明的门槛时，礼乐文化已同时发轫并日渐成熟。夏、商、周三代礼制因革损益，周礼则具有了很高的水准。作为一种人文成果，周礼合于天地，顺乎人情，具有“别嫌疑，明是非，定犹豫”(《史记·太史公自序》)的功能。“夫礼者，理也”(《孔子家语·论礼》)，“礼也者……理万物者也”(《礼记·礼器》)，中华文化以爱与敬为“至德要道”(《孝经》)，将爱敬精神植根于基于父子兄弟亲情的孝悌之道，推衍而贯穿于整个礼乐精神之中。

中华传统文化最重一个“正”字，讲公正、讲诚正、讲中正，主张正而刚直、正而不私、正而不阿。孔子说“政者，正也”，为政者首先要考虑“其身正”，由为政者的“正”引导全社会的“正”。儒学是“正心”之学，它要求人们“思无邪”（《论语·为政》），希望世人端身、正己、守一以止。从很早的时期开始，中华先哲就思考正义问题，“儒家五圣”也无一不致力于研究明德新民、止于至善。礼乐文化从神圣、德性、程序、器物等向度确定权力的合法性、合理性，以“天命”为参照，在整体中定位。中国古代王朝常借助一些仪式表示自己“奉天承运”，这同样源于对自身政权天命合法性的追求。在儒家的语境中，君子“贵乎天道”（《孔子家语·大婚解》），“不知命，无以为君子也”（《论语·尧曰》），所以儒家特别强调“畏天命，畏大人，畏圣人之言”（《论语·季氏》）。

中华文化像一棵生生不息的生命之树，它的根扎得很深很牢。只有准确认识和估价中国古代文明的发展水平，才能理解和把握中华先哲的深邃智慧和文化创造。中国先民认知世界，以天地为师，着眼古往今来，关注四方上下。在中华早期文化典籍中，“天下”“万方”“四海”之辞层出不穷，这源于中华文明的天下观、世界观、整体观、系统论。在与世界的互动中，中国先民深刻理解“道弥益而身弥损”“天道成而必变”（《孔子家语·六本》）之类的哲理，特别注重天人合一、与时偕行；“注焉而不满，酌焉而不竭”（《庄子·齐物论》），当位而行，“允执厥中”。

孔子一生求道，创立了儒学，追求“道”的实现。《汉书·艺文志》说，儒学“于道最为高”。孔子教授生徒，希望成就他们的“文德”（《孔子家语·弟子行》）。他强调士人要“志于道”，自称“吾十有五而志于学”（《论语·为政》）。孔子追求的“道”一以贯之，这便是曾子概括的“忠恕”（《论语·里仁》），即“己所不欲，勿施于人”“修己以敬”“修己以安人”。

四

说到中华圣人，我们一定不能忘记周公。我们要知道，孔子是“接着周公说”的，这一点极其重要！周公“经天纬地”“制礼作乐”，建立了中国礼乐文明的大厦。可是，孔子之时却“礼坏乐崩”，孔子希望扶礼乐大厦之将倾，但礼乐“崩坏”的局势已经无法挽回，他只好认真学习周公，研究礼乐制作，思考文明机理，阐发周公思想。孔子和早期儒家群体“述周公之训”而创立儒学。如果追问孔子最尊敬、对孔子影响最深的人，此人当然非周公莫属。孔子晚年曾说：“甚矣吾衰也！久矣吾不复梦见周公！”（《论语·述而》）周公可谓是令孔子魂牵梦绕的一个人，后人尊孔子为“至圣”，而以周公为“元圣”！

曲阜周公庙元圣殿有清朝人撰写的楹联——“官礼功成宗国馨香传永世，图书象演尼山统绪本先型”，它揭示了孔子儒学与周公的密切关系，体现了周公对孔子的巨大影响。在孔子所在的鲁国，“先君周公制周礼”几乎成为人们的口头禅。孔子时，周代典籍尚在，孔子能看到更多的周代遗制，这使他有条件“法则周公”。

《论语》中两次记述孔子入太庙“每事问”（分别见于《论语·八佾》《论语·乡党》）。“太庙”即鲁周公庙。对于不懂的礼制、礼仪、文物，孔子实事求是、虚心求教。他还到洛邑（今河南洛阳）游历访问，参观了那里的重要政治文化设施，流露出对周朝制度的向往。他倾心仰慕周公，经常引用周公名言，对周公的赞美常常溢于言表。他熟悉周公事迹和“周公之制”，认为“周公之典”就是后世行事的法度。孔子“适周问礼”，至洛邑向老子请教“礼”，很可能就是学习《周礼》。《周礼》是国家层面的制度设计，不需要一般人研习阅读，为天子以及王公大臣所明、所知即可。不过，它可能是通过孔子的论述与传播而流传下来的，也有可能影响到了汉代的礼制。

作为政治家、思想家，周公奠定了周朝八百年基业，把我国的古代文明推向新的巅峰，他也是中国儒学的先驱，其“敬德保民”的思想是儒家学说的基础。周公去世后，鲁人不忘“先王之训”，追忆“周公之礼”。鲁国因是周公的封国而成为周代“文物之邦”，儒学则由于鲁国为“文物之邦”而兴盛。孔子晚年，因为自己的理想几近破灭，遂退于洙泗之滨，教授生徒，整理“六经”。由于孔子之学源于周公，所以汉代以后人们常常将周公、孔子并称为“周孔”。

鲁国为东方的宗周模式，担负着传播宗周礼乐文明的使命。在周王朝治国政策的贯彻上，鲁国堪为典范。周公的重民保民、明德慎罚、勤政任贤等主张，在鲁国当政者身上都有明显体现。当然，说鲁国为“宗周模式”，绝不是说鲁国完全排除其他文化因素而全盘周化，而是说鲁国在政治统治上是周王朝在东方的代理人，周代礼制在鲁国上层贵族中被完整存续。

“儒家五圣”全部出自“邹鲁”的深层原因正是这里文化积淀丰厚。作为地理概念，“邹鲁”本指邾国、鲁国这一地区。两周时期，邾国、鲁国相邻，鲁国是孔子故国，邾国又称邾娄、邹、驺等，为战国时期孟子所在的国家。战国时代，邾国称邹，这里受儒家文化的濡染，孔子之孙子思也到邹地讲学，孟子迁邹更增添了这里的儒学氛围，邹穆公也因此接受了孟子的进谏，施行“仁政”。这一时期，孟子四处奔走，宣传自己的思想主张，他在齐国甚至“后车数十乘，从者数百人”（《孟子·滕文公下》），浩浩荡荡，场面宏大。孟子以前，邹、鲁连称，可能仅是因地理位置相近、土地相接。孟子以后，因为孟子影响巨大，从儒家学术文化的角度，人们不仅将“邹”“鲁”合称，还把“邹”放在“鲁”的前面而称“邹鲁”。

《史记·货殖列传》载：“邹、鲁滨洙、泗，犹有周公遗风，俗好儒，备于礼，故其民龊龊。颇有桑麻之业，无林泽之饶。地小人众，俭啬，畏罪远邪。”这段话大致概括了邹鲁文化的基本特征或品格风貌。在儒家文化的熏染下，邹鲁之地好儒重礼，民风淳厚，百姓安居乐业，恭谨礼让，简朴本分。在儒生的宣传下，洙泗之域的邹鲁文化影响很大，传承久远。

五

“儒家五圣”当然是指孔子、颜子、曾子、子思子、孟子五位圣人。因为他们身上承载着中国思想文化，所以他们也是中华文化、中国智慧的代表。他们在中国文化中的意义或与苏格拉底在西方文化中的意义有所不同。德国哲学家雅斯贝尔斯提出了“轴心时代”理论，认为儒学代表了中国文化的“突破”。这固然没有太大问题，但他没有注意到孔孟学说在中国古代文化中的“集成”特点，低估了孔子以前中国文明的发展水平。正如李学勤先生所言：“古书里说得很清楚，在孔子以前有一个很长的学术传统。我们以前读书的人总要读《汉书·艺文志》，《汉书·艺文志》讲‘诸子出于王官’，诸子都是从王官而来。”诸子之学出于“王官”，以孔子儒家最为明显。

孔子家学教育与周代官学教育一致。孔子说“兴于《诗》，立于礼，成于乐”（《论语·泰伯》），“儒家五圣”都十分注重个人修养，这是儒家思想的突出特色。孔孟之道是社会治理之道，孔孟之道说到底也是人之为人的修身之道。孔子说“修己以敬”“修己以安人”“修己以安百姓”（《论语·宪问》）。曾子说“吾日三省吾身”，认为孔子学说一以贯之的是“忠恕”之道。子思学于曾子，将孔子、曾子思想发扬光大。郭店楚简的发现为我们认识子思学说提供了珍贵资料。郭店楚简中关于心性问题的论述给人留下了深刻印象。

在“儒家五圣”中，孟子殿后。“心”字在《孟子》一书中竟出现120多次，它与“身”构成了对立统一的关系。“修心”与“修身”一致，就像《大学》强调“自天子以至于庶人，壹是皆以修身为本”，“欲修其身者，先正其心”，“心正而后身修”。《庄子·天下》纵论天下学术，认为学术有“道术”与“方术”的分别。道术在“六经”之中，其内圣外王之道“邹鲁之士、搢绅先生多能明之”，“百家之学时或称而道之”。庄子把“百家之学”与“邹鲁之士、搢绅先生”区别开来，认为儒家是特出于百家之外、之上的！

两千多年过去了，儒家的“修己”学说愈发显现出它的价值与意义。当人们进入文明时代、形成社会共同体以后，必要的规范便应运而生。那么，“规范”或者“规则”是靠“强制执行”还是靠“自觉遵守”，这恐怕就是一个社会文明发展水平的重要体现了。在蒙昧时代，人们敬畏天命、鬼神，惧怕天命、鬼神的惩罚。随着社会文明程度的提高，“人”的因素越来越重要，人们更多地思考怎样保证“规范”或者“规则”得到执行、得到遵守。在这方面，儒家思考的结果是人们加强修养、自觉修己。儒家的有关论述很多、很丰富，而“正心修己”一直是儒家教化不变的目标。

从孔子到孟子，“儒家五圣”思考社会之“治”，从“天理”与“人欲”的关系出发，希望人们克己反躬，从而明道守礼。《礼记·乐记》谈道：人生而静，感于物而动，如果“好恶无节”，为外物所化，就会出现极其严重的后果。因此，如何使“自然人”顺利成长为合格的“社会人”，实现“自然性”与“社会性”的协调统一，就成为人们思索的中心问题。基于此，“儒家五圣”都推崇“先王”，思考“人心”与“道心”，从而要求人们持正守中。他们认为，人要区别于其他的动物，就应当明礼义、守礼仪，“无理不动”。

“儒家五圣”之学就是“仁爱”之学，就是“为己之学”，是“人之为人”的大学问。大学之教，教人穷理正心，教人明其明德，彰显人性的光辉。孟子用善的眼光观察人与世界。孟子“道性善”“言性善”，以恻隐之心、羞恶之心、辞让之心、是非之心为仁、义、礼、智之端，主张放大善性。他的逻辑非常清晰：人有善性，为什么不放大善性呢？只有人成为更完善的人，社会才能走向至善。

六

将“儒家五圣”作为一个整体进行观照，是为了更好地看清中华传统文化的特性。这正如走进文庙，走进大成殿，直接走到孔子与“四配”的跟前，这里是中国儒学的“核心地带”。

“至圣”孔子，思接千载，济古维来。他“祖述尧舜，宪章文武”，好学而博学，建立了中国文化的理想，指示了中国历史的进程。孔子以后，历代儒家包括颜子、曾子、子思、孟子在内，无不“宗师仲尼”，继承光大了孔子的思想学说。如果说以“儒家五圣”为代表的早期儒家群体是中华传统文化的高地，那么孔子就是这块高地上的高峰。我们需要直面由于近代中国衰败给孔子儒学带来的一些认识上的迷茫，正本清源地认识中国儒学，理解孔子学说。只有这样，才能在中国融入世界的过程中，在中国文化与世界文化的对话、交流、融通中，让孔子乃至“儒家五圣”所代表的中国，愈加清晰地展现它的丰姿与魅力。

“复圣”颜子，孔子厚望所寄，可他先孔子而逝。颜子“卓冠贤科”，“优入圣域”，“无伐善，无施劳”，“不迁怒，不贰过”。他好学乐道，持中守仁，德性高超，境界非凡。“夫子言终日，不违若愚蕴大智；子贡论孰愈，闻一知十称弗及。”正如孔子故里的孔、颜师徒之庙宇，它们近在咫尺、如影随形，似乎暗合了《庄子》所说的“亦步亦趋”之义。颜子死，“子哭之恸”。他“天丧予！天丧予！”的哀痛中蕴含着对颜子的高度认同与期许，体现了孔子的悲伤与绝望。颜子英年早逝，但他格局之大、境界之高，让后人敬仰与景从。

“宗圣”曾子，与父亲皆入孔门，与孔子契合，得孔子真传。他领悟到孔学真谛，理解孔子“一以贯之”之道。曾子在孔子去世后主持孔门，汇聚孔子遗说，弘扬孔子之道。曾子传《孝经》，述《大学》，在学说深度、思想格局上，堪称“宗师仲尼”的典范。保存在《大戴礼记》中的“曾子十篇”近年来颇受重视，对了解曾子思想与孔子学说的关系具有十分重要的价值。曾子影响了子思和孟子，是儒家道统的传递者，在孔门弟子中具有特殊地位。二程（程颢、程颐）曾说：“孔子没，曾子之道日益光大。孔子没，传孔子之道者，曾子而已。”

“述圣”子思子，在湖北郭店楚简发现之前，他作为伟大的思想家几乎被历史尘埃湮没。但实际上，作为儒学大师，子思被尊为“述圣”毫不为过。他受孔子的直接教导，又受业于曾子，思想深邃，成就巨大。作为孔子裔孙，子思有特殊的使命担当，他搜集整理孔子遗说，把“亲闻之”和“闻之于人”（《孔丛子·公仪》）的孔子言论集辑起来，保存了孔子与弟子时人交相问答的大量论述。即使是片言只语，对于后世来说也十分珍贵，更何况这些孔子遗说数量可观，是留给中华民族乃至全人类的宝贵财富。“天不生仲尼，万古长如夜”，没有子思，灯烛何以点亮？更重要的是，《论语》《孔子家语》的撰集也都与子思有直接关系。

“亚圣”孟子，世人以“孔孟之道”代指中华圣道，彰显了孟子的历史地位。孔子之后，儒分为八，有子思之儒、孟氏之儒等。孟子学于子思之门人，传承发扬了孔子、子思的思想，因此有“思孟学派”之说。郭店楚简、帛书《五行》篇等的发现，为我们认识思孟学派提供了宝贵资料。在子思之学补缺孔孟之间的学术链条之后，孟子的思想研究也有了更好的凭依。孟子通五经，明圣道，拒斥异端邪说，光大孔子思想。司马迁说孟子“述仲尼之意”，精准概括了孟子在弘扬孔子学说方面的巨大历史功绩。

编写“儒家五圣”丛书的初衷，是希望通过系统阐述“儒家五圣”，讲清楚他们的文化传承、思想内涵与价值影响。不言而喻，对于“儒家五圣”，学者们之前无不进行过关注和研究，但由于历史的、学术的、资料的种种限制等，人们希望能有立足学术前沿、正本清源、整体系统阐发“儒家五圣”之历史文化的著作。因为“儒家五圣”代表的是中华文化，只有系统了解、深入研究、准确把握、论述到位，才能呈现出中华文化的深厚底蕴与卓越风貌。但长期以来，由于疑古思潮盛行，中国学术思想研究受到负面影响。因此，就“儒家五圣”的整体而言，其研究与呈现还不餍人望。

本丛书以“儒家五圣”为中心展现中国古代文明、中华优秀传统文化的形成与内涵，进而展现中华文化的价值意义。但这样的阐发有一定的难度，例如，如何准确理解孔子被孟子称为“集大成”；“诛少正卯”“适周问礼”

等疑案的真相如何；颜子“不违如愚”对应着他对孔子思想怎样的体认；曾子对孔子所说的“吾道一以贯之”有怎样的领悟；子思对“诚者，天之道”有怎样的认识；孟子对孔子学说发展的高度与境界有何贡献，等等。回答这些问题，都需要对中华文化有系统理解、整体认知与宏观把握，要讲清楚并不容易。

本丛书是我们探寻上述问题的一次尝试，观点是否允当，敬请读者批评指正！

杨朝明

2023 年春节于曲阜圣水苑

目　录

绪言　孔子求道的一生

公元前479年的一天，孔子一大早起床，背着手，拖着手杖，好似“逍遥”地在门口漫步，咏唱道：“泰山大概要坍塌！栋梁大概要折坏！哲人大概要逝去！”孔子唱完进屋，对着门坐下。

子贡听见了，快步走进去。孔子联想到自己晚上做的梦，感觉自己将不久于人世，他对子贡说：“夫明王不兴，而天下其孰能宗余？”于是，孔子一病不起，七天后与世长辞。

这是史书记载的孔子生前的最后场景。孔子留给世人的最后一句话，乃是感叹世无明主、天下无道，自己的抱负难以实现。为了心中的“道”，孔子追寻了一生，努力了一生！

一

在回顾自己的人生历程时，孔子曾说“吾十有五而志于学”。“志于学”就是他常说的“志于道”。矢志于“道”，人生才会有格局和气象，人生的脚步才会更加稳健，不至于迷失方向。

在那个时代，十五岁是一个特殊的年龄。孔子后来从事教育，收徒教学，也强调过这个年龄。他说：“自行束脩以上，吾未尝无诲焉。”有人认为这里的“束脩”是学费。当时弟子拜师也许有贽见礼，以表示尊敬，但孔子强调的是年龄概念。一般而言，孩子到了这个年龄就成“大孩子”了，开始明于事理，此时就要举行“束脩礼”——把头发盘梳起来，这就是“束脩”。

按照周代的教育制度，孩子八岁入“小学”，学习“洒扫、应对、进退之节，礼、乐、射、御、书、数之文”。学生要学习打扫卫生、整理内务，学习待人接物、与人交流，学习如何与他人相处，还要学习其他方面的技能。到了十五岁，学生要进入“大学”，学习“穷理正心”“修己安人”之道，开始了解人生、认识社会、熟悉自然，从而正己修身，以齐家治国平天下。修身即端正人心，旨在解决怎样做人的问题，这是“人之所以为人”的基础。

伟大的圣哲一定承载着不寻常的故事，孔子也是如此。如果追溯世系，孔子乃贵族出身。他的远祖是商纣王的庶兄微子启，商亡后微子启受封于宋。微子启传至孔父嘉，孔父嘉为卿且任大司马。后来，太宰华父督作乱，孔父嘉被杀，其后代避难奔鲁，从此丧失了卿位。孔子曾祖防叔曾任鲁防邑宰，父亲叔梁纥（hé）以勇力著称，因战功封郰（也作“鄹”“陬”，均音zōu）邑大夫。叔梁纥年老时娶颜徵在为妻，祷于尼山而生孔子。

俗话说“莫欺少年穷”。人有志气，有目标，勇于开拓奋进，其成就便不可限量。孔子小时候“贫且贱”，但他在逆境中奋发，他的“好学”终于成就了他的“博学”。孔子早年丧父，家道中落，他是在母亲的教导下成长起来的。为使儿子有一个稍好的成长环境，母亲带着孔子来到鲁城，这里成了孔子成长的摇篮。如果说家道中落是孔子的不幸，那么出生并成长在鲁国则是孔子的幸事。因为鲁国属于周公的封国，保存的周代礼乐比较完整，可以给孔子提供丰富的学习资源，使酷爱学习的孔子如鱼得水。长大成人后，孔子做过管理粮库的“委吏”，也做过放牧牛羊的“乘田”。在那个时代，这些都属于社会底层的“鄙事”，但孔子将这些“鄙事”做得非常认真、出色。他做“委吏”，做到了收支平衡、账目清晰；他做“乘田”，能使牛羊肥壮。

孔子当然不是到了十五岁时才喜欢学习的。在母亲的教导下，他幼年时做游戏，就常常“陈俎豆，设礼容”，通过摆放祭祀用的礼器演习礼仪；他到鲁国太庙，遇到不懂之处便虚心向人请教，以至于当时有人觉得他做这些做得有些过分。作为没落贵族的子弟，孔子对社会现实有更多的切实感受，为此他反思历史与现实问题，并不厌其烦地学习和思考。

孔子自称“三十而立”，早早就坚定了自己的人生方向。孔子曾专程去洛邑考察访学，“观先王之遗制”，在洛邑期间他“问礼于老聃，访乐于苌弘，历郊社之所，考明堂之则，察庙朝之度”。为此他曾十分感慨地说自己终于了解到“周公之圣，与周之所以王也”的道理了。孔子自称“述而不作”，《中庸》说“仲尼祖述尧舜，宪章文武”，实际上，孔子是以“述”为“作”的。他之“不作”，是他尊重“先王之道”，继承文、武、周公的文化传统。由于尧、舜时代较远，而周代制度是“损益”前代而来，相对而言更加先进、现实，所以孔子更加推崇文、武、周公之制。孔子以继承三代文明为己任，并在此基础上结合现实进行了“创造性转化”，这实际上就是“寓作于述、述中有作”的创新。

孔子重礼，潜心研究礼制，不仅研究周礼，还研究夏、商之礼。孔子亲自到杞国、宋国，得到了《夏时》和《坤乾》，他从《夏时》中看到时令变化的顺序，从《坤乾》中看到阴阳变化的道理，进而研究夏、商礼制的相关问题。《左传》还记载了郯子朝鲁期间，孔子借机向郯子请教夷礼之事。孔子“学无常师”，博学多闻，声名远播，吸引了大批青年来拜他为师。孔子施教，“先之以《诗》《书》，而道之以孝悌，说之以仁义，观之以礼乐，然后成之以文德”。跟从孔子学习的有三千余人，“身通六艺者”有七十多人。孔子系统总结、继承发展了他以前的中国传统文化，与他的弟子们构成了最早的儒学群体，打破了“学在官府”的传统，使学术群体下移民间。

二

春秋末期，社会动荡不安，无视礼法的现象日益严重。诸侯国之间以强凌弱，以众暴寡，凭借武力相互蚕食、吞并，战争日益频繁、激烈。孔子深受周礼影响，面对社会现实，他的思想逐步成熟。他希望自己入世并进入仕途，拯救世道人心，改变混乱无序的状态，恢复社会的和谐与稳定。

当时，鲁国政权掌握在以季氏为首的“三桓”手中，不时地发生“八佾舞于庭”“三家者以《雍》彻”“季氏旅于泰山”等僭礼违制行为。孔子看在眼里，忧心忡忡。昭公二十五年（前517），鲁国发生内乱，昭公奔齐，孔子也自鲁至齐。齐景公问政于孔子，孔子说：“君君，臣臣，父父，子子。”孔子认为人的社会身份都是复合型的，人人都应该注意“正名”，“为人君，止于仁；为人臣，止于敬；为人子，止于孝；为人父，止于慈”，即要加强自身作为“社会人”的修养。

由于齐国政权被大夫陈氏掌控，齐景公也不能起用孔子，孔子遂返回鲁国。回到鲁国后，孔子没有出仕，而是致力于整理《诗》《书》《礼》《乐》，于是跟从他学习的弟子越来越多。

定公八年（前502）十月，阳虎（即阳货）篡权叛乱，五十岁的孔子终于获得一展抱负的机遇，被任命为中都（今山东汶上西）宰。他在鲁中都宰任上政绩突出，仅用一年时间便使“四方皆则之”，次年便被擢升为司空，不久又被提升为大司寇。定公十年夏，在齐鲁“夹谷之会”上，孔子成功维护了鲁国的尊严，还迫使齐国归还了以前侵占鲁国的多块土地。随后，为钳制“三桓”势力，孔子提出“堕三都”以抑制“三桓”家臣势力的主张，并取得显著成效。但由于后来“三桓”不再支持“堕三都”，孔子“堕三都”以强公室的政策最终失败。

孔子为政，看起来没有成功，但他清楚“穷达以时”的道理。他信念坚定，也有充分的自信。鲁定公问孔子：“用你治理中都的办法治理鲁国，怎么样？”孔子说：“若用此法，别说一个鲁国，就是治理整个天下都可以！”孔子的自信源自他对礼乐本质的把握，源自他对人性和人的价值的思考，所以当有弟子问他“十世”以后的治世之道是否可知时，孔子回答：别说“十世”，就是“百世”也没有问题。孔子认为，人组成社会，而成为社会的人，就必须明礼义。社会治理的根本之道就是端正人心，在人心中筑起道德的堤防。夏、商、周三代，礼的形式随着时代的变化而发生了“损益”，但礼的基本精神永远不会变，那就是人人都应该按照个人的社会角色做好自己。

孔子的治世之道，可以由“中都”而“鲁国”而“天下”，由“三代”而“十世”而“百世”，这显示出孔子思想的时空维度。孔子的思考从来就不是“得一察焉以自好”的“方术”，而是“备于天地之美”的“道术”。他倡导“内圣外王之道”，主张推己及人、修己安人、明德新民。他思考立身处世的问题时，做到了从根本上着眼，从简单处着手。

子贡请教孔子：有没有一个字可以终身奉行？孔子回答说：“那个字也许就是‘恕’了。”孔子解释说，所谓“恕”就是“己所不欲，勿施于人”。子张向他请教“行”，问如何才能使自己所到之处都能通达，孔子认为人应当“言忠信，行笃敬”，即说话要忠诚守信，行事要庄重严肃。人应当时刻将“忠信”“笃敬”装在心中，并用以指导自己的言行。

在这里，孔子的思考同样不限于一时一地。他说：“言忠信，行笃敬，虽蛮貊之邦行矣；言不忠信，行不笃敬，虽州里行乎哉?”一个人只要明白并且能够做到“恕”，无论走到哪里都会顺畅通达。

三

孔子在鲁国励精图治之举令齐国君臣恐惧，他们担心鲁国由此强大。于是，他们向鲁定公和季桓子赠送美女、骏马，离间鲁国当权者与孔子的关系，鲁国君臣因此沉迷于声色而懈怠政事，并疏远了孔子。五十五岁的孔子只得弃官去鲁，带领弟子们踏上了周游列国之路。

孔子的周游列国与后人的旅游不同！离开父母之邦，孔子的心情极为复杂。师徒的步伐迟缓且徘徊，对鲁国有割不断理还乱的不舍之情，然而为了实现心中的“道”，他们要去寻找能容得下自己、能实行王道的地方。在漫长的十四年周游途中，他们到过卫、宋、陈、蔡、郑、楚等国，一路上来来去去，栖栖遑遑，始终没有得到长期重用，难以实现理想抱负，甚至多次遭遇困境乃至生命危险。

周游列国途中，孔子师徒到达陈国和蔡国边境时，遇上吴国伐陈。楚国救陈，楚昭王派人迎接孔子到楚国。孔子准备前往楚国时，陈、蔡两国则派兵阻拦，将孔子师徒围了起来。他们无法继续前行，也无法与外界取得联系，所带的干粮吃完了，一连几天没饭吃，甚至连野菜汤也没得喝。在饥饿和疲惫的双重打击下，许多弟子感到郁闷困顿。面对如此窘境，有人开始悲观失望，甚至对孔子的政治主张产生了怀疑，孔门师徒面临着比饥饿和疲惫更加严峻的考验。

在旷野之中，孔门师徒陷入了沉思。面对空前的困难，孔子向几位弟子提了同样的问题："吾道非乎，奚为至于此?"其实，这也是孔子自问：难道我的追求有问题？否则怎会落魄到如此境地？也许，率真的子路当时不能理解孔子所言——君子怀才不遇者实在太多了，但君子应该坚持修道立德，不为穷困而变节。也许，聪慧的子贡当时也难以理解老师所说的"君子能修其道，纲而纪之，统而理之，而不能为容"，即人应该志存高远，有自己为人处世的原则，而不是迎合社会。好学的颜回让孔子十分欣慰——在颜回看来，是因为孔子的学说过于博大精深，才使天下人不能接受。即使这样，孔子依然坚持和推行自己的主张，即便其主张不被各国统治者接受也不轻言放弃。无论遇到什么困难，君子都能循道而行且不忧愁，不被接受却初心不改。唯有如此，才能更显君子本色。

身处逆境，孔子不断地询问弟子"吾道非乎"，这十分耐人寻味，也令人心生敬意！孔子四处奔走，宣传个人主张，希望恢复和建立"礼乐征伐自天子出"的礼治秩序。但"无道"的现实令他一再碰壁，各国国君对他敬而远之。即便如此，孔子依然满怀"淑世情怀"，依然信念坚定。正是这种情怀支撑着他，使他义无反顾。当被围困于匡地时，他感慨道："文王既没，文不在兹乎？天之将丧斯文也，后死者不得与于斯文也；天之未丧斯文也，匡人其如予何?"这种"斯文在兹"的文化担当，使他的崇高德行昭然于天地之间。

还有一次，孔子师徒在郑国走散了，孔子孤身一人站在城郭东门附近。子贡着急寻找老师，向一个路人打听。那人描述孔子，说他"累累若丧家之狗"。子贡将此语告诉孔子，孔子笑着说："那人说我像一条丧家之犬，说的是实话！真是这样啊！”以“丧家之狗”比喻当时的孔子，可谓十分确切！那时候，周天子衰微，诸侯弱肉强食，更容易成功的是野心勃勃的“狼”，而不是忠心耿耿的“狗”。孔子“丧家之狗”般的政治命运，实取决于他“择木之鸟”般的政治品格。有人专意攻伐，向孔子问策，孔子辞以不知，说：“鸟能择木，木岂能择鸟乎?”孔子坚持以自己的信念与主张去挽救世道人心，他没有选择遗世独立的清高，而是像自由的鸟儿那样选择自己中意的栖身之所，但他始终没有找到。

孔子很清楚，一个人“遇”与“不遇”，都有一个“时”在起作用。他自己不被各国认可，并不是自己的“道”有问题，而是他身处崇尚“霸道”的社会。在这个剧烈变革的时代，各国诸侯都急功近利，他们需要通过争霸取得利益，在他们看来，孔子所提倡的礼治德政是不合时宜的迂腐之策，在“争于气力”的时代，这样的主张不能为他们争得利益。但是，德贵自觉而善贵及人，孔子有自己的使命感，他不以独善其身为目的，而是“知其不可而为之”，即使为此栖栖遑遑也在所不辞。孔子信服一个十分简单的道理，那就是“鸟兽不可与同群”，他不会与“无道”的现实同流合污。恰恰是因为“天下无道”，他的努力才更有必要，更有价值！

四

鲁哀公十一年（前 484），在颠沛流离了十四年之后，孔子终于回到了鲁国，此时的孔子已是六十八岁的老人。此时，鲁哀公与季康子虽以“国老”之礼对待孔子，还常向他请教政事，但并未真正重用孔子。于是，晚年的孔子继续从事教育事业。可以说，孔子将毕生的精力都投入了教育之中，他培育了众多人才，并形成了自己系统的教育思想。孔子从事教育的过程，也是创立儒学的过程。在教学的同时，孔子又投身于文献典籍的整理，为后人留下了珍贵的文化遗产。

孔子以前，学在官府，教育事业由贵族阶层垄断。春秋以降，贵族教育没落，官府收藏的典籍文献散落民间，官学的任教者也流散到民间。在这样的背景下，孔子举起了家学的旗帜，收徒办学，这是中国教育史上由“学在官府”向“学在民间”转移的标志。

至迟从西周开始，中国产生了深厚的教化传统，这些从事教化的人被称为“师”与“儒”。《周礼》说“师，以贤得民”“儒，以道得民”。东汉的郑玄认为：“师，诸侯师氏，有德行以教民者。儒，诸侯保氏，有六艺以教民者。”孔子应该就属于这样一位儒者。为了改变春秋末年“礼崩乐坏”的社会现实，他继承发扬了鲁国的礼乐传统，很早就成为“能礼者”“达者”。孔子有从政的经历，他“学而后为政”“学而优则仕”的道路，被看作成功者的楷模，并吸引了大批青年追随他学习。

孔子的教学生涯从不到三十岁时就开始了。在长期的教学实践中，孔子总结出一套科学的教学理论，形成了系统的教育思想。他对教育的意义有深刻认识，所以主张“有教无类”，希望培养更多“志道”“弘道”的仁人志士。他总结出一整套符合教学规律的教育方法，如因材施教、循循善诱、循序渐进、学思结合等，希望学习者做到博学、审问、慎思、明辨、笃行。孔子辉煌的教育成就，使儒学后继有人，使儒家学说得以发扬光大；他所确立和阐述的仁、义、礼、智、信等思想，由此成为中华民族共同信奉的价值观念，被视为中华常道。

西周以来，周王室司徒掌管修礼明教，担负着节民性、兴民德的职责。培养作为社会管理人才的士人，一般要依靠古代先王的诗、书、礼、乐，所以《礼记》说“春秋教以《礼》《乐》，冬夏教以《诗》《书》”。春秋时期，“周室微而礼乐废，《诗》《书》缺”（《史记·孔子世家》），于是孔子按照自己的思想标准，系统研究和整理了《诗》《书》《礼》《乐》《易》《春秋》等典籍。“六经”承载了孔子的王道理想，蕴涵着他对社会人生的深邃思索。孔子从事教学，就是推行他的“六经之教”，阐释其中的“先王之道”；孔门弟子记录整理孔子学说，也是阐发其中的丰富义理与内涵。“六经”（后来是“五经”）是历代儒生学习的教本或教材，也是中国传统文化的核心典籍。

第一章

非凡身世与早年磨砺

在中国文化语境中，世间每一个人在人格意义上都是平等的。但是由于种种原因，比如人的成长环境不同、天资禀赋不同等，人的格局和素养也存在很大差异，这其实正是人需要学习、需要接受教育的意义。孔子说：“生而知之者，上也；学而知之者，次也；困而学之，又其次也；困而不学，民斯为下矣！”（《论语·季氏》）切不可片面理解孔子此言，不要以为“生而知之”就是不需学习即知世间一切。这里的“知”指的是正知正见，指的是尊道明理。

孔子把人分为生而知之、学而知之、困而学之、困而不学四个层次，意在劝学。也许世间天生的智者很少，但一个人虚心向学、敬业乐群，也就接近“生而知之”的境界了。《中庸》里的“或生而知之，或学而知之，或困而知之，及其知之，一也”，说的大概也是这样的道理。孔子自称：“我非生而知之者，好古，敏以求之者也。”（《论语·述而》）孔子被称为“圣人”，他说：“若圣与仁，则吾岂敢？抑为之不厌，诲人不倦，则可谓云尔已矣。”公西华曰：“正唯弟子不能学也。”（《论语·述而》）孔子为人谦卑，不认为自己“生而知之”，也不以“圣与仁”自许，但是他对自己的乐学、乐教十分自信。这一点十分重要。正如公西华所说，这一点正是一般人所学不会和达不到的。

孔子之为“孔子”，其能够成为中华文化之“至圣”，与他非凡的身世与人生经历有密切关系。

一、出生于贵族世家

公元前551年，孔子出生在山东曲阜。这里当时属于周朝的鲁国，据说，孔子的母亲曾经到鲁城东南的尼丘山（后更名尼山）祈祷求子，于是她为儿子取名孔丘，字仲尼。泰山之南的这座原本不起眼的山丘因此名扬天下。

那时，人们十分推崇尧、舜、禹、汤、文、武、周公。尧、舜、禹是夏朝之前部落联盟首领，商汤为商朝开国之君，文王、武王、周公奠定了周朝基业。他们治理天下十分成功，都是了不得的“圣王”！

孔子的远祖是宋国贵族、商朝王室的后裔。周武王灭商后，曾经封商纣王的儿子于商朝旧地，后来商纣王的儿子等人反叛，在平定叛乱后，周公封商纣王的庶兄微子启于宋。周朝有一个十分重要的传统，就是特别注重对祖先的祭祀；对于“先圣王”，也都封立其后人并进行奉祀。因此，殷商灭亡后，周朝仍然封立宋国以奉祀商汤。微子启就是孔子的远祖。

宋国的前几代国君都是孔子的先人。微子启以后，四传至湣公共。孔子的十世祖为湣公长子弗父何，弗父何本可以继承君位，但他谦让，将宋国君位让于其弟，以后几代便都以卿大夫身份辅佐国君。之后，孔子先祖由诸侯转为卿大夫。弗父何之曾孙正考父久为上卿，连续辅佐了宋戴公、武公、宣公，以谦恭著称。孔子六世祖孔父嘉是主管领军打仗的大司马，此时宋太宰华父督作乱，弑宋殇公，杀孔父嘉。孔父嘉的后代避难奔鲁，成为鲁人。

孔子曾祖父防叔曾任鲁防邑宰，祖父伯夏事迹无考。到孔子父亲这一代，这个家族已经衰落。不过，孔子的父亲叔梁纥身体强健，作战勇猛，是鲁国有名的武士，曾在一次战役中立有战功，被封为鄹邑大夫。叔梁纥先娶有妻妾，年迈之时又娶了颜徵在为妻，后来生了孔子。

孔子以前，学在官府，三代政治秩序的维护者是贵族阶层，那时社会普遍尊重作为“劳心者”的“大人”。① 孔子是商代开国君主商汤的苗裔，是微子启的后代，先祖是宋国贵族，这久远而特殊的血缘关系令孔子骄傲。因为人生存在真实的政治世界中，政治是人们社会生活的一部分。有研究者指出过这一点，即包括家庭在内，凡有人类团体之处皆有政治，每个人或多或少都不得不关注政治。虽然由于对政治局限性的过度强调，导致人们对政治生活漠不关心或避之唯恐不及，但从根本上说，一定要有人“劳心于政治”②。

这其实不难理解。政治学研究者指出，在没有一个共同权力足以使大家慑服时，人们便不可避免地处在战争状态，这就需要建立和管理一个国家，将政治冲突严格控制在一定范围内，并防止社会秩序崩溃。这需要十分高超的技巧。政治本来应当是崇高的，它需要从人类所有的知识领域中汲取灵感，并用其扩展和充实人们的心灵。政治支撑着我们的生活，一些紧迫问题唯有通过政治才能得以解决。中国历史上的“士大夫”体认到统治需要的技能与智慧，体认到好的政府能够使人类珍视的事物从理想变为现实，所以对政治持积极的看法。③ 孔子向往的上古三代——夏商周时代的“王官学”政治秩序，就是这样走过来的。

---

① 《孟子·滕文公上》：“有大人之事，有小人之事。……或劳心，或劳力；劳心者治人，劳力者治于人；治于人者食人，治人者食于人——天下之通义也。”

② 〔英〕安德鲁·甘布尔著，孔新峰译：《政治学为什么重要》，北京大学出版社2021年版，第9页。

③ 〔英〕安德鲁·甘布尔著，孔新峰译：《政治学为什么重要》，北京大学出版社2021年版，第2页。

二、在母亲教导下长大

孔子很不幸，很小的时候就失去了父亲。孔子也很幸运，他的母亲任劳任怨，用心培养自己的儿子。孔子的成长与母亲的悉心教导密不可分。

孔子的父亲名纥，字叔梁，因曾治郰邑，故亦称郰人纥、郰叔纥，以“有勇力”著称。他的前几代祖先可以说在鲁国默默无闻，到叔梁纥时，他的家族才有了一点名气。

叔梁纥是因战功而显名的。鲁襄公十年（前 563），以晋国为首的几个诸侯国攻打偪阳（今山东枣庄南）。当时，叔梁纥为鲁国贵族孟献子下属的武士，他也参加了这次攻打偪阳的战斗。当攻入偪阳城时，守城的人突然放下城门上吊着的闸门，打算截断入城部队的退路，然后分别消灭。危急时刻，叔梁纥赶到门下，用手托起闸门，让进入城内的部队赶紧退出，使鲁国军队免遭损失。

偪阳战役后七年即鲁襄公十七年（前 556），齐国侵入鲁国北部。齐将高厚带军包围了防邑。当时，被困在防邑中的有鲁国大夫臧纥和他的两个弟弟臧畴、臧贾，叔梁纥也在其中。鲁军从阳关（今山东泰安附近）出发去营救臧纥，驻扎在离防邑不远处的旅松。叔梁纥带臧畴、臧贾及甲兵 300 人，保护臧纥于夜间突围出来，把臧纥送到鲁军驻地旅松，然后又杀回防邑固守。最后，齐军只好撤退。

由于在偪阳之战和营救臧纥两次战斗中表现出超人的勇力与胆识，叔梁纥因此在诸侯中有了名气，由一个武士而升为郰邑大夫。叔梁纥先娶了鲁国的一位施氏女子，生下 9 个女儿，后又娶妾生了儿子孟皮（一字伯尼）。但孟皮患有足疾，不能做继承人，叔梁纥便又娶了年轻女子颜徵在。

《孔子家语·本姓解》记述了孔子父亲叔梁纥求娶颜氏之经过：

> 颜氏有三女，其小曰徵在。颜父问三女曰：“陬大夫虽父祖为士，然其先圣王之裔。今其人身长十尺，武力绝伦，吾甚贪之，虽年长性严，不足为疑，三子孰能为之妻？”二女莫对，徵在进曰：“从父所制，将何问焉？”父曰：“即尔能矣。”遂以妻之。

关于叔梁纥与颜徵在的结合，《史记·孔子世家》有“纥与颜氏女野合而生孔子”的说法。野合之说，大约是因为孔子父母结婚时年龄差距较大，叔梁纥已六十余岁，而颜徵在尚不到二十岁，而且二人未经媒妁而成婚，不符合传统礼俗。

婚后，叔梁纥与颜徵在曾到尼丘山祈祷求子，后来生了儿子。尼丘山在今曲阜城东南二十五公里，山势平缓，但“山不在高，有仙则名”，尼丘山因诞生了孔子而名闻天下。关于孔子的出生，这里流传着许多传说，也留下了诸多古迹。现在尼山的“夫子洞”，又称坤灵洞，传说是当年孔子出生的地方。

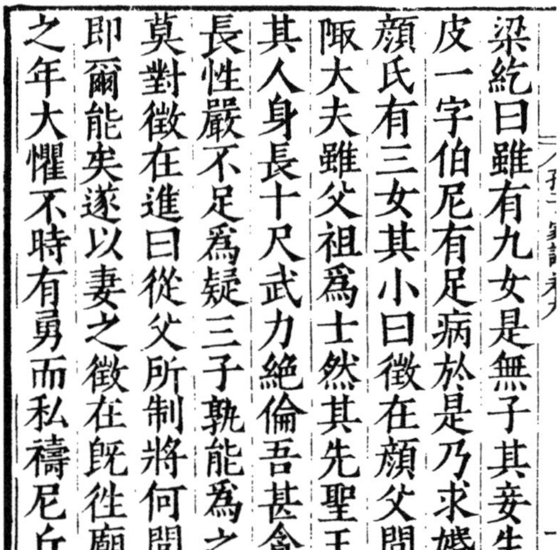
梁紇曰雖有九女是無子其妾生孟皮孟皮一字伯尼有足病於是乃求婚於顏氏顏氏有三女其小曰徵在顏父問三女曰陬大夫雖父祖爲士然其先聖王之裔今其人身長十尺武力絶倫吾甚貪之雖年長性嚴不足爲疑三子孰能爲之妻二女莫對徵在進曰從父所制將何問焉父曰即爾能矣遂以妻之徵在既往廟見以夫之年大懼不時有勇而私禱尼丘之山以

图 1-1　《孔子家语·本姓解》

颜徵在为鲁国颜氏之女，叔梁纥去世后，她独自一人承担起养育和教导孔子的责任。在孔子的成长过程中，母亲颜徵在起了重要作用。

叔梁纥去世后，颜徵在带着孔子迁居到鲁国都城曲阜城内的阙里。这里可能是颜徵在娘家颜氏家族居住的地方，更为重要的是，这里是鲁国的都城。在当时的各个诸侯国都城中，曲阜的文化氛围相当浓厚。这里非常有利于孔子的成长。

图 1-2 明人彩绘《圣迹图》之“尼山致祷”图（孔子博物馆藏）

来到鲁国都城曲阜后，颜徵在母子过着贫苦的生活。即使这样，颜徵在仍不放松对孔子的精心培养。《史记·孔子世家》说：“孔子为儿嬉戏，常陈俎豆，设礼容。”当时社会上十分重视祭祀礼仪，在这种环境下，孔子难免受到社会的熏陶。当然，这也与颜徵在的教育分不开。郑环《孔子世家考》说：“圣母（即颜徵在）豫市礼器，以供嬉戏，其隐合太任胎教之道者与?”颜徵在希望孔子能学好礼仪，掌握六艺，成为对社会有用的人。

孔子与颜徵在孤儿寡母，生活艰辛。颜徵在既要操持母子俩的生活，还要教育年幼的儿子。由于操劳过度，她在三十多岁时就去世了。颜徵在一生默默无闻，但从孔子成长的故事背后，我们可以看到她的无私、宽容、勇敢、坚强。毫无疑问，颜徵在是孔子最重要的启蒙老师，也是孔子生命和精神的主要塑造者，是众多伟大母亲中的杰出代表，是中华母教文化的奠基者，在中华母教文化及家庭教育史上应该享有崇高地位。

三、身份卑微，多能鄙事

也许，任何杰出人物都会有不平凡的经历，曾经的困苦与磨难就是一笔财富。这时的孔子还不知道，他后来十分崇敬的圣王舜，就曾作为普通百姓中的一员生活在民间。孔子也是如此，父亲的离去使他与母亲过起了艰苦生活，这使孔子更深切地了解了社会，认识了人生。

父亲去世后，孔子与母亲相依为命，直到十七岁母亲去世时，他们都过着贫寒的生活。孔子说："吾少也贱，故多能鄙事。"（《论语·子罕》）生活的艰辛，命运的不公，反而磨炼了孔子的意志。成年后，他曾做过管理仓库的"委吏"，不久又做了给人放牧牛羊的"乘田"。虽然这些工作在当时被人们看作"鄙事"，但他做得非常认真、出色。做"委吏"，他能做到收支平衡、账目清晰；做"乘田"，他能使牛羊膘肥体壮。这种认真负责的态度，正是他一贯的为人处世风格。

图 1-3　明人彩绘《圣迹图》之"职司委吏"图（孔子博物馆藏）

图 1-4　明人彩绘《圣迹图》之“职司乘田”图（孔子博物馆藏）

孔子幼年和少年时期，在母亲的严格教导下，勤奋好学，勤苦劳作。在孔子十七岁时，母亲颜氏也去世了，这使孔子的生活更为困难。孔子十九岁那年，迎娶宋国女子为妻。第二年，妻子生了一个儿子。据说这个孩子出生后，当时的鲁国国君鲁昭公派人送来一条鲤鱼，以示祝贺。孔子很高兴，于是给儿子取名鲤，字伯鱼。

尽管父亲曾是鲁国防邑大夫，但孔子的家境已经衰落。十七岁那年，母亲去世不久，鲁国的执政大臣季孙氏在家里设宴招待鲁国士人。“士”在当时是一个重要的社会阶层，既包括大批下层贵族人物，也包括一些受过一定程度教育的人，这些人有某些特长，是从庶民中选拔出来的优秀人才。当时的统治者为了巩固自己的地位，往往拉拢士，并从士人中挑选优秀人才充实到自己的管理集团中。季孙氏宴请士，也是出于这个目的。

孔子的父亲叔梁纥是鲁国的武士，又立过战功，曾任郰邑大夫，在宗法制度下，孔子应该属于士，而且孔子刻苦学习，熟悉礼仪，学有专长。因此，听说季孙氏宴请士人，孔子虽然还在服母丧期间，但还是欣然前往。可是，他被季孙氏的家臣阳虎拦在门外。阳虎说：“季氏飨士，非敢飨子也。”也就是说，阳虎对孔子的士人身份并不认同。不难理解，这对孔子是一个沉重打击，但也激励孔子更加奋发图强，依靠广博的学识赢得人们对他的尊重。

由于父辈基因的影响，孔子后来也长得像他父亲那样个头高、力气大，成为有名的“长人”。据记载，孔子“长九尺有六寸，人皆谓之‘长人’而异之”（《史记·孔子世家》），而且“孔子之劲，举国门之关”（《吕氏春秋·慎大》），“勇服于孟贲，足蹑效菟，力招城关，能亦多矣”（《淮南子·主术训》），其勇力、格斗技能似乎不在父亲之下。

孔子的个头高，对此各种记载可谓众口一词。《荀子》将孔子与他的弟子仲弓进行比较，说“仲尼长，子弓短”。那么，孔子到底有多高？史书说他“长九尺有六寸”，应当可信。这些典籍所记的尺度为周制，周制一尺约合今 19.91 厘米，照此计算，九尺六寸约等于 191 厘米。①

除了身高突出，孔子还上身长下身短，微微驼背，胳膊稍长，天庭饱满。在不同的年龄阶段，孔子可能胖瘦不同，但总体上可能略瘦。他终生坎坷而操劳，《韩诗外传》说他“自东自西，自南自北，匍匐救之”，以挽救“百姓靡安，莫之纪纲，礼仪废坏，人伦不理”的危局。周游列国时，有人说他“累累若丧家之狗”。“累累”就是劳累、操劳的样子。《礼记·玉藻》有“丧容累累”一语，郑玄注：“羸惫貌也。”孔颖达疏：“丧容累累者，谓容貌瘦瘠累累然。”在孔子人生的大多数时期，其身体大概都相对瘦削。

关于孔子的体态相貌，人们也进行了想象、附会和添加，出现了“四十九表”的说法。“四十九表”是指孔子体态、相貌的四十九种标记。此说出自宋代史书《路史》，可能是集合了历代对孔子形象的描述。其中有“谷窍”一目，注称引自《世本》，指孔子头上七窍豁露，“眼露白，耳露轮，口露齿，鼻露孔”，所以又称“七露”。这样的相貌自然被视为丑陋，所以“七露”又被称为“七陋”。今人谈到孔子，还说孔子相貌奇特、丑陋。孔子是“圣人”，其相貌似乎也应当异于常人，故后人才有这样的附会。

---

① 李启谦、王钧林：《孔子体态、相貌考》，《齐鲁学刊》1990 年第 4 期。

没有须眉更是孔子相貌的奇特之处。有一本著者署名孔鲋的《孔丛子》，是一部相当于“孔氏杂记”的书。该书《居卫》篇记有子思与齐君的对话，论述了人之贤圣在德不在貌。子思说：“且吾先君生无须眉，而天下王侯不以此损其敬。”子思所谓的“先君”就是孔子，子思明确说孔子“生无须眉”。所以，孔子很可能天生就没有浓密的眉毛，也没有修长的胡须。

据记载，当时在场的有齐君的宠臣，那人的特点正是“美须眉”，所以齐君对子思表示，假如相貌可以交换，可以将他的须眉相送。子思则回应说，自己只是担心不能继承先人的美德，并不担心“毛须之不茂”。可见，不仅孔子“生无须眉”，他的孙子子思也“毛须不茂”。

以前，人们往往以《孔丛子》为伪书而将这些材料置之不理，现在看来事情并非这么简单。该书内容虽然不可全部被当作“真正的史实”，但像孔子祖孙有无须眉这样的记载，恐怕不是空穴来风。在后世画像中，晚年的孔子好似一位美髯公，那么，这在“四十九表”中应当有所表现。而事实上，人们搜肠刮肚地为“四十九表”凑数，竟然也没有凑到这一“表”。

人们通常看到的“孔子行教像”，最早出自唐朝著名的宫廷画家吴道子之手，但吴道子似乎并没有认真查考有关孔子相貌的资料。另一方面，受《孔丛子》伪书说的影响，此后的孔子画像便以讹传讹，使孔子画像、雕像都是一副浓眉长髯的模样。实际上，前人也指出孔子没有须眉，今像多须，误。

按照史料记载，孔子可能还通晓排兵布阵的韬略，卫灵公问阵于孔子便是明证。孔子注重从宏观上使人了解社会，懂得社会，也不反对从微观上教育人民。他反对专注于战争，但战争毕竟不可避免，所以他说：“以不教民战，是谓弃之。”(《论语·子路》)也就是说，百姓不进行军事训练、不懂得作战之法，就让他们上战场参加战斗，无异于抛弃他们的生命。弟子冉有为季氏带兵打仗，取得胜利。当季氏问他的军旅知识从哪里学来时，他说“即学之孔子也”。在冉有看来，孔子乃是“大圣”，其学问无所不包，“文武并用兼通”(《孔子家语·正论解》)。不过，在孔子学说体系中，战阵、射御仅占次要位置。他着眼于人类社会的整体进步，主张恢复礼乐政治，将礼坏乐崩的社会重新纳入上下和谐的良性轨道。他厌弃滥施刑罚与战争杀伐，不肯与其同流合污、做其帮凶。所以《吕氏春秋·慎大》篇在记载“孔子之劲，举国门之关”的同时，也明确指出孔子“不肯以力闻”。

孔子是立志救世的。在深度分析夏、商、周发展大势后，孔子指出，殷商之礼是损益夏礼而成，周礼则是损益殷商之礼而成，社会历史是损益发展的。因此，自此而下，亦要损益周礼而成新礼。孔子志在作成新周，赋予周代礼乐文明以新的意义。孔子取法于天之运行，主张自强不息、刚健进取，但同时又取法地之博厚，要求涵养道德、宽厚包容。这样，刚健与博厚相辅相成，共同构成了一种稳重、平衡、健康的人生。与西方文化中的一味进取态势比较，孔子的进取精神包含宽容的一面，因此更具有稳定性。

第二章

由『好学』而『博学』

母亲的教育引导了孔子，家庭的磨难历练了孔子。孔子自幼好学，也成为世人心目中非同寻常的博学之人，是不同于一般人的“圣人”。

但是，孔子的“博学”是在拥有广博知识的基础上，对天地人心之道的认知。孔子是中国文化承前启后的伟大先哲，他的思想学说集往圣之大成，开后世之先河，影响深远。看到有关孔子“博学”的记载，也许有人会认为这是后人的“神化”或“圣化”，甚至是后人的编造或附会。其实，孔子“博学”是毋庸置疑的，只要了解了他的“好学”，就不难理解他的“博学”。

一、“博学”的孔夫子

翻看有关历史记载，孔子博学的事例俯拾即是。孔子时期，有一位“达巷党人”就评论他说：“大哉孔子！博学而无所成名。”（《论语·子罕》）从这位平民的角度看，孔子的学问实在是太博大了！他学问广博的程度，到了不能用一技之长来称赞。他夸赞孔子的“博学”十分符合孔子的实际。当时的音乐家苌弘认为，孔子“洽闻强记，博物不穷”，有“圣人之兴”（《孔丛子·嘉言》）的气象。孔子的“博学”表现在方方面面，可以说，孔子上通天文，下知地理；既熟悉历史，又深谙现实；既讲治国平天下的“大道理”，也谈为人处世的“小枝节”；既通晓诗、书、礼、乐，也知道鸟兽草木之名……

孔子学识渊博，给人以“博学而无穷”的感觉。对孔子学问的博大与精深，颜回十分感慨地说：“仰之弥高，钻之弥坚；瞻之在前，忽焉在后！”（《论语·子罕》）往上越看越崇高，高不可及；往深越钻越坚硬，坚不可入。

与鲁哀公论述儒者之德时，孔子说“儒有博学而不穷”（《孔子家语·儒行解》），即儒者应知识广博而通达事理，这也是孔子本人博学多识的生动写照。庄子说“吾生也有涯，而知也无涯”（《庄子·养生主》）；但孔子不同，他的知识似乎广无边际。所以，孔子是一位出色的儒者，学习不止，认知“无穷”。

有一部被认为是明朝末年编纂的《圣迹图》，其中搜集了孔子博学多识的事例，如观象知雨、羵（fén）羊辨怪、楛（hù）矢贯隼、紫文金简、萍实通谣、商羊知雨、骨辨防风等，都是从各种历史记载中提取出来的。《孔子家语》中有一篇《辩物》，所谓“辩物”即辨析事物，指对事物的分析、讨论、认识。其中记载了孔子对各种事物的论断、谈话，表现了孔子的博学多闻、好古敏求以及敏锐的洞察力。

《孔子家语》一书材料丰富，这些都与其他“可靠”记载相通。例如，《孟子·滕文公上》记述，孔子去世后，弟子子夏、子张、子游“以有若似圣人”，于是“欲以所事孔子事之”，为此专门来征求曾子的意见，但曾子并不同意此举。当时，在这个问题上大家存在分歧，为此还有人特意出面为难有子，这也从一个侧面显示了孔子的博学。《史记·仲尼弟子列传》说道：

> 他日，弟子进问曰：“昔夫子当行，使弟子持雨具，已而果雨。弟子问曰：‘夫子何以知之？’夫子曰：‘《诗》不云乎？“月离于毕，俾滂沱矣。”昨暮月不宿毕乎？’他日，月宿毕，竟不雨。商瞿年长无子，其母为取室。孔子使之齐，瞿母请之。孔子曰：‘无忧，瞿年四十后当有五丈夫子。’已而果然。敢问夫子何以知此？”有若默然无以应。弟子起曰：“有子避之，此非子之座也！”

孔子与弟子一起外出，孔子预见将要下雨，吩咐大家带好雨具，后来果然下雨了。弟子追问原因，孔子说根据《诗》“月离于毕，俾滂沱矣”的说法，即月亮处在毕宿的方位上，天会下大雨。可是，后来月亮又处在毕宿的方位上，却没有下雨。还有，孔子弟子商瞿年长无子，而孔子关于商瞿年过四十会有多个儿子的预言获得应验。孔子如此博洽，已经具有传奇色彩了。

《孔子家语·七十二弟子解》中也有相应的记载：

> 巫马期，陈人，字子期，少孔子三十岁。孔子将近行，命从者皆持盖。已而，果雨。巫马期问曰："旦无云，既日出，而夫子命持雨具。敢问何以知之?"孔子曰："昨暮月宿毕，《诗》不云乎：'月离于毕，俾滂沱矣。'以此知之。"
>
> 梁鳣，齐人，字叔鱼，少孔子三十九岁。年三十，未有子，欲出其妻。商瞿谓曰："子未也。昔吾年三十八无子，吾母为吾更取室。夫子使吾之齐，母欲请留吾。夫子曰：'无忧也。瞿过四十，当有五丈夫。'今果然。吾恐子自晚生耳，未必妻之过。"从之，二年而有子。

孔子"详于万物"，"博于《诗》《书》，察于礼乐"（《墨子·公孟》），对于诗、书、礼、乐之学十分精通。因为博学多才，孔子声名远播；因为博学多才，他的身边才聚集了那么多的弟子。史称孔子弟子三千，身通六艺的就有七十多人。所谓"六艺"，指六种科目：诗、书、礼、乐、易、春秋。司马迁称孔子的这些弟子为"异能之士"（《史记·仲尼弟子列传》）。重要的是，孔子弟子都衷心佩服和尊重孔子。孟子议论说："以力服人者，非心服也，力不赡也；以德服人者，中心悦而诚服也，如七十子之服孔子也。"（《孟子·公孙丑上》）也就是说，孔子获得"七十子"的内心顺服，是靠自己的文德、学养与内涵。

正是因为孔子"博于《诗》《书》，察于礼乐"，年轻人才纷纷来向他学习。因为孔子"年少好礼"（《史记·孔子世家》），鲁国的大贵族孟僖子才让他的儿子做了孔子的学生。孔子教育弟子，首先教其《诗》《书》，所以《孔子家语·弟子行》说"吾闻孔子之施教也，先之以《诗》《书》"。孔子评人论事往往引用《诗》《书》，而且信手拈来，娴熟之至。

孔子的博学多才使弟子后学格外崇拜，他们非常愿意了解孔子，也非常了解孔子。颜回紧跟孔子，“夫子步亦步，夫子趋亦趋”（《庄子·田子方》）；宰我说“以予观于夫子，贤于尧舜远矣”（《孟子·公孙丑上》），认为孔子的贤能远远超过了古代圣王尧舜；子贡对孔子的崇拜更溢于言表，在他看来，其他人的贤能像丘陵可以超越，孔子则不然，孔子就像天上的日月“无得而逾焉”，孔子之不可企及“犹天之不可阶而升也”（《论语·子张》）。

图 2-1 曲阜孔庙大成殿“生民未有”匾额

在曲阜孔庙大成殿的门匾上有“生民未有”四字，那也是借用弟子对孔子的评语而来。《孟子》引用有若的话：“麒麟之于走兽，凤凰之于飞鸟，太山之于丘垤，河海之于行潦，类也。圣人之于民，亦类也。出于其类，拔乎其萃，自生民以来，未有盛于孔子也。”（《孟子·公孙丑上》）所以，孔庙大成殿内前柱有楹联曰：“觉世牖（yǒu）民诗书易象春秋永垂道法；出类拔萃河海泰山麟凤莫喻圣人。”孟子以孔子为“金声玉振”“圣集大成”，司马迁亦引《诗》“高山仰止，景行行止”以表示自己对孔子的崇敬与向往。

如果孔子只是徒有虚名，就不会有那么多弟子聚集到他的周围；如果孔子没有真才实学，包括他的弟子在内，人们就不会众口一词地服膺与维护他。

在孔子的弟子中，子贡（名赐，字子贡）与孔子感情笃深。子贡初入孔门时，对孔子并不甚了解，据说“子贡事孔子，一年自谓过孔子，二年自谓与孔子同，三年自知不及孔子。当一年二年之时，未知孔子圣也，三年之后，然乃知之”（《论衡·讲瑞》）。随着了解的加深，凭着自己的领悟，子贡对孔子的认识与日俱增，并真切感受到了孔子思想的博大精深。孔子十分喜爱子贡，据《孔子家语》记载，孔子的看门狗死了，他都要子贡去掩埋。终老之时，他盼望子贡能在跟前。他们在一起讨论各种各样的问题，不论对任何事、任何人，都开诚布公。

孔子曾询问子贡“女与回也孰愈”，子贡自谦地说：“赐也何敢望回。回也闻一以知十，赐也闻一以知二。”（《论语·公冶长》）钱穆先生所言中肯：“观孔子与回孰愈之问，见二人在孔门之相伯仲。”与其他的孔门弟子相比，子贡有两个突出特点：第一，他是一位经商能手；第二，他能言善辩。因为经商，他要到处奔走；因为服膺孔子，他便利用到处奔走的便利宣传孔子，“使孔子名布扬于天下”（《史记·货殖列传》）。他不仅资助孔子及其弟子“周游列国”，竭力捍卫和传播孔子学说，维护孔子形象，而且使许多向学之士聚集到孔子周围，所以孔子说：“自吾得赐也，远方之士日至。”（《孔子集语》卷七）

子贡经常与孔子一起探讨问题，《论语》中记载的他向孔子“问政”“问友”“问为仁”“问君子”等，多属政治、社会以及学术方面的问题。子贡还经常与孔子探讨早期儒家关心的核心问题，他的一些观点很有见地，如“纣之不善，不如是之甚也。是以君子恶居下流，天下之恶皆归焉”（《论语·子张》），“君子之过也，如日月之食焉：过也，人皆见之；更也，人皆仰之”（《论语·子张》）等，以至于有人称赞“子贡贤于仲尼”（《论语·子张》），这也在一定程度上反映了子贡的学识。因此，子贡对孔子的评论更能反映孔子的特点。例如《韩诗外传》卷八的有关记载就很有意思：

齐景公谓子贡曰：“先生何师？”对曰：“鲁仲尼。”曰：“仲尼贤乎？”曰：“圣人也，岂直贤哉！”

景公嘻然而笑曰：“其圣何如？”子贡曰：“不知也。”

景公勃然作色，曰：“始言圣人，今言不知，何也？”子贡曰：“臣终身戴天，不知天之高也。终身践地，不知地之厚也。若臣之事仲尼，譬犹渴操壶杓，就江海而饮之，腹满而去，又安知江海之深乎?”

景公曰：“先生之誉，得无太甚乎?”子贡曰：“臣赐何敢甚言，尚虑不及耳。臣誉仲尼，譬犹两手捧土而附泰山，其无益亦明矣。使臣不誉仲尼，譬犹两手杷泰山，无损亦明矣。”

景公曰：“善！岂其然?善！岂其然?”

在这段齐景公与子贡的对话中，子贡称孔子为“圣人”，对孔子的称颂可谓无以复加。子贡敬佩孔子，仰慕他的学说，面对人们对孔子的诋毁，子贡总是毫不留情地予以反击，称这种行为是“欲自绝”“不知量”，把孔子比作日月、天地、江海、泰山，认为孔子学说如日月之光明、天地之高厚、江海之深广、泰山之伟大，别人只能永远仰望孔子，而不可能达到孔子的水平。

子贡对孔子的赞誉真是意味深长，发人深思！弟子对孔子的评价，以孔子为不折不扣的“圣人”。孔子却不以“圣人”自居，说：“若圣与仁，则吾岂敢?抑为之不厌，诲人不倦，则可谓云尔已矣。”(《论语·述而》)孔子“好学而不厌，好教而不倦”(《吕氏春秋·尊师》)，他的“诲人不倦”以博学多才为前提，其“学而不厌”则使自己更加博学多才。

子贡视孔子为“圣人”的评价值得人们思考。孔子承认人与人之间的差别，他将人分为五类。鲁哀公想选拔鲁国的人才同他一起治理国家，于是向孔子请教如何选拔。孔子回答，人可以分为庸人、士人、君子、贤人和圣人，并详述了五类人的不同标准。孔子说：“所谓圣者，德合于天地，变通无方，穷万事之终始，协庶品之自然，敷其大道而遂成情性。明并日月，化行若神。下民不知其德，睹者不识其邻。此谓圣人也。”显然“圣人”是一种境界，可以说已经臻于“化境”。正像东汉时期的王充所说：“世人之知圣……闻圣人人之奇者，身有奇骨，知能博达，则谓之圣矣。及其知之，非卒见暂闻而辄名之为圣也。与之偃伏，从文受学，然后知之。……以子贡知孔子，三年乃定，世儒无子贡之才，其见圣人，不从之学，任仓卒之视，无三年之接，自谓知圣，误矣。……夫才能知佞若子贡，尚不能知圣。世儒见圣，自谓能知之，妄也。”(《论衡·讲瑞》)此言耐人寻味！

二、“好学”的孔夫子

孔子博学，臻于“至圣”之境。孔子之所以能达到这样的境界，是因为他特别“好学”，他的心中有对“仁”与“智”的崇高追求。

在孔子的心目中，“圣人”德侔（móu）天地、化行若神，通合人情与自然。中国传统文化追求“大智”，所谓“大智”，就是能够看到长远而不仅仅是眼前，能够看到整体而不仅仅是局部，能够看到他人而不仅仅是自我，能够看到宇宙而不仅仅是人类。这样的智慧是圣人之智，远非一般人所能及，具备“大智”的人一定兼有“大德”。所以，圣人是既“仁”且“智”的人。

孔子认为“圣”是能够达到的。他曾说：“圣人，吾不得而见之矣；得见君子者，斯可矣。”(《论语·述而》)孔子十分注重施恩于民，救济大众。在孔子心目中，“博施于民而能济众”的就是圣人，而非一般的“仁者”。很明显，在孔子心里，“圣”是最高的道德标准，“仁”已在其次，二者有差别，但也相通，积“仁”就可成“圣”。孔子认为，圣人的境界很高，连尧、舜等先王都担心达不到，自己不能得见“圣人”，见到“君子”就已经十分满足了。他本人更不以“圣人”自居，所以会说“若圣与仁，则吾岂敢”。

然而，在孔子后学的心目中，孔子的确已经达到了“圣人”的境界。《论语·子罕》记载：

> 太宰问于子贡曰：“夫子圣者与？何其多能也？”子贡曰：“固天纵之将圣，又多能也。”子闻之，曰：“太宰知我乎！吾少也贱，故多能鄙事。君子多乎哉？不多也。”

孔子多才多艺，因而人们视他为“圣人”。子贡认为，是上天让孔子成为圣人，又使他多才多艺的。太宰问子贡：孔子是否真的达到了圣人的境界呢？对此问题，子贡曾经作答，后来孟子又重申“夫子既圣矣”。有圣心方能知圣人，所以孔子说，对于“圣人”，可能“下民不知其德，睹者不识其邻”。如果不修习孔子之学，就难以了解孔子之圣。如此看来，不了解孔子学问的人对他有种种误解，是十分正常的。

在他那个时代，已有人对孔子的博学感到吃惊，所以，那位不知哪国的哪一位“太宰”才问子贡：“夫子……何其多能也？”其实，当时惊讶于孔子博学的人还有不少，他们对孔子的博学都十分感佩。例如，卫国公孙朝便向子贡打听说：“仲尼焉学？”（《论语·子张》）他纳闷，孔子的学问到底是怎么来的？

年少身贱，多能鄙事，促进了孔子的奋发。有人询问孔子“何其多能”，孔子说“吾少也贱，故多能鄙事”。孔子的“博学”与他的身世有密切关系。他早年丧父，母亲颜徵在带着他离开原来居住的郰邑，迁居到鲁国国都曲阜，很重要的原因可能就是曲阜的文化氛围有利于孔子的成长。此后，孔子一生的大部分时光便是在曲阜度过的。虽然在这里过着贫苦的生活，但在母亲的教育下，孔子自幼勤奋好学。童年时做游戏，就“陈俎豆，设礼容”（《史记·孔子世家》），摆设各种祭器，模仿大人祭祀时的动作，学习礼仪。

图2-2　明人彩绘《圣迹图》之“俎豆礼容”图（孔子博物馆藏）

孔子“太庙问礼”的故事两次见于《论语》，特别引人注目：

子入太庙，每事问。或曰：“孰谓鄹人之子知礼乎？入太庙，每事问。”子闻之，曰：“是礼也。”（《论语·八佾》）

入太庙，每事问。（《论语·乡党》）

其中“入太庙，每事问”六字在《论语》中重出，但这不是简单的重复，更不是所谓编者的误记，而是从不同角度说明孔子勤问和好礼。古代开国之君称太祖，太祖之庙称太庙，《论语》中所谓太庙指鲁国周公之庙。太庙是邦国的礼仪中心，每逢开放，任人观礼。作为仪式，祭祀能够追怀先德、洗涤心灵，能够正人心、施教化，以求达到“慎终追远，民德归厚”的目的。孔子“慎礼”，他知礼明礼背后就是这样一个勤奋学习的过程。对于自己不懂的礼制、礼仪、文物，孔子以实事求是、虚心求教的态度待之，并认为这才合乎“礼”的规范。“入太庙，每事问”在《乡党》篇再次出现，应该如皇侃《论语集解义疏》所说：“前是记孔子对或人之时，此是录平生常行之事，故两出也。”这里所反映的应该是孔子看重“礼”的本质。

图 2-3　《圣迹图》之“太庙问礼”图

学无常师，博学不穷，成就了孔子的“博学”。子贡与孔子长期朝夕相处，他所知道的孔子比其他人更具体、形象、生动，他也更了解孔子的日常生活，更了解孔子的喜怒哀乐。有人想了解孔子何以博学，子贡说：“夫子焉不学？而亦何常师之有？”孔子“学无常师”体现了他的“好学”。

孔子的“好学”非同一般，简直就是古往今来好学的典范。对此，孔子本人也十分自信，他说：“十室之邑，必有忠信如丘者焉，不如丘之好学也。”(《论语·公冶长》)他认为，就是十户人家的地方，一定有像自己一样忠信的人，只是都赶不上自己的“好学”。

孔子不仅“好学”，而且“乐学”。孔子说：“知之者不如好之者，好之者不如乐之者。”(《论语·雍也》)他把学习当成一件快乐的事情。孔子几乎不放过任何求知的机会，他说：“三人行，必有我师焉！”(《论语·述而》)例如，郯国国君到鲁国来朝见鲁公，谈论少昊氏以鸟名官。孔子听说后，便前往求教。孔子曾适周问礼于老聃（dān)，他还向师襄学琴。因此孔子深谙礼仪，熟悉音乐。

图 2-4　明人彩绘《圣迹图》之“学琴师襄”图（孔子博物馆藏）

除了郯子、老子、师襄，孔子先后请教过的人还有不少。《史记·仲尼弟子列传》记载：

> 孔子之所严事：于周则老子；于卫，蘧（qú）伯玉；于齐，晏平仲；于楚，老莱子；于郑，子产；于鲁，孟公绰。数称臧文仲、柳下惠、铜鞮（dī）伯华、介山子然，孔子皆后之，不并世。

孔子礼敬老子等人，向他们虚心学习请教。孔子经常称颂先贤，称赞他们的学术与德行。孔子学习的内容非常广泛，涉及礼仪、历史、职官、琴技等方面。孔子认为智者“知人”（《论语·颜渊》），“知者莫大于知贤”（《大戴礼记·主言》）。孔子就是这样一位智者，除了向当时声望显赫的社会贤达、名流请教，对那些田野山林之隐士也能虚心求教，比如《论语·微子》篇就记载了他向狂人、隐士，如楚人接舆、荷蓧丈人、长沮与桀溺等请教的事例，他们或许就属于“大德不官，大道不器”（《礼记·学记》）的高人。

孔子学道不穷，而且善于学道。孔子对待学习有明智的态度，他说“知之为知之，不知为不知，是知也”（《论语·为政》），“盖有不知而作之者，我无是也”（《论语·述而》）。孔子自称没有那种不懂却凭空造作的毛病，也绝不会不懂装懂。他还从多方面学习，“多闻择其善者而从之，多见而识之，知之次也”（《论语·述而》）。孔子时时学习，处处学习，择取其善，弃其不善，善者正面为师，不善者反面为师，认为由多看多记而得的知识仅次于“生而知之”者。他的好学，诚如后人所说：“君子无一日不学也，岂惟日哉？无一时不学也，岂惟时哉？无须臾不学也。”（《山谷集》卷十三）

孔子好学，所以有广博的文化知识；孔子贫贱，所以他的社会人生阅历丰富。孔子体天命、谈人事，他说的话甚至有了预测未来的意味。其实，所谓“预测”，只是人们在一定条件下依据对事物的观察、思考，对其将来如何发展所做出的一种判断。其特征是见微而知著，识乎前而知于后。孔子能够预测未来，恰恰证明了他学识的渊博。

三、孔子所“好”何学

孔子“好学”，其“好学”的对象当然可以包括许多知识在内。但是，孔子所“好”之学，最重要的是“道”，即经天纬地之学、治国安邦之学、修己安人之学。就像“四书”中的《大学》，其所谓“学”，大人之学也。

孔子一生求道，求人生的大学问。孔子强调，人生最重要的是立志，即首先要“志于学”。“志于学”即“志于道”，立志走人生正道。人最关键的是走什么路、行什么道。一个人从家庭走向社会，最要紧的也是立志，所以父母要引导孩子走上正道，故孔子说“父在，观其志”（《论语·学而》）。

作为治世之学，孔子所“学”内容极广。我们一般说，孔子学说是仁爱礼乐之学，关于孔子学说的思想核心，也因观察角度不同而有“仁”“礼”等不同说法。作为名词，“学”即学问，泛指知识与技能。孔子的“学”，当然有通过读书求得知识的意义，但还有关乎品行、主乎忠信的道德人格修养，更有天下治平、大道运行的哲学思考。孔子立志所向，并不仅仅是一般的知识与技能，而更应该是一种“道术”，是《大学》中所说的治国平天下的大学问。孔子以广博的知识与技能为基础，成就了他的“大学问”。

孔子在鲁国都城长大，所学以礼乐为主。鲁卿孟僖子不能相礼，寻求“能礼者”问学，临死时，召其大夫曰：“礼，人之干也。无礼，无以立。吾闻将有达者曰孔丘，圣人之后也……我若获没，必属说（南宫敬叔）与何忌（孟懿子）于夫子，使事之，而学礼焉，以定其位。”孔子受到敬重，显然是因为他对于礼乐的精通。他希望能治国平天下，但他的主张不被各诸侯国采纳。他周游列国，栖栖遑遑到处奔走，这种遭遇是时代使然。在这样的情况下，孔子便越来越多地谈起了“仁”，思考如何使人具有仁爱之心，实现文、武、周公之治。孔子关于“仁”的主张及对于“人”的要求，正是社会人心教化的目标。他的教化是为了改变“礼坏乐崩”的社会现实，是服务于礼治统治的。他的仁爱思想由礼治思想发展而来。

作为一位思想家，孔子首先是一位政治思想家。如果没有对于社会现实政治的深刻体认，孔子思想便失去了赖以成立的基础。他的思想产生之初，关注最多的是“礼”，即周礼；他所孜孜以求的，是怎样以周代礼乐重整社会秩序。他到处推行自己“礼”的主张，试图改造社会，却事与愿违，迫使他不得不思考“礼”之不行的深层原因。于是，他开始越来越多地提到“仁”，议论“仁”与“礼”的关系。这一时期，孔子“仁”的学说得到了充分的拓展和完善；进入“知天命”之年以后，孔子的人生境界逐渐提高，最后达到“从心所欲，不逾矩”的佳境。他晚年喜好《易》，并作《易传》，对自己的哲学思想进行了具体的阐发，他思考“致中和”的方式与方法，希望“天地位，万物育”，他的“中庸”学说日臻成熟。由此可见，孔子的学说并不是单纯的伦理道德，而首先是一种推动社会和谐与发展的理论。

基于对“学”的认知，孔子本人好学、博学，也倡导博学，而博学的结果则是使人不致离经叛道。《论语》中两次记录孔子说：“博学于文，约之以礼，亦可以弗畔矣夫!”孔子弟子子夏说：“博学而笃志，切问而近思，仁在其中矣。”《孔子家语·儒行解》载“博学而不穷，笃行而不倦”，《中庸》载“博学之，审问之，慎思之，明辨之，笃行之”，都是相互对应的。“博学”与“仁德”密切关联，只有“博学深谋”，才能“修道立德”。

孔子一生讲学，留下了大量的遗说。孔子弟子及后人把这些遗说整理成书，选编成了《论语》。《论语》的思想属于孔子，但也含有《论语》编者对于孔子思想的理解。所以，从《论语》的编纂也可看出编者的用心。我们之所以格外重视《论语》的首篇首章，就是基于这样的认识。对于孔子之“学”

的理解，《论语》首篇首章的“学”字十分关键，应该给予特别的重视。

对于《论语》的开篇，我们的理解与传统观点有所不同。《论语》第一章记孔子说：“学而时习之，不亦说乎？有朋自远方来，不亦乐乎？人不知而不愠，不亦君子乎？”其中的“学”不是动词，而是名词，即“道”“学问”“学说”；“时”，不是“常常”，而是“时代”；“习”，是“实践”“使用”。孔子这句话的意思是：如果自己追求的道为时代（或社会）所推行、所实践，那会令人从内心感到喜悦；有志同道合的人从远处来也很快乐；即使别人都不能理解自己，自己也不怨天尤人，而是依然坚守自己的信念，这才是一位忠信的君子呀！

其实，对于《论语》首章的理解，前人也有讨论。我们的理解受到了前人的启发，是在前人认识基础上的进一步阐发。① 清朝学者毛奇龄就曾指出：“学者，道术之总名。”② 近人程树德也说：“‘学’字系名辞。”③ 现代学者刘家齐④、李启谦⑤先生进而对《论语》首章进行了新的诠释，认为该章概括了学者的思想主张与社会实际关系可能遇到的三种不同情况，勉励学者端正态度，树立坚持真理的君子精神。这种解释与孔子一生的出入进退大致符合。

孔子希望用世却一生“不遇”，因此，不免会感到苦闷。但是，孔子的苦闷可能是短暂的，因为他对社会是了解的，越到其人生的后期，他越是清楚自己的学说与当时社会之间的不兼容。《史记》记述孔子临终之言：“天

---

① 杨朝明：《新出竹书与〈论语〉成书问题再认识》，《中国哲学史》2003年第3期；杨朝明：《〈论语〉成书及其文本特征》，《理论学刊》2009年第2期。

② （清）毛奇龄著，胡春丽点校：《四书改错》卷十八《小诂大诂错上·学》，华东师范大学出版社2015年版，第407页。

③ 程树德撰，程俊英、蒋见元点校：《论语集释》卷一《学而上》，中华书局1990年版，第4页。

④ 刘家齐：《“学而时习之”章新解》，《齐鲁学刊》1986年第6期。

⑤ 李启谦：《关于“学而时习之”章的解释及其所反映的孔子精神》，《孔子研究》1996年第4期。

下无道久矣，莫能宗予。”这句话正与我们对《论语》首章新的诠释相对应，说明孔子希望自己的学说被用于世。孔子之学在于改良人心、改造社会，使天下归于“有道”。他希望自己的学说用“时”，但也认识到所处非时，所以他说：“君子博学深谋而不遇时者众矣，何独丘哉!”(《孔子家语·在厄》)在太史公的笔下，我们依稀可见孔子在门前“负杖逍遥”(《史记·孔子世家》)的凄凉身影。

孔子一心求仕，热心救世，但他的满腔热情换来的却是丧家离国。天下谁人能识君，又有几人能够真正了解自己的抱负？这一切自然令孔子感慨良多，因此他在言谈之中也流露出类似情绪。如《论语》记孔子云“不患无位，患所以立”(《论语·里仁》)；“不患人之不己知，患其不能也”，“莫我知也夫”(《论语·宪问》)；“君子病无能焉，不病人之不己知也”(《论语·卫灵公》)。不管怎样，自己博学，有治世的真本领最为重要。孔子弟子认为：“夫子之道至大，故天下莫能容夫子，夫子盍少贬焉?”(《孔子家语·在厄》)孔子后学知道：“有其人，无其世，虽贤弗行矣。”(《郭店楚墓竹简·穷达以时》)最终，博学的孔子也不得不感叹：“莫我知也夫!”(《论语·宪问》)“知我者其天乎!”(《论语·宪问》)

在孔子弟子心目中，孔子的天纵之才和高深学说令人向往。孔子之道高深，但这个道不过就在人们的性情之间、动容之际，在饮食起居、交接应酬之时，在君臣、父子、夫妇、兄弟之常，在出处、去就、辞受、取舍以及政事之设施，在礼乐文章之讲贯等方面。细读《论语》，孔子之道尽在其中。这也可以与“君子博学于文，约之以礼，亦可以弗畔矣夫”(《论语·雍也》)相互参照，由此可见孔子培养弟子的主要目标是培养“弗畔”的君子人格。

第三章

适周『问礼』于老聃

孔子问礼于老聃（即老子），是孔子“好学”的体现，也是孔子生平中的重大事件之一。即使在中国文化史上，孔子“适周问礼”也是一件大事。两位伟大哲人的这次洛邑会见，不仅对孔子本人影响很大，而且也关系到人们对孔子思想的认识。

一、洛邑相会的时间

关于“孔、老相会”，历史典籍中有明确记载，新资料的问世以及相关学术研究的进展，使人们不再怀疑这一重大事件的真实性。然而，孔子在哪一年适周向老子问礼，历来却有不同说法。如今，许多传世文献的可靠性得到确认，这一学术疑难问题就可以得到解决了。

孔子“适周问礼”发生于何时？《史记·孔子世家》说它发生在孔子“年十七”及少时“贫且贱”之后，随后说到“鲁昭公之二十年，而孔子盖年三十矣”，把孔子“适周问礼”之事置于昭公二十年、孔子三十岁之前。由此，有学者根据《史记》叙说的惯性思维，认为此事发生在孔子十七岁时，而且据《左传》记载，鲁昭公七年还有日食发生。① 其实，据《礼记·曾子问》的记载，孔子“从老聃助葬于巷党，及堩（gèng），日有食之”，则是与老子的另一次相见。

孔子年十七“适周问礼”之说很难成立。《庄子·天运》说“孔子行年

① 高亨：《关于老子的几个问题》，《社会科学战线》1979 年第 1 期。

五十有一而不闻道，乃南之沛见老聃”，《史记索隐》认为这可能是《孔子世家》依《庄子》之说而没有细究。因为据《说苑·反质》，孔子见老聃时说“甚矣，道之于今难行也”，这应在孔子“既仕之后”，非其十七岁时所能言。孔子说“吾十有五而志于学”，但从孔子自周返鲁“道弥尊矣”“弟子稍益进焉”的情况看，孔子“适周问礼”时虽不像《史记索隐》所认为的在“既仕之后”，但也不应早至“年十七”时。

人们一般依《史记·孔子世家》研究孔子“适周问礼”，就以昭公二十年、孔子三十岁作为时间坐标。有分析认为，鲁昭公二十二年（孔子三十二岁），周室已发生内乱，孔子当然不能在周室贵族斗争之时去适周问礼。而鲁昭公二十五年（孔子三十五岁），鲁国内乱，昭公奔齐，孔子因乱适齐，流亡在外数年，自无“鲁君与之一车两马”之事。鲁昭公二十六年，周室王子朝“奉周之典籍以奔楚”，老子也因之免官归居于陈，孔子、老子自无在周相见之理。①

人们对于孔子“适周问礼”时间的探求囿于《史记·孔子世家》，故而难以得出令人满意的结论。在对先秦历史事实的叙述中，司马迁虽具“良史”之才，但由于所掌握的材料有限，其相关记载中的时间难免发生错乱。我们认为，就对孔子事迹的研究而言，应当特别重视《孔子家语》的记载。

孔子与南宫敬叔“适周问礼”，见于《孔子家语·观周》：

> 孔子谓南宫敬叔曰：“吾闻老聃博古知今，通礼乐之原，明道德之归，则吾师也。今将往矣。”对曰：“谨受命。”遂言于鲁君曰……与孔子车一乘，马二匹，竖子侍御。

孔子此次“适周”显然是到周都洛邑，有人将孔子“适周”的时间确定在鲁定公三年，当时孔子四十五岁。清人孔广森在《经学卮言》中说：

---

① 詹剑峰：《老子其人其书及其道论》，华中师范大学出版社2006年版。

“子在周时，《家语》有刘文公论圣人之语。定公四年，文公即卒。元二两年，未没昭公之丧，访乐苌弘，又非攸宜。前后推校，则适周其在定公之三年欤？”不过，孔广森的看法没有得到人们的重视。如钱穆先生说：“然《家语》为王肃伪书，其言非可征信。则定公三年之说，亦复非也。林春溥《孔子世家补订》亦疑刘文公以定四年卒，则适周当在定二三年。然又以与《庄子》冲突，疑《孔丛》伪托非实。良以《孔丛》《家语》，其可信之价值，犹在《庄子》下也。”①

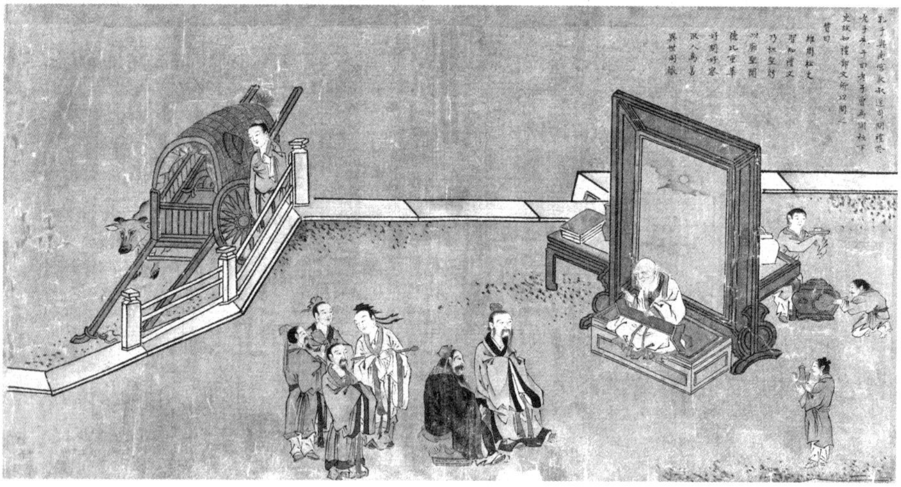

图 3-1　明人彩绘《圣迹图》之“问礼老聃”图（孔子博物馆藏）

孔子适周，与南宫敬叔一同前往，其时间应在南宫敬叔师事孔子后。《史记·孔子世家》说：“及釐（xī）子卒，懿子与鲁人南宫敬叔往学礼焉。”表面看来，好像孟僖子（即孟釐子）卒后，孟懿子与鲁人南宫敬叔立即师事孔子。其实不然。

司马迁《史记》在记述“及釐子卒，懿子与鲁人南宫敬叔往学礼焉”之后，紧接着说“是岁，季武子卒”。这与前文“及釐子卒，懿子与鲁人南

① 钱穆：《先秦诸子系年·孔子与南宫敬叔适周问礼老子辨》，商务印书馆 2005 年版。

宫敬叔往学礼焉”本身就相矛盾。孟僖子卒于鲁昭公二十四年（孔子三十四岁），季武子卒于鲁昭公七年（孔子十七岁），二者时间相差十七年。

孟懿子与鲁人南宫敬叔师事孔子，并不是在孟僖子去世之年。《左传·昭公七年》曰：“孟僖子病不能相礼，乃讲学之，苟能礼者从之。及其将死也，召其大夫，曰：‘……我若获没，必属说与何忌于夫子，使事之，而学礼焉，以定其位。’故孟懿子与南宫敬叔师事仲尼。”显然，二人师事孔子虽在孟僖子去世之后，却不一定就在孟僖子去世之年。

孟懿子与南宫敬叔师事孔子的大致经过，《孔子家语·正论解》说得清楚：

> 南宫说、仲孙何忌既除丧，而昭公在外，未之命也。定公即位，乃命之。辞曰：“先臣有遗命焉，曰：‘夫礼，人之干也，非礼则无以立。’嘱家老，使命二臣必事孔子而学礼，以定其位。”公许之。二子学于孔子。

作为鲁国“三桓”之一的孟僖子之子，孟懿子在其父卒后不会在服丧期间拜孔子为师，因为这不合乎礼制要求。孟僖子卒于鲁昭公二十四年，次年昭公因内乱而出奔，至死也没能再回鲁国，所以孟懿子与南宫敬叔的大夫职位一直都未得诏命。直到鲁定公即位以后，二人才被诏命。但二人推辞说，遵父命需师从孔子学礼，然后才能确定职位。定公允许后，二人方得以师从孔子。

南宫敬叔与孔子一起适周问礼，说明他应当已经师事孔子了。根据《孔子家语·正论解》的记载，南宫敬叔在定公元年师事孔子。那么，南宫敬叔与孔子一起适周问礼应在定公元年之后。《孔丛子·嘉言》记孔子见苌弘后，苌弘与刘文公讨论孔子的言论。而刘文公在定公四年去世，所以孔子适周应当在此之前。

定公元年，孔子刚收孟懿子与南宫敬叔为徒，揆诸情理，当不会马上就提出适周问礼的想法。据《春秋》定公元年：“夏六月癸亥，公之丧至自乾侯。戊辰，公即位。秋七月癸巳，葬我君昭公。”如此，定公诏命孟懿子与南宫敬叔的大夫职位应当在这年秋天之后，随后才有二人推辞而师从孔子之事。如果考虑到孔广森所说的“元二两年，未没昭公之丧，访乐苌弘，又非攸宜”，那么，孔子适周在定公三年的可能性就最大了。

定公三年的下半年，孔子也在鲁国。这一年，邾（zhū）庄公卒，邾隐公即位。不久邾隐公要举行冠礼，他通过孟懿子请教孔子行冠礼事。有人认为国君新丧，新君不宜行冠礼，如清人狄子奇《孔子编年》就这样认为。其实，周初成王行冠礼事就在武王既葬后不久，无论是孔子的叙述，还是《今本竹书纪年》的记载，都是如此。据《春秋》，邾庄公葬于鲁定公三年秋天，而且冬天孟懿子还与新即位的邾隐公“盟于拔”。邾隐公举行冠礼，恰恰可能就在秋冬时节。

孔子时代，列国之间交通不便。孔子适周虽然是乘坐马车，但他来往周都洛邑、问礼访乐、考察制度，也需要时日。综合分析，孔子“适周”最有可能在鲁定公三年上半年。这一年为公元前507年，孔子四十五岁。①

二、洛邑“问礼”的内容

实际上，孔子与老子相见可能不止一次。从相关记载看，在此次孔子“适周问礼”于老子之前、之后，孔子还见到过老子。

孔子“适周问礼”以前，二人很可能在鲁国有过交流。《礼记·曾子问》记孔子说：“昔者吾从老聃助葬于巷党，及堩，日有食之。”从新出土材料与传世文献的比较看，《礼记》所记孔子遗说都有一定的根据，这里的记载同样不会无中生有，其中的“巷党”或许就是指鲁国地名。清人阎若璩

① 参见杨朝明、张向向《孔子“适周问礼”时间考辨》，《中和学刊》第二辑，陕西师范大学出版总社有限公司2010年版。

（qú）在《四书释地续》中分析认为，《春秋》记载鲁昭公二十四年夏五月乙未朔，日有食之，那么，孔子与老子的此次相见应在鲁昭公二十四年，这一年孔子三十四岁。

孔子“适周问礼”之后，二人可能还曾在宋国相见。《庄子·天运》记：“孔子行年五十有一而不闻道，乃南之沛见老聃。”清代学者梁玉绳在《史记志疑》中分析说：“盖适周问礼，不知何年……此本阙疑之事。必欲求其年，则《庄子》五十一之说，庶几近之。”《庄子》所说的“沛”，一般认为在当时的宋国（今江苏沛县）。孔子年五十一岁“初仕”，在鲁国任中都宰，他在此时去拜访当时在沛地的老子是极有可能的。

图 3–2　孔子见老子

既然孔子多次拜访老子，他们所交流的内容也应是多方面的。仅《孔子家语》一书，就有许多相关信息透露出来：

孔子曰：“……自南宫敬叔之乘我车也，而道加行。”（王肃注：

“孔子欲见老聃而西观周，敬叔言于鲁君，给孔子车马，问礼于老子。孔子历观郊庙，自周而还，弟子四方来习也。”）（《致思》）

孔子曰：“昔丘也闻诸老聃曰：‘天有五行：水、火、金、木、土。分时化育，以成万物，其神谓之五帝。’”（《五帝》）

子夏问于孔子曰：“商闻易之生人及万物、鸟兽、昆虫，各有奇偶，气分不同。而凡人莫知其情，唯达德者能原其本焉。……”孔子曰：“然，吾昔闻老聃亦如汝之言。”（《执辔》）

孔子曰：“吾闻诸老聃曰：‘鲁公伯禽有为为之也。’今以三年之丧从利者，吾弗知也。”（《曲礼子夏问》）

孔子曰：“吾闻诸老聃曰：‘馆人，使若有之，恶有有之而不得殡乎？’”（《曲礼子夏问》）

从这些记载看，孔子与老子交流的内容比较广泛，涉及五帝、五行、气分、丧礼等许多方面。这几则记载除了《致思》篇的资料与《观周》专篇可确定为此次“适周问礼”之事，其他皆难以确定。

不过，孔子、老子交流内容虽然广泛，但在二人的互动中，孔子“问礼”于老子的内容最为重要。

人们叙述孔子“适周问礼”，现多依据《史记·孔子世家》：

鲁南宫敬叔言鲁君曰：“请与孔子适周。”鲁君与之一乘车，两马，一竖子俱，适周问礼，盖见老子云。辞去，而老子送之曰：“吾闻富贵者送人以财，仁人者送人以言。吾不能富贵，窃仁人之号，送子以言，曰：‘聪明深察而近于死者，好议人者也。博辩广大危其身者，发人之恶者也。为人子者毋以有己，为人臣者毋以有己。’”

孔子与南宫敬叔此次“适周问礼”，详细记载见于《孔子家语·观周》：

孔子谓南宫敬叔曰：“吾闻老聃博古知今，通礼乐之原，明道德之归，则吾师也。今将往矣。”对曰：“谨受命。”遂言于鲁君曰……与孔子车一乘，马二匹，竖子侍御。敬叔与俱至周。

问礼于老聃，访乐于苌弘，历郊社之所，考明堂之则，察庙朝之度。

孔子适周，同行的有南宫敬叔及个别弟子；他得到了鲁君的支持，鲁君送他一辆车、两匹马，另有一名随从童仆帮助驾车。在洛邑，孔子问礼于老聃，访乐于苌弘，历郊社之所，考明堂之则，察庙朝之度，活动内容丰富，收获甚丰。

按照《孔子家语·观周》篇的介绍，在参观东周明堂时，孔子看到四个门口的墙上分别画有尧、舜、桀、纣的肖像，各有善恶不同的形貌以及兴盛、灭亡的诫语。还有周公辅政时，抱着年幼的成王背对屏风、坐北面南，接受诸侯朝拜的图像。孔子盘桓观望着，对跟从的人说：“这就是周朝兴盛的原因所在了。明镜可以用来审察形体容貌，借鉴古代的东西可以了解当下的问题。君主如果不能致力于学习安身立命的道理，忽视、怠慢发生政治危机和亡国的因素，就如同自己向后跑却想追上前面的人那样，难道不是很糊涂吗！”

孔子观周，还去了太祖后稷之庙。在庙堂右阶之前，立有一个金人，嘴巴被封了三层，背上有一些铭文，尽是告诫人们“慎言”以及“自卑而尊人”之类的内容，如“无多言，多言多败；无多事，多事多患”，“勿谓何伤，其祸将长；勿谓何害，其祸将大；勿谓不闻，神将伺人”，“诚能慎之，福之根也。口是何伤？祸之门也。强梁者不得其死，好胜者必遇其敌”，“温恭慎德，使人慕之；执雌持下，人莫逾之”，以及“君子知天下之不可上也，故下之；知众人之不可先也，故后之”，等等。孔子读罢，认为此言实在中正，合情可信，于是回头对弟子说，正如《诗》中所言“战战兢兢，如临深渊，如履薄冰”，这样立身行事，怎么会因为说话招来祸患呢？

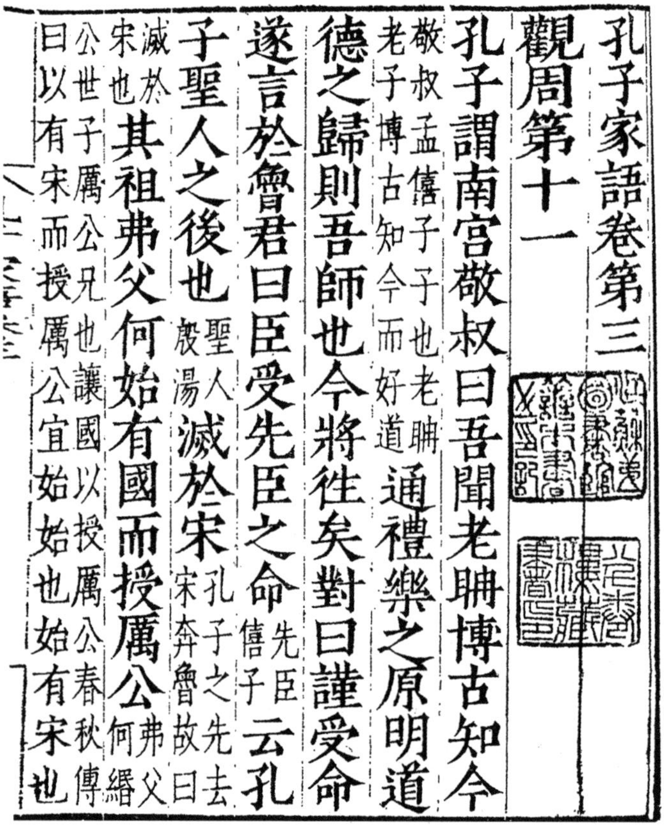
孔子家語卷第三
觀周第十一
孔子謂南宮敬叔曰吾聞老聃博古知今敬叔孟僖子子也老聃老子博古知今而好道通禮樂之原明道德之歸則吾師也今將往矣對曰謹受命遂言於魯君曰臣受先臣之命先臣僖子云孔子聖人之後也聖人殷湯滅於宋孔子之先去宋奔魯故曰滅於宋也其祖弗父何始有國而授厲公弗父何繒公世子厲公兄也讓國以授厲公春秋傳曰以有宋而授厲公宜始始也始有宋也

图 3-3 《孔子家语·观周》

三、孔、老相会的意义

在中国文化史上，“孔、老相会”曾是久议难决的“疑案”。曾几何时，在许多学者眼里，不仅“孔子问礼于老子”“老子生活的时代”存在争议，就连“老子有无其人”也成了问题。好在有关学术研究在发展，典籍文献纷纷出土，许多珍贵的早期思想史材料得以有效利用，历史的真相逐渐显现出来。例如，原来被视为“伪书”的《孔子家语》就极具史料价值，其中有专篇记载“孔、老相会”的相关史实，而且还有孔子“闻诸老聃”之类的很多材料。难怪不少先秦著作中记有孔子问礼于老子的故事，汉代艺术造像中也有许多这种题材的作品。

从文献透露的信息看，孔子与老子相见可能不止一次，这或许也是历代学者对该问题聚讼纷纭的原因之一。孔子“适周问礼”，文献之中有相关记载，其真实性应无太大问题。实际上，孔子到洛邑也可能不止一次，这里是周朝东都，是当时周朝的文化中心，孔子自然向往。例如，有材料显示，孔子晚年作《春秋》之前，曾经与鲁太史左丘明“乘如周”，到周朝史官那里查看资料。① 这都是孔子尊周、从周文化情结的体现。

虽然孔子多次与老子相见，但鲁定公三年这次“适周问礼”对孔子意义重大，这主要体现在以下方面：

1. 孔子看到了《周礼》

孔子出生在鲁国，鲁国文化积淀丰厚，《左传》甚至有“周礼尽在鲁矣”的说法。因此，他很早就接触周礼，所见所学自然也都属于周礼。但是，这里所说的是作为“周官”的《周礼》，指的是被后世视为“三礼”之一的《周礼》。

学者们之所以在《周礼》成书问题上聚讼纷纭，是由于该书出现较晚。《周礼》出现较晚，是由其性质决定的。礼有礼制和礼仪，礼制和礼仪体现了礼义。或许在此次“适周问礼”之前，孔子就熟悉周代冠、婚、丧、祭等礼仪，也了解一些周代典章制度，但此次“适周问礼”可能是他第一次在作为周朝守藏史的老聃这里，见到了《周礼》（即《周

---

① 孔颖达《春秋左传注疏》载，沈氏云：“《严氏春秋》引《观周篇》云：‘孔子将修《春秋》，与左丘明乘如周，观书于周史，归而修《春秋》之经。丘明为之传，共为表里。’”

官》)。关于孔子“适周问礼”，我们有几点新的认识。

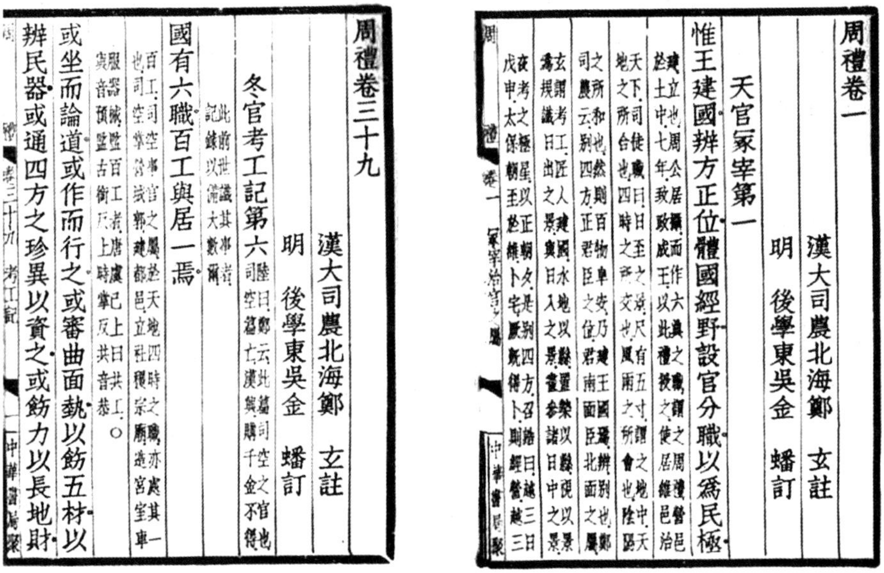
周禮卷三十九
漢大司農北海鄭 玄註
明 後學東吳金 蟠訂
冬官考工記第六
國有六職百工與居一焉
或坐而論道或作而行之或審曲面埶以飭五材以辨民器或通四方之珍異以資之或飭力以長地財

周禮卷一
漢大司農北海鄭 玄註
明 後學東吳金 蟠訂
天官冢宰第一
惟王建國辨方正位體國經野設官分職以爲民極

图 3-4 《周礼》

第一，孔子适周的动机或出发点。孔子此行就是因为老聃声名远播，并对于礼乐道德的把握冠绝一时。《孔子家语·观周》篇开头说：

> 孔子谓南宫敬叔曰：“吾闻老聃博古知今，通礼乐之原，明道德之归，则吾师也。今将往矣。”

孔子适周，首先是因为老聃博古通今，“通礼乐之原，明道德之归”。孔子远行洛邑拜访老聃，目的就是了解“礼乐之原”“道德之归”。而这些内容的载体就是《周礼》。

为什么这么说？礼乐的根本（或“礼乐之原”）应指国家顶层制度设计，即设官分职的政治架构，这是政治运行机制问题。按照孔子的理解，“古之御天下者，以六官总治焉”（《孔子家语·执辔》），“六官”即天官冢宰、地官司徒、春官宗伯、夏官司马、秋官司寇、冬官司空。显然，孔子所说“六官”指的就是《周礼》。① 而在《周礼》“六官”之中，“冢宰之官以成道”“司徒之官以成德”，此乃国家管理的根本所在，即“道德之归”的意义所在。

南宫敬叔请求鲁国国君资助支持他们的“适周”之行时，也明确说明了此行的目的。《孔子家语·观周》篇记载：

> 今孔子将适周，观先王之遗制，考礼乐之所极，斯大业也……

这里所说的“先王之遗制”，应指文、武、周公之制度；“礼乐之所极”即礼乐的根本或最高标准。这里的“先王遗制”“礼乐之极”，与孔子所说的“礼乐之原”“道德之归”应是同义。

第二，孔子自述洛邑之行的收获。孔子的洛邑之行达成了目标，或者说他对自己的访问结果非常满意。洛邑之行结束后，他感慨地说：“吾乃今知周公之圣，与周之所以王也。”孔子之所以有此感慨，正是因为他看到了《周礼》的制度设计等。

第三，老聃的身份与《周礼》的性质。孔子到洛邑向老子请教“礼”的问题，应当是学习了《周礼》。作为职官制度的记载，《周礼》是一部极其特殊的典籍，它不像记录仪式礼节的《仪礼》需要很多人关注，也不像作为思想典籍的《礼记》需要研读，作为国家制度设计，《周礼》不被一般人研习阅读，它可能只为天子以及王公大臣所明所知，因此流传并不广。而老聃当时是“周守藏室之史”，司马贞《史记索隐》曰：“藏室史，周藏书室之史也。”老聃有条件掌管《周礼》这类典籍。

孔子后来常常“梦见周公”，并且非常崇拜周公。孔子之所以如此，应

---

① 杨朝明：《〈孔子家语·执辔〉篇与孔子的治国思想》，《中国文献学丛刊》(第一辑)，国际炎黄文化出版社 2003 年版；杨朝明：《儒家文献与早期儒学研究》，齐鲁书社 2002 年版；杨朝明、崔海鹰：《〈孔子家语·执辔〉篇与〈周礼〉可靠性问题》，《济南大学学报》2015 年第 3 期。

该与此次“适周问礼”有关系。孔子此行方知“周公之圣”，知道了周朝之“王”天下的根本原因。周公“制礼作乐”，具有“经天纬地”之功；他总结继承夏、商二代经验，不仅稳定了周初政治，奠定了周王朝百年基业，而且奠定了中华礼乐文明的基础。试想，除了《周礼》的制度设计，洛邑之行还能有什么会让孔子如此感慨？

2. 孔子坚定了行道决心

孔子关注现实，了解社会，看到“天下无道”的种种表现，有自己内心的苦闷。在行道的路上，孔子感到困惑，《孔子家语·观周》篇就透露了他这样的心迹：

> 孔子见老聃而问焉，曰：“甚矣，道之于今难行也。吾比执道，而今委质以求当世之君，而弗受也。道于今难行也。”老子曰：“夫说者流于辩，听者乱于辞，如此二者，则道不可以忘也。”

孔子执守大道，希望说服邦国之君，期待他们以道治国，然而没有被接受，所以他感叹“道于今难行也”。孔子对自己所执守的大“道”难以施行而困惑，遂去请教老子。老子认为问题的症结在于“说者流于辩，听者乱于辞”。实际上，优秀的思想学说得不到真正的贯彻施行，往往是由于“学者”的理论过于宏阔、浮华、巧辩，使“听众”一头雾水，难以接受。所以孔子说“道不远人”（《中庸》），认为“道”实际就在每个人的日常坐卧之间，行道者首先应该着眼于“人”。

孔子见老子时，老子告之以“良贾深藏若虚，君子盛德容貌若愚”（《史记·老子韩非列传》）的道理；孔子离开洛邑时，老子为他送行，特意告诫他，人要聪明深察却不可“好讥议人”，博辩闳达却不可“好发人之恶”（《孔子家语·观周》）。老子“深远”的“虚无”之道的特点，是“因应变化于无为”。孔子感慨老子就像“乘风云而上天”的蛟龙，认为老子难“知”！

但是，老子指出，在离乱之世，反而需要有大道在身的人。老子应该给了孔子以很大鼓励，使孔子更加坚定了自己的担当与抱负。《孔子家语·观周》又载：

> 及去周，老子送之，曰：“吾闻富贵者送人以财，仁者送人以言。吾虽不能富贵，而窃仁者之号，请送子以言乎：凡当今之士，聪明深察而近于死者，好讥议人者也；博辩闳达而危其身，好发人之恶者也。无以有己为人子者，无以恶己为人臣者。”孔子曰：“敬奉教。”

临别时，老子还以“言”相赠，告诫孔子要行孝忠之礼：“无以有己为人子者，无以恶己为人臣者。”也就是说，为人之子不可固执己见，为人之臣则不可不坚持自己的意见。前孝后忠，前后相反。所以对父母不可计较，这与“事父母几谏”的道理相似；对君主不可谄媚，这与“恭近于礼，远耻辱也”的道理一致。孔子所说“敬奉教”三字，表明他要聪明深察、博辩闳达，要致力于孝悌忠信之道。

3. 孔子扩大了自身影响

至洛邑问礼于老聃，访乐于苌弘，入后稷之庙，观周之明堂，是孔子人生中一次非同寻常的经历。学习《周礼》，眼界大开，见识大长，那句“吾乃今知周公之圣，与周之所以王也”，道出了他内心的喜悦。

孔子故里曲阜周公庙的元圣殿有楹联曰“官礼功成宗国馨香传永世；图书象演尼山统绪本先型”，揭示了孔子与周公的关系，显示了周公对孔子的巨大影响。孔子所在的鲁国，“先君周公制周礼”几乎是人们的口头禅，使尊奉周礼的人们心仪周公；孔子时代，周代典籍尚存，此行能看到周代遗制，尤其能看到作为周朝根本大法的《周礼》，使孔子可以更好地“法则周公”。

孔子应该自幼就对周公充满了向往，他少年时“入太庙，每事问”，这里所说的“太庙”即周公庙。那时，对于不懂的礼制、礼仪、文物，孔子就虚心求教。到洛邑参观访问，游历了周朝重要政治文化设施后，他流露出对周朝制度的无限向往和对周公的倾心仰慕，并经常引用周公名言，赞美周公的美德。他熟悉周公事迹和“周公之制”，以“周公之典”为行事的法度。

所有这一切的出现，皆源自孔子“适周问礼”这一标志性事件。孔子曾“严事”多人，从而积淀形成了自己的智慧，而老子是对孔子影响最大的一位。《孔子家语·观周》说：“自周反鲁，道弥尊矣。远方弟子之进，盖三千焉。”《史记·孔子世家》说：“孔子自周反于鲁，弟子稍益进焉。”可见，“适周问礼”不仅让孔子取得了重要收获，而且其自身影响力也因此而扩大。

第四章

礼乐浸润与『述而不作』

孔子学说的形成不是向壁冥想的顿悟，更不是得到了什么神灵的启示，而是他站在当时历史的制高点上，总结继承了此前中国思想文化的优秀成果，所以孟子称他是“生民以来”的“集大成”者。孔子生活在具有深厚礼乐文化传统的鲁国，这是孔子思想形成的文化土壤。鲁国是周公的封国，由于周公，鲁国得以更好地保存了周文化，传承了文武之政、周公之训、成康之道。孔子以前，中国历史已有漫长的发展历程，中国文化已有较高的发展水平，孔子熟悉“五帝”，崇拜“三王”，精研夏、商、周三代文化，对历史的兴衰变化了然于心，其思想的形成有广阔的文化背景，是以往数千年历史文化的凝结。

一、鲁国礼乐文化的浸润

生长在“无道”之世和贫困家庭是孔子的不幸，然而，这样的困顿也考验并成就了孔子。更为重要的是，对于酷爱学习、热衷于古代礼乐文化的孔子来说，能出生并生长在鲁国，也是他不幸中的幸事。

孔子思想属于他所处的那个时代，更属于他所在的鲁国。周初开始完善起来的宗法礼乐制度影响广远，铸就了鲁国根深蒂固的礼乐传统。在名义上，鲁国是周公封国，周公无论是在帮助武王争夺天下期间，还是在帮助年幼的成王平定天下期间，都有卓著功勋，因而鲁国是姬姓“宗邦”、诸侯“望国”，所以有学者说：“周之最亲莫如鲁，而鲁所宜翼戴者莫如周。”(《左传纪事本末》卷一）鲁文化与周文化一脉相承。因此，鲁国初封，不仅受赐丰厚，而且相对于他国来说还得到了不少特权。周王在赐给鲁国大量文化典籍的同时，还特许鲁国享有天子之礼乐。鲁有行天子之礼的特权是为“褒周公之德”，因此鲁人便不能忘记祖述先王之训、追忆周公之礼。实际上，鲁国正是周公推行周朝礼乐的中心。鲁国人对周礼别有一种亲切感，“先君周公制周礼”成了他们的口头禅，因此他们在行为上循礼而动成了十分自然的事情。

鲁国建国之地是殷商势力影响较大的地区，伯禽率周人的一支被分封到鲁地，就是要把鲁国建成宗周模式的东方样板。为强化统治，他花费了很大气力改变当地的风俗，力图把周的文化传统推广开来。鲁国重礼文化风格的形成，与鲁先君的努力是分不开的。鲁国建国前，这里被称作“奄”，曾是商朝旧都，鲁国有代表周王室担负镇抚徐、奄、淮夷从而传播宗周文化的使命。既然周室对鲁国寄予厚望，把鲁国分封在商奄旧地，那么，在推行周代礼乐制度时，有“望国”地位的鲁国也就不能不以表率自居了。

鲁国适宜农桑的地理环境，客观上也要求鲁国推行西周的礼乐制度。周人有崇尚农业的传统，鲁人又将这一传统加以承继和光大。“尊祖”和“敬宗”是宗法制度的基本信条，人们依照与周王的血缘亲疏以及嫡庶、长幼等关系，确立起贵族之间的贵贱、大小、上下等各种等级差异，从而形成确立伦理规范和行为准则的具体名分。“夫名以制义，义以出礼，礼以体政，政以正民”（《左传·桓公二年》），这种制度，在游移不定的以畜牧或工商活动为主的社会是行不通的，只有在稳定的定居农业社会才得以确立。西周正是这样一种典型的宗法式农业社会，在这个社会中，划分成若干等级的人们必须和谐地相处于同一社会群体中。周代先王就是根据这种需要制礼作乐的。鲁国既然承继了周人的重农传统，那么，客观上也就要求其在文化方面施行礼乐制度与之相适应。

各种条件的结合，使鲁国成为典型的周朝礼乐制度的保存者和实施者，时人称“周礼尽在鲁矣”（《左传·昭公二年》），鲁国也因此而成为各国诸侯学习周礼的去处。《左传·襄公十年》载："诸侯宋、鲁，于是观礼。"宋国保存的是殷礼，而鲁国保存的则是典型的周礼。在鲁国，礼是人们的行为准则，上自鲁公下至卿士，无不循礼而动。不论是"国之大事"还是社交小节，如君位继承、祭天祀祖、对外战争、朝聘会盟以及燕享、乡射等，无不如此，否则，相关举动就会受到指责，甚至被视为"不祥"。礼乐传统对鲁国的社会生活产生了极大影响。

孔子自幼受礼的熏陶，对学习践行周代礼乐制度表现得十分执着。春秋末期，鲁国依然保存着较为完整的礼乐典籍，这种文化氛围深深影响了孔子，造就了他"信而好古"的性格。孔子好学，他进入祭祀周公的太庙，遇事便向他人请教；郯子来见鲁公，谈论少昊氏"以鸟名官"的问题，孔子知道后马上前往求教。此外，他还亲自到洛邑学习周礼，向师襄学琴则精益求精，揣摩深思，力求领略音乐的神韵。他在鲁国都城之西的矍相圃演习射礼，据说当时"观者如墙堵焉"（《孔子家语·观乡射》）。鲁国有人评论说："大哉孔子！博学而无所成名。"（《论语·子罕》）

孔子十分了解周礼，成为当时有名的知礼之人。在春秋以降的社会动荡中，鲁国虽也出现了"礼坏乐崩"的局面，但由于礼乐传统深厚，直至春秋末年，这里的古典乐舞仍令吴公子季札叹为"观止"。晋国韩宣子也赞叹鲁国典册之富，说"周礼尽在鲁矣"（《左传·昭公二年》）。可以说，没有浓厚的礼乐文化氛围，就很难培养出孔子这样一位礼乐大师。

春秋后期尤其是孔子时代，鲁国违背礼乐制度的情况层出不穷。据《论语·八佾》篇记载，孔子对鲁国违背礼乐传统处多有评论指责，如他谓季氏"八佾舞于庭"，对"三家者以《雍》彻"和"季氏旅于泰山"等的评论。孔子批评季氏之举，是为了保存周代礼乐，正如《礼记·郊特牲》所说："礼之所尊，尊其义也。失其义，陈其数，祝史之事也。故其数可陈也，其义难知也。知其义而敬守之，天子之所以治天下也。"

鲁国自隐公以来，往往撇开周室，专行征伐；宣公以后，以季氏为首的

“三桓”控制了政权，所谓“政在季氏”已传几代。季氏等忙于与国君争权，将采邑政事交给家臣，家臣势力膨胀，又出现了“陪臣执国命”的现象。鲁昭公聘晋时，虽然看起来“自郊劳至于赠贿，无失礼”，但晋大夫女叔齐却说：“是仪也，不可谓礼。”（《左传·昭公五年》）这是因为其礼之数虽在，而礼之义已失。孔子看不惯这种状况，谓之“天下无道”，他说：“天下有道，则礼乐征伐自天子出；天下无道，则礼乐征伐自诸侯出。……天下有道，则政不在大夫。天下有道，则庶人不议。”（《论语·季氏》）这是针对鲁国的情况而言的。

由于原始宗法制度逐渐解体，社会上出现了礼坏乐崩的局面。周代礼乐既有崩坏之势，“王官之学”的典章制度则逐渐失传。如在鲁国，其乐人便四处流散，境况不佳：“大师挚适齐，亚饭干适楚，三饭缭适蔡，四饭缺适秦。鼓方叔入于河，播鼗（táo，乐器拨浪鼓）武入于汉，少师阳、击磬襄入于海。”（《论语·微子》）这时，不仅许多贵族不习礼文，即使有些人主观上企图保存周礼，其“礼”也泯灭了礼之本义。可是，礼毕竟是鲁国的立国之本，于是在鲁国贵族阶级中的个别人便致力于收拾遗散，弘扬礼乐传统。孔子所学以礼、乐为主，他的一家之学便是在此基础上，集合西周以来之文化古籍及典章制度、伦理道德而形成的。

二、“祖述尧舜，宪章文武”

孔子之好学，促使他深入了解了夏、商、周三代的文化。孔子心中有自己推崇的圣王，这就是《中庸》等典籍所说的“仲尼祖述尧舜，宪章文武”。孔子对先圣帝王的继承、效法与弘扬，上自尧舜，下至“三代之明王”。

“三代之明王”有时简称“三王”，即夏、商、周三代的圣明君王。孔子常说到“明王”这一概念，仅《孔子家语》一书中，“明王”一词就出现过20多次。那个时期，“明王”又称“圣王”，与“乱王”“暴王”相对。①孔子尊崇“三王”，在《孔子家语·礼运》篇的记载中，孔子还称他们为“三代之英”，具体则指禹、汤、文、武、成王、周公，他们具有孔子心目中的理想政治人格。

开启三代圣王政治的是尧和舜。按照《尚书·大禹谟》《论语·尧曰》的记载，尧、舜、禹有一脉相传的“心法”，这就是在对“人心”和“道心”精微理解基础上的“允执厥中”。这种“中道”思维深深影响了夏、商、周三代之政，更深刻影响了孔子和早期儒家。

在上古帝王中，孔子赞誉最多的是尧、舜、禹。《尚书》“疏通知远”，孔子以及他整理的《尚书》都“详近略远”，但孔子常常谈论尧、舜、禹三人的事迹。《孔子家语·五帝德》等文献记述了孔子眼中的尧、舜、禹。

据说尧是高辛氏的儿子，号陶唐氏。他的仁厚像上天一样无所不覆，才智像神灵一样无所不能。人民接近他就像渴望太阳的温暖一样，仰望他就像久旱时期待祥云一样。他富有而不骄矜，尊贵而能谦卑。他命伯夷掌管礼仪，夔（kuí，古代传说中一足像龙的动物）、龙掌管音乐，让舜适时出来做官，留心观察四季变化，时刻把人民的事情放在首位，并流放了四个凶恶的罪人，从而赢得天下人归服。他说话滴水不漏，做事不违道德，四海之内，凡是舟车所能到达的地方，没有人不对他心悦诚服。

舜是乔牛的孙子、瞽（gǔ）瞍的儿子，号有虞。在孔子的叙述中，舜孝敬友善，声名远播，他通过制作陶器、打鱼以赡养父母。他宽广豁达而温和善良，厚道机敏而能把握时机，敬畏上天而爱护人民，体恤远方的人而又亲近身边的人。他承受天命，并得到两位妻子的帮助，圣明、睿智而又通达；他命令

---

① 例如，上博竹书《从政》篇有孔子曰：“昔三代之明王之有天下者，莫之余（予）也，而□（终）取之，民皆以为义。……其乱王，余（予）人邦家土地，而民或弗义。”《墨子·鲁问》云：“昔者三代之圣王禹、汤、文、武，百里之诸侯也，说忠行义，取天下。三代之暴王桀、纣、幽、厉，仇怨行暴，失天下。”

图 4-1　帝尧画像

二十二位大臣，遵循尧时旧制，以身示范。当时，天下太平，五谷丰登，他每五年举行一次全国巡狩。舜为臣三十年，为帝五十年，巡狩之时死于苍梧的山野并埋葬在那里。

孔子谈论大禹更多。在《五帝德》中，孔子说禹是高阳的孙子、鲧的儿子，称夏后。他敏捷能成事，德行无可挑剔，仁厚可亲，说到做到。他说的话成为规章，做的事成为准则。他做事勤勉不倦，为人恭敬严肃。他凭借事功成为众臣之长，凭借恩惠群众成为民之父母。他时刻遵循标准和规则，做事不违背四时之宜。据有四海之地后，禹任命皋繇（yáo）、伯益协助他治理天下，调动军队征伐不顺从的人，四方之民没有不臣服于他的。

孔子对尧、舜、禹都给予高度评价。他评价尧时说：“大哉尧之为君也！巍巍乎！唯天为大，唯尧则之。荡荡乎，民无能名焉。巍巍乎！其有成功也，焕乎，其有文章！”他评价尧、舜时说：“修己以安百姓，尧舜其犹病诸！”他评价舜、禹时说：“巍巍乎，舜禹之有天下也，而不与焉。”他对禹评价更高：“禹，吾无间然矣，菲饮食，而致孝乎鬼神；恶衣服，而致美乎黻（fú）冕；卑宫室，而尽力乎沟洫。禹，吾无间然矣。”他称赞禹道：“敏给克齐，其德不爽，其仁可亲，其言可信。声为律，身为度，亹亹（wěiwěi，勤勉不倦貌）穆穆，为纪为纲。”

在孔子心目中，尧、舜、禹是至德之人，他们能够造就一个美好时代的政治奇迹，是由于他们以天下为己任，而不为功利所羁绊。孔子谈到他本人评价别人都讲求实事求是，“如有所誉者，其有所试矣。斯民也，三代之所以直道而行也”（《论语·卫灵公》）。《论语·子罕》说“子绝四：毋意，毋必，毋固，毋我”，可见其所称道者，必有其真实根据，一定是那些“直道而行”且能引领社会的人。正如汉代包咸所说：“所誉者，辄试以事，不虚誉而已。”

据《左传》记载，楚国的左史倚相能读《三坟》《五典》《八索》《九丘》之类的古书，可见这些上古时期的典籍在当时是存在的。但孔子整理《尚书》却不采用这些说法，其整理上古帝王遗书有自己的标准。正如《尚书序》所说，孔子讨论研究《三坟》《五典》，以唐尧、虞舜以下为断，下至于周朝，除去其中烦扰杂乱部分，剪掉其中虚泛不实之词，举其大纲，摘其要点，选择保留了足以流传后世、树立教化的典、谟、训、诰、誓、命六类文章一百篇，用来光大治国方略，给为政的邦君提供榜样。孔子整理《诗》《书》，其标准在于“可施于礼义”（《史记·孔子世家》），而目的在于正人心，布教化，纠正社会风气。

孔子自称“述而不作”（《论语·述而》），那么孔子所“述”者何？就是“祖述尧舜，宪章文武”。由于尧、舜时代久远，并且周代制度乃“损益”前代而来，所以孔子更加推崇文、武、周公之制，而不是进行新的制作。孔子以继承三代文明为己任，并在此基础上进行“创造性转化”，是“寓作于述、述中有作”的创新。

春秋末年，夏、商时期的历史文献还有一定的遗留，所以孔子说：“我欲观夏道，是故之杞，而不足征也，吾得《夏时》焉。我欲观殷道，是故之宋，而不足征也，吾得《坤乾》焉。《坤乾》之义，《夏时》之等，吾以是观之。”（《礼记·礼运》）为学习了解夏、商礼制，孔子亲自到杞国、宋国考察，得到了《夏时》和《坤乾》。他从《坤乾》中看到阴阳变化的道理，从《夏时》中看到时令周转的顺序，进而研究夏、商礼制的相关问题。孔子精心研究周代礼制，认为周礼乃“损益”夏、商二代礼制而来。他说：“周监于二代，郁郁乎文哉！吾从周。”（《论语·八佾》）除了研究“方策”记载的西周礼制，他还专门到周都城洛邑考察访学。孔子了解的唐虞三代制度，从他在《礼记》《大戴礼记》等典籍中的相关论述可见一斑。孔子常常将历代制度相互对照，如果不是用心学习，如果不是熟稔于心，就很难做到这些。

图 4–2 周文王像

在论述三代礼制的运行时，孔子说：“今大道既隐，天下为家，各亲其亲，各子其子，货则为己，力则为人，大人世及以为常，城郭沟池以为固。禹、汤、文、武、成王、周公由此而选，未有不谨于礼。”（《孔子家语·礼运》）孔子认为，“三王”德行高尚，勤政爱民，选贤任能，恪尽职守，足为后世楷模。除了尧、舜、禹，他还称颂商、周“明王”，如称颂商汤时说：“天无私覆，地无私载，日月无私照。其在《诗》曰：‘帝命不违，至于汤齐。汤降不迟，圣敬日跻。昭假迟迟，上帝是祗，帝命式于九围。’是汤之德也。”（《孔子家语·论礼》）对于周代文、武、周公，孔子则褒奖更多，称颂不断。

孔子以前，历史上帝王无数，他却对“五帝”“三王”格外推崇。其中或有夸大溢美之词，但孔子的褒奖必有依据。对于包括尧、舜在内的古帝王事迹，时人认为属于“隐微之说”，孔子也谦称“略闻其说”，但从孔子对尧、舜的褒奖之辞中，不难发现他对这些圣王有深入了解。孔子言必称尧、舜、禹、汤、文、武，更常常“梦见周公”，这实际是他政治理想的真挚表达。在《尚书》等典籍中，这些“圣王”的事迹、德行是主体内容。由此可以推论，从尧、舜到文、武，尤其是周公，历代“圣王”对孔子的影响十分深刻。

三、悠远的“上世之传”

能看见多远的过去，才能看清多远的未来。中国思想的高度和深度联结着中国历史的长度与宽度，中国文化传统从中华民族的历史深处走来，孔子思想正是立足于中华民族久远而艰辛的探索，去认识宇宙与世界，理解人生及其价值。孔子思想的着眼点可能就是当时的社会治乱，而取用的资源却十分丰富，可以追溯到很远，这离不开他之前几千年中国所积淀的历史文化。

孔子之前数千年历史文化的影响，使孔子及其创立的儒学区别于其他很多思想学说，使中国文化区别于其他文化体系。“祖述尧舜”是孔子思想的重要内容，而中国文化在尧舜时代就已经发展到了一定水平。事实上，在此以前，中华民族共同体意识早已处在形成和发展之中，例如，中国易学的“人更三圣，世历三古”，就很容易让人建立起从伏羲到孔子之间的文化联系。

上古时期黄河流域丰富的历史传说，其中存在史实的“素地”。其实，伏羲文化就可被视为中国文化的源头，可以由此思考中国文化的长度。当然，伏羲文化具有明显的传说成分，据说他不仅创立了八卦，还教民渔猎、驯养野兽，变革婚姻习俗，创造文字用于记事，创造歌谣，发明乐器，还设官分治。在后人心目中，伏羲具有创世神的形象。可以想见，伏羲时代自然条件恶劣，交通极为不便，生产力水平低下，一项发明发现推广开来也需要很长时间。人们将许多发明发现归功于“伏羲”，可见“伏羲”一定是一个不寻常的存在。

很大的可能是，“伏羲”不是一个人的名字，它可能是某个部落联盟首领的名称，而且在很长时期里一直被沿用，因此“伏羲多世说”是很有道理的。之所以认为伏羲所代表的是一个时代，是因为“伏羲时代”的创造与发明实在太有意义，而且数量很多。

历史记载的有关伏羲的传说很多，有的说伏羲称王 111 年以后去世。由于伏羲的成就巨大，晋皇甫谧的《帝王世纪》以及《遁甲开山图》《通鉴外纪》等书记载，在伏羲氏之后有十多个部落联盟承继了“伏羲”的称号，它们分别是女娲氏、大庭氏、柏皇氏（又作“柏黄氏”“伯黄氏”，“皇”“黄”音同通用，“柏”“伯”音义皆可通用）、中央氏、卷须氏、栗陆氏、骊连氏、赫胥氏、尊卢氏、浑沌氏、昊英氏、有巢氏、朱襄氏、葛天氏、阴康氏、无怀氏。《易纬稽览图》则说由甲寅伏羲氏到无怀氏，一共是 57882 年。这些记载当然不能全信。但如果伏羲只是一个具体的部落联盟首领，上述记载就很可能与事实不符。

图 4-3　汉画像石中的黄帝像

伏羲被视为中华民族的“人文始祖”，黄帝也被看作“人文初祖”。与伏羲相比，与黄帝有关的发明发现更多。细致思考，“黄帝”也很像一个“帝”的名称而不像一个人名，所以“黄帝”也可能与“伏羲”一样是一个延续了许多世代的部落联盟首领的称号。由于年代久远，人们可能只朦胧记住了那个漫长时代的代表性符号。由于明文记载资料缺乏，博学如孔子，也只能“略闻其说”，觉得那时候的事情有些模糊不清。

上海博物馆藏战国楚竹书中有《容成氏》，其简文列出许多上古帝王名称，如容成氏、尊卢氏、赫胥氏、乔结氏、仓颉氏、轩辕氏、神农氏等，并称他们“之有天下也，皆不授其子而授贤”，《庄子·胠箧》则说：“昔者容成氏、大庭氏、伯皇氏、中央氏、栗陆氏、骊畜氏、轩辕氏、赫胥氏、尊卢氏、祝融氏、伏羲氏、神农氏，当是时也，民结绳而用之，甘其食，美其服，乐其俗，安其居，邻国相望，鸡狗之音相闻，民至老死而不相往来。若此之时，则至治已。”《庄子》以十二氏是“小国寡民”的理想国。成玄英认为其“并上古帝王也。当时既未有史籍，亦不知其次第前后”，这与人们所知的炎黄古史传说体系不合。在炎黄古史传说体系中，排列在前的是伏羲（太皞系）、然后依次是神农（炎帝系）、轩辕（黄帝系）等。至于大庭氏、柏皇氏、中央氏、栗陆氏、骊畜氏、赫胥氏、尊卢氏、祝融氏等，应是从伏羲氏到神农氏之间过渡的氏族人物，虽然彼此先后次第不详，但其过程一定十分漫长。

早在孔子之前，便有“黄帝三百年”的说法。据《孔子家语·五帝德》记载，孔子的弟子宰我向孔子请教说：“昔者吾闻诸荣伊曰：‘黄帝三百年。’请问黄帝者人也？抑非人也？何以能至三百年乎？”宰我存在疑问是很正常的，孔子当然也不相信这样的说法，于是解释说：“民赖其利，百年而死；民畏其神，百年而亡；民用其教，百年而移。故曰‘黄帝三百年’。”那么，人们何以把相关的发明发现和文化创造附会到黄帝的身上？如果按“黄帝多世说”的思路，第一任“黄帝”必有极重要的地位与影响，在世时必有很多功绩与贡献，这奠定了帝位传承的模式与规则。第一任“黄帝”去世后，至少他的影响还在，他的形象、精神、教导不断鼓舞和激励着后人。然而，在那样的年代，一个人的影响力

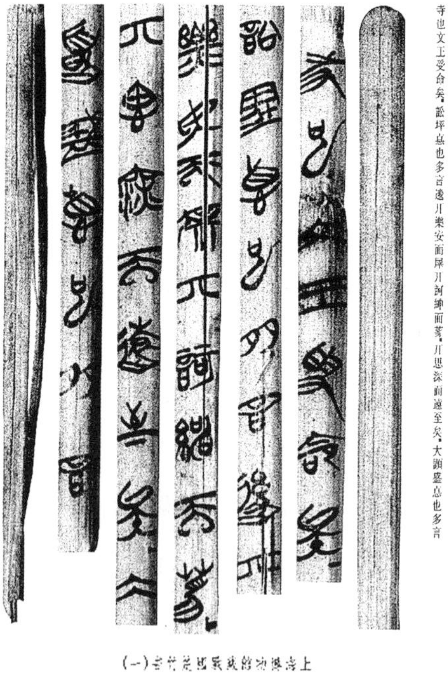

图 4-4 上海博物馆藏战国楚竹简

能够持续数百年，必有其特定的形式与手段，这样的形式或手段可能就包括帝号的延续。

孔子关注当下，立足现实，并摒弃了百家不雅驯之言，因而他整理《尚书》也是从尧舜时期开始。但孔子时代有关“五帝”的事迹传说很多，而孔子对“五帝”有自己的看法。《孔子家语》中的《五帝》和《五帝德》，是了解孔子对“五帝”看法的重要资料。司马迁在《史记·五帝本纪》中称：“学者多称五帝，尚矣。然《尚书》独载尧以来；而百家言黄帝，其文不雅驯，荐绅先生难言之。孔子所传《宰予问五帝德》及《帝系姓》，儒者或不传。”可以看出，在孔子所处的时代，人们对包括黄帝在内的上古传说存在分歧，故“难言之”不足为奇。孔子“敏而好学”“信而好古”，他不轻易谈论“三皇五帝”，但《孔子家语》中记载了孔子与宰我讨论有关五帝事迹的对话，从中可以窥见孔子有关上古文明的看法。

图 4-5　宰我像

在孔子与其弟子宰我的一次对话中，孔子谈到以黄帝为首的“五帝”系统，相关的内容也被收录在《大戴礼记》中。从二人的对话可知，包括孔子在内的很多人，都认为黄帝等上古圣王事迹已经很难说清楚，并且他们也多不进行讨论。但对于相关的传说，孔子并没有简单地视为神话。例如对于“黄帝三百年”的说法，孔子没有从根本上否认，而是从黄帝带给社会的“利”与“教”的角度加以解释。与春秋以前的人们不同，孔子并没有将黄帝进一步神秘化，认为黄帝“生而神灵，弱而能言，幼而慧齐，长而敦敏，成而聪明”。黄帝只是一位圣人，是一位中华文明教化的先导。

在《孔子家语》的记载中，孔子谈论的古代帝王，除了黄帝，还有好几位。例如在《五帝》篇中，黄帝之前的帝王他还谈到了太皞、炎帝。鲁国的季康子向孔子请教五帝的事情，孔子向季康子介绍了他从老聃那里听到的说法。孔子根据老聃所说，谈到古代帝王改换朝代、变更名号，以五行为依据。帝王更换，也按照五行更替。所以那些贤明的帝王，死后配以五行。因此，以木配太皞，以火配炎帝，以土配黄帝，以金配少皞，以水配颛顼（zhuān xū，上古部落联盟首领）。

在《五帝》篇中，孔子说到太皞氏始于木的原因，说到关于"五正"以及帝王改号、易德的内容，还说到尧、舜何以不配五帝。从孔子的论述可以看出，他有渊博的上古历史知识。例如，季康子问孔子，勾芒为木正，祝融为火正，蓐收为金正，玄冥为水正，后土为土正，这些五行的执掌者没有混乱，却被称为帝，这是为什么？孔子认为，五正是五行的官名。五行辅佐天帝成就大事，所以被称为五帝。太皞、炎帝等与五行相配，也被称为帝，随五行之称。他还说到了少皞氏、颛顼氏、共工氏等人的事迹。

在《五帝德》篇的记载中，宰我因不明于黄帝、颛顼、帝喾、帝尧、帝舜五帝及大禹之事，求教于孔子，孔子向宰我大体介绍了他们的德行和事迹。关于颛顼的德行，孔子说他深邃而有谋略，博古通今而有远见，因地制宜地创造财富，顺应时令地取法上天，依从鬼神而裁定事情的合适与否，陶冶性情以教化民众，纯洁虔诚地祭祀，巡行四海以安定人民。关于帝喾，孔子说他广泛施利于人民，却从不考虑自己的利益，兼听而有远见，明辨而体察入微，仁慈而有威望，恩惠而有诚信，顺从天地之自然法则。他知道人民急需什么，修养自身而令天下人信服，节约使用生产成果，安抚教化人民而使他们受益。他还观察日月运行而迎来送往，恭敬地遵从鬼神的旨意并加以祭拜。

仅在《孔子家语》中，我们就能看到孔子提到了两种"五帝"系统，这充分反映了他广博的上古知识。孔子所说的五帝时代，虽然属于"难言"的上世之传，他却从中进行着理性的思考。

第五章

『从政』的失败与成功

孟子说："孔子登东山而小鲁，登太山而小天下。"（《孟子·尽心上》）这似乎是说登高才能望远，才能尽观。从字面理解，孔子借助高山才能超出视力所能到达的极限，登上东山才能看到鲁国全貌，登上泰山才能纵览天下。其实，这仅仅是一个比喻，是说人的格局要大、心量要宽，要胸怀天下，抓住根本，不能局限于一隅而不知全局。就像"观水有术，必观其澜"，君子应志于道。

春秋末期的"无道"现实，激发了孔子勇于担当的社会意识，使他很早就确立了挽救危局、拯救乱世和恢复"周公之治"的人生理想。为了实现这一理想，他好学力行，希望能有机会施展自己的政治抱负。

一、孔子"为政"与"从政"

孔子很早就关注政治，只是他一直没有得到施展政治抱负的机会。在为中都宰之前，孔子并没有入仕，然而他一直在以自己的方式"为政"，参与并影响政治。

鲁昭公二十五年（前517），孔子三十五岁，这一年鲁国发生了一次内乱。这次内乱，是鲁国统治集团内部矛盾的总爆发。内乱的起因是鲁国执政世卿季平子专横跋扈，根本不把鲁昭公放在眼里。这引起鲁昭公的极度不满，鲁昭公一心想找机会铲除季氏。后来，鲁昭公借季平子与鲁国贵族郈（hòu）昭伯斗鸡所引发的矛盾而讨伐季平子。然而，鲁昭公最终还是抵不过"三桓"的联合进攻，这次内乱以鲁昭公的失败而告终。

这次内乱之后，鲁国的政权由“三桓”操纵。此时，孔子的教育事业方兴未艾，但鲁国的内乱使他所办的家学受到严重干扰，加之他对鲁国政治感到彻底失望，于是离开鲁国到了齐国。

到了齐国后，孔子首先做了齐景公亲信大臣高昭子的家臣，后又通过高昭子的推荐得见齐景公。齐景公听说孔子博学多才，便询问孔子如何才能管理好国家，孔子回答说：“君君，臣臣，父父，子子。”(《论语·颜渊》)孔子的“正名”主张，得到了齐景公的认可。齐景公认识到，如果人们不能各安其位，君不像君，臣不像臣，父不像父，子不像子，即使有粮食，自己又怎么能吃得到呢？

齐景公对孔子的才能非常赏识，准备赐给孔子一块封地，把孔子留在齐国做官。然而，齐景公的这一举动遭到当时齐国的贤相晏婴的反对。晏婴是个很讲求实际的政治家，他认为孔子所倡导的是“崇丧遂哀，破产厚葬”，对他所谓一些繁复的礼仪很不赞成，反对齐景公任用孔子。因此，齐景公不得不打消重用孔子的念头。后来，齐景公借口自己年事已高以冷淡孔子。既然在齐国无法施展自己的政治才华，孔子不得不返回鲁国。

孔子怀抱政治理想，希望能有机会入仕。那时，只有谋得一定职位才能从事社会治理。孔子对自己的政治能力非常自信，曾满怀信心地说：“苟有用我者，期月而已可也，三年有成。”(《论语·子路》)他还说：“如有用我者，吾其为东周乎？”(《论语·阳货》)表明了孔子在政治上的雄心壮志，以及他对参与国家治理的渴望。然而，在春秋末年的鲁国，世卿世禄制依然十分盛行，以孔子低微的出身，参与政治谈何容易！

虽然孔子迟迟没有取得“从政”的机会，并不等于孔子距离政治很远。《论语》首篇名为《学而》，而第二篇就是《为政》，孔子之“学”就是学道，这个“学”就是修身、齐家、治国、平天下的学问。《左传·襄公三十一年》记有郑国大夫子产之言“学而后入政”，似乎隐喻了《论语》第二篇《为政》的地位。孔子“小天下”，心中装着天下苍生，他会以自己的方式关心和参与政治。他虽然表面上没有入仕“从政”，但实际上一直在“为政”——他培养出大批为政治国的人才，又以自己的思想主张影响着政治。诚如清代学者刘宝楠《论语正义》所说：“是古用人之法，皆令先习礼乐而后出仕，子产所云‘学而后入政’者也。”

孔子从事教育，就是要培养为政治国的人才，孔子弟子子夏说：“仕而优则学，学而优则仕。”(《论语·子张》)刘宝楠《论语正义》解释说：“古者大夫士，年七十致事，则设教于其乡，大夫为大师，士为少师，是‘仕而优则学’也。学至大成乃仕，是‘学而优则仕’也。”按照这个解释，一个人“学至大成”为“优”，学而优则从政，从政之优者将来为学，继续培养治国从政的人才，这样才能使政治进入良性循环。

图 5-1　子夏像

从孔子的一些论述中也可以看出这样的解释是合理的。例如,《论语·公冶长》记载：“子使漆雕开仕。对曰：‘吾斯之未能信。’子说。”孔子当然也主张“学至大成乃仕”,《学记》说：“九年知类通达，强立而不反，谓之大成。夫然后足以化民易俗，近者说服而远者怀之。”学至此境，谓之大成。学至此境而为官从政，便能更好地弘道，推行政治主张。孔子对漆雕开的赞许当然并不意味着他以不仕为上，反而说明他不希望弟子们仅仅热衷于功名利禄，汲汲追求仕进，而是希望他们致力于社会的和谐与进步。

孔子赞赏踏踏实实的求道者，因为这样才可以更好地弘道。他说：“三年学，不至于谷，不易得也。”(《论语·泰伯》)在孔子看来，求学多年而没有做官的念头，是很难得的。孔子认为，修身是出仕的前提，因为身修、家齐、国治、天下平之间具有内在的逻辑。子路使子羔为费宰时，孔子批评他说：“贼夫人之子。”（《论语·先进》）在为政与读书的关系上，孔子希望自己的弟子能够先学习后为政，这也是他听闻漆雕开不仕而悦的真正原因。

孔子关心政治，也鼓励弟子为政，但他本人迟迟没有真正从政。于是，有人问孔子：您为什么不参与政治呢？孔子回答：“《书》云：‘孝乎惟孝，友于兄弟，施于有政。’是亦为政，奚其为为政？”（《论语·为政》）在他看来，不一定要做官才算参与政治，用孝悌之道影响为政的人也是为政。

学习《诗》《书》，明理知耻，奉行孝悌之道，应该是有情怀的人们的共同追求。西周、春秋时期，士人培养从诵习《诗》《书》开始，《孔子家语》记载，孔子施教“先之以《诗》《书》”；他还教育自己的儿子，说“不学《诗》，无以言”，“学《诗》”也是代指“学习《诗》《书》”。孔子常常引《诗》引《书》表达自己的观点。在这里，他取《尚书》之言，表达一个人最应该孝敬当孝当敬之人。在孔子看来，如能用孝悌之道影响卿相大夫等为政者，这也应该称得上是为政了。

从孝悌之道出发做普通人，遵循孝悌之道是合格的社会人。社会人当然都是普通人，但换一个角度看，做一个合格的“社会人”需要较高的人格素养与人生境界。在孔子心目中，人应该有圣贤人格的追求，圣人“德合于天地，变通无方，穷万事之终始，协庶品之自然，敷其大道而遂成情性”，虽然“下民不知其德，睹者不识其邻”，但他们有饱满的社会性内涵，有满腔的社会性关切，他们有爱有敬，他们的不普通就体现在普通行为中。

孝悌之道说的是“爱”和“敬”。世界上最不可或缺的东西就是爱与敬，许多社会问题的根源也在于缺少爱与敬。其实东西方哲人都关注爱与敬的问题。基督教中有两个重要内容：一是博爱精神，二是神圣观念。儒家也强调两个方面：一是仁爱精神，二是敬畏观念。孔子曾说“立爱自亲始”“立敬自长始”。鲁国国君向孔子问政，孔子说：“爱与敬，其政之本与！”孔子强调孝悌，以其为做人的根本，强调爱敬之心的培养。爱与敬，恰恰也是治理政事的根本。治政与做人，二者高度一致，无论自己立足孝悌为人处世，还是以孝悌“施于有政”，不都是“为政”吗？

孔子对“为政”之“政”的表述分外明白。他说：“夫政者，正也。君为正，则百姓从而正矣。君之所为，百姓之所从。君不为正，百姓何所从乎？”又说：“苟正其身矣，于从政乎何有？不能正其身，如正人何？”又说：“其身正，不令而行；其身不正，虽令不从。”他还说：“政者，正也。子帅以正，孰敢不正？”孔子斯言，给人以明确的启示——不论身处什么岗位，不论是否具有管理职能，每个人都应该循正理、走正道，而正理正道无他，就是由孝悌而生发的爱与敬。一个人如果关心社会，关心政治，就应该先有爱敬之心，以孝悌律己推己，由此影响到更多的人。每一个人都是社会的一分子，自己做好了，社会就多了一份正能量。

孔子还说：“不在其位，不谋其政。”在《论语》中，这句话出现过两次，乃孔子论为政之理。为政未必有其位，是说以克己修己之德而“施于有政”；不在其位不谋其政，而在其位必谋其政，正己正人而恪尽职守。在其位，谋其政，乃为政之通则。不在其位而谋其政，反而易生祸乱。《易》曰“君子以思不出其位”，曾子也引用过此语。孔子说“君子上达”，又说“士志于道”，作为执政阶层的一员，士与君子应该心怀天下，而不能胸无大志。

二、孔子的“从政”经历

进入“知天命之年”，孔子终于踏上仕途，做了鲁国的“中都宰”。由于政绩出色、影响极大，孔子很快被擢升为鲁国的司空、大司寇。

自昭公逃亡，鲁国君位虚悬。昭公三十二年（前 510）十二月，客居晋国的鲁昭公去世，其弟继位，是为定公。这时，“三桓”的家臣们也扩大了势力，出现了“陪臣执国命”的局面。定公八年，季氏的家臣阳虎和公山不狃（niǔ）勾结，拘禁了执政的季桓子，企图废黜他。季桓子逃脱后，打败了公山不狃。此前，阳虎曾上门拉拢孔子，劝他出来做官，并亲自带上礼物拜访孔子，孔子回避拒绝了。他们发动政变时，公山不狃又派人来请孔子。虽然此时的孔子非常渴望做官，施展自己的政治抱负，但他深知“道不同，不相为谋”，最终还是没有答应。在混乱的政局中，孔子继续从事教学活动。

但是，孔子仍然希望有机会能够实现自己的抱负。例如，晋国佛肸（xī）在中牟举兵抗击赵简子时，请孔子去参加。弟子子路听说后，便出来阻止。事实上，孔子当然知道“亲于其身为不善者”，君子不能参加，但现在佛肸叛乱，孔子竟然也心有所动。孔子说：“吾岂匏（páo）瓜也哉？焉能系而不食？”（《论语·阳货》）在孔子看来，真正坚硬的东西磨也磨不薄，真正洁白的东西染也染不黑，自己怎么能像那挂在墙上的葫芦，只能看不能吃呢？虽然孔子最终没有成行，但这体现了孔子出仕从政从而改变社会现实的强烈愿望。

1. 为中都宰

随着时间的推移，鲁定公和季桓子对孔子有了更多的了解和信任。定公九年（前501），已经五十一岁的孔子被任命为“中都宰”，即中都（今山东汶上西）地方的长官。邑宰的职位不高，但孔子在这个职位上表现出了非凡的才干，仅一年时间，“四方皆则之”（《史记·孔子世家》）。孔子在中都做出的政绩成为其他地区学习的榜样。《孔子家语·相鲁》具体描述了孔子在中都的有关做法：

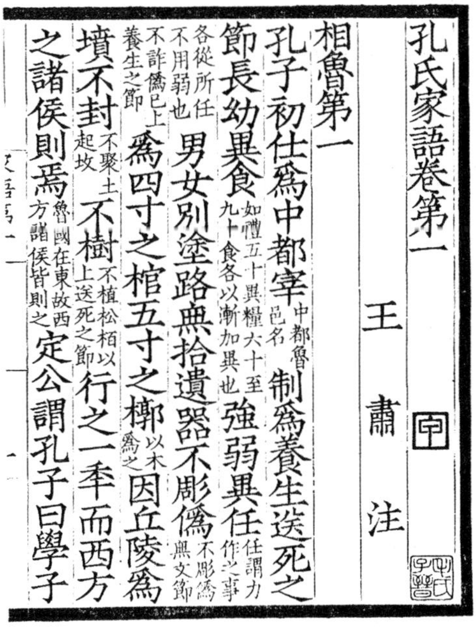
孔氏家語卷第一
王肅注
相魯第一
孔子初仕爲中都宰中都魯邑名制爲養生送死之節長幼異食如禮五十異糧六十至九十食各以漸加異也強弱異任任謂力作之事各從所任不用弱也男女別塗路無拾遺器不彫僞不彫僞無文飾不許僞已上養生之節爲四寸之棺五寸之槨以木爲之因丘陵爲墳不封不樹不聚土起坟不植松柏以上送死之節行之一季而西方之諸侯則焉魯國在東故西方諸侯皆則之定公謂孔子曰學子

图 5-2 《孔子家语·相鲁》

孔子初仕，为中都宰，制为养生送死之节：长幼异食，强弱异任，男女别涂，路无拾遗，器不雕伪。为四寸之棺、五寸之椁，因丘陵为坟，不封不树。行之一年，而西方之诸侯则焉。

这里的“而西方之诸侯则焉”，就是《史记》所说的“四方皆则之”。《孔子家语》王肃注：“鲁国在东，故西方诸侯皆法则。”西方，《史记·孔子世家》作“四方”，二者所表达的意思是一样的。

孔子为中都宰期间取得的政绩得到了普遍赞赏，各地诸侯纷纷效仿。要知道，孔子所做无非是老百姓的“养生送死”问题：不同年龄的人享有不同的食物；力量不同的人分配不同的任务；男女走路各走一边；捡到行人丢失的物品不能据为己有；制作器物不能作夸饰的雕画；安葬死者用四寸厚的棺，五寸厚的椁；坟地设在丘陵，不聚土成坟，墓地不种植松柏。看起来，这些都是有关百姓生死的最普通、最基本的问题，但也是他们最关心、最重视的问题。

2. 擢升司空

孔子政绩突出，次年便被擢升为司空。司空是鲁国贵族政权中掌管土木建筑的职官。他为司空时，“乃别五土之性，而物各得其所生之宜，咸得厥所”（《孔子家语·相鲁》）。孔子任司空后不久，又被提升为司寇。

孔子为司空的时间很短，而且材料记述也很简单。但是，从这几句简单的记述中，可以看出孔子为政的才能。作为司空，孔子区别五种类型的土地，使不同的物产获得适宜生长的条件，各得其所。可见，他能从自己所管理的事物的本质出发，认真做好自己的事情。

3. 为大司寇

司寇是非常重要的职位，是掌管国家司法、刑狱及社会治安的最高长官，在鲁国公室政权中与“三卿”并列。

孔子任大司寇伊始，即显示出非凡的外交才能。鲁定公十年（前500）夏，齐景公与鲁定公在夹谷（今山东济南东南部）会盟，孔子任鲁君相礼，相当于担任司仪。孔子预见齐国会以强凌弱，遂劝告鲁君说：“臣闻有文事者必有武备，有武事者必有文备。”（《史记·孔子世家》）

根据孔子的建议，鲁国派遣掌管军事的左右司马带兵前往。会盟之初，齐奏莱夷之乐以揶揄鲁君，被孔子斥退；齐君又引出倡优、侏儒，孔子据礼下令处死。孔子识破了齐国的阴谋，临危不惧，以礼法斥责对方，以武力辅助文事，迫使齐君放弃了原来的阴谋，并在盟誓后归还了侵夺鲁国的郓（今山东郓城东）、汶阳（今山东泰安西）、龟阴（今山东泰安南）之领土。

夹谷之会的胜利，在一定程度上提高了鲁国的地位，孔子的政治声誉也有所提高。针对当时公室失权的情况，孔子开始着手打击私家势力，提出“堕三都”计划。叔孙氏由于家臣侯犯曾据自己的封邑郈（今山东东平东）叛乱，首先主动拆除了郈的城墙。季氏的费邑（今山东费县北）当时被叛乱的家臣公山不狃占据，公山不狃听说鲁君要拆除费邑城墙，便率兵攻打鲁都。孔子派兵迎击，一举获胜，公山不狃逃往齐国。这样，费邑的城墙也被拆除。最后，只有孟孙氏的封邑郕（今山东宁阳北），由于其家臣公敛处父的违抗，城墙未能拆除。

图 5-3 明人彩绘《圣迹图》之“夹谷会齐”图（孔子博物馆藏）

孔子仕鲁，可谓政绩卓著。他参与政治治理仅三个月，鲁国就出现“大治”局面。《孔子家语·相鲁》记载：

> 初，鲁之贩羊有沈犹氏者，常朝饮其羊以诈市人；有公慎氏者，妻淫不制；有慎溃氏，奢侈逾法；鲁之鬻六畜者，饰之以储价。及孔子之为政也，则沈犹氏不敢朝饮其羊，公慎氏出其妻，慎溃氏越境而徙，三月，则鬻牛马者不储价，卖羊豚者不加饰。男女行者别其涂，道不拾遗，男尚忠信，女尚贞顺。四方客至于邑，不求有司，皆如归焉。

良好的政治治理最终会体现在民风上。例如贩羊的人给羊饮水诈市，有妇人不守礼法而不得矫正，有人奢侈无度胡作非为，卖牲畜者在交易中心进行欺诈，如此等等，违背了忠信、贞顺的做人准则。孔子仕鲁期间，这些问题都得到纠正，以至于鲁国出现了路不拾遗、宾至如归的局面。

然而，鲁国强公室、抑私门的主张与“三桓”毕竟存在利益冲突。当“三桓”与他们的家臣有矛盾时，孔子的计划还能付诸实施，而当他们觉察到自己的势力被削弱时，他们与孔子之间的矛盾便显露出来，孔子“堕三都”的计划最终归于失败。

孔子励精图治，对一心想控制鲁国的齐国是不利的。正如《韩非子·内储说下》所说：“仲尼为政于鲁，道不拾遗，齐景公患之。”鉴于鲁定公和季桓子都喜欢声色犬马之乐，齐国投其所好，送给鲁国能歌善舞的美女和华丽的车马，每辆马车都由四匹披彩的马拉着。不出齐人所料，在获得美女华车之后，鲁国君臣果然沉迷其中，从此怠于政事，也疏远了孔子。

不过，孔子还是希望鲁君和执政的季氏能够回心转意，然而他们的所作所为令孔子绝望。后来，鲁国举行郊礼，执政者违背常礼，也没有把祭祀所用的肉食按照规制分给孔子，这意味着孔子已经不受敬重。孔子感到自己的政治抱负已经不能继续施展，于是向定公辞去职务，带着一批弟子忍痛离开鲁国，开始了周游列国而向外寻求施政机会的漫长历程。

三、关于“诛”少正卯

从孔子离开鲁国出外周游看，他的从政生涯似乎以失败而告终。但是，孔子为政时间不长，包括做中都宰在内，也不过短短五年。然而，他所做的几件事却震动了诸侯各国，尤其是为大司寇时诛少正卯、夹谷之会、“堕三都”三件事。孔子使鲁国社会秩序井然，连齐国竟然也担心鲁国由此成为强国而威胁到自己的霸主地位，因此千方百计地阻止孔子为政。仅从这样的效果，也能察见孔子的巨大成功。更重要的是，评判孔子从政的失败与成功，我们绝不能目光短浅、视野狭窄。

孔子从政，着眼于政治架构及行政效率、行政效果。他做了大司寇，就致力于“强公室，弱私家，尊君卑臣”，这是政治管理的关键问题。正因如此，孔子相鲁之后才出现了“政化大行”的良好社会风貌。

然而，实现政治治理的最根本的手段还是改变思想观念。鲁国社会之所以能够“男尚忠信，女尚贞顺”，首先是因为整个社会有正确的价值观念和道德意识。所以，孔子就任大司寇后做的第一项紧要事情，就是“诛乱政大夫少正卯”。

但是，孔子“诛少正卯”的问题是一个历史公案，无论在当时还是后世，都是人们具有很大争议的问题。

关于这一史实，《孔子家语》专设《始诛》篇记载这一事件，其中最重要的细节是这样的：

> 于是朝政七日而诛乱政大夫少正卯，戮之于两观之下，尸于朝三日。

以往，人们认为这是孔子诛杀了少正卯，以为是孔子当政七天，便诛杀了扰乱政务的大夫少正卯，而且是在宫门前行刑，并陈尸朝廷三天。

关于此事的争议，首先是有人质疑少正卯是否当“诛”。《始诛》篇的记载是这样说的：

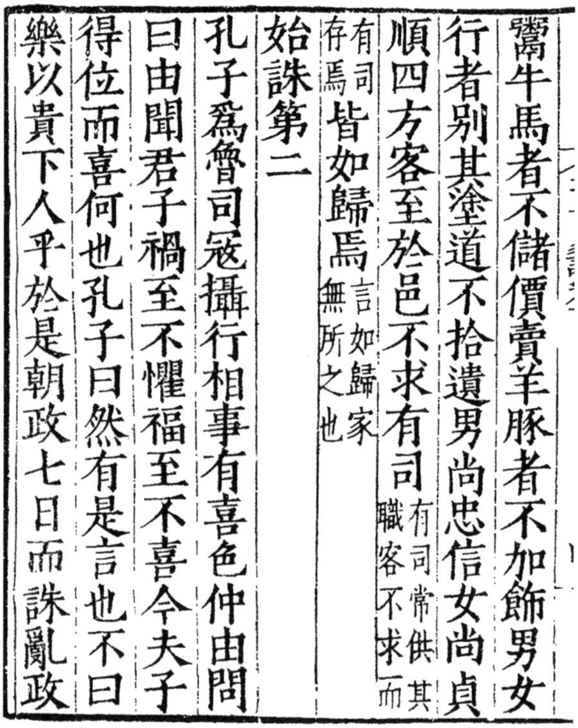
鬻牛馬者不儲價賣羊豚者不加飾男女行者别其塗道不拾遺男尚忠信女尚貞順四方客至於邑不求有司有司常供其職客不求而有司存焉皆如歸焉言如歸家無所之也

始誅第二

孔子爲魯司寇攝行相事有喜色仲由問曰由聞君子禍至不懼福至不喜今夫子得位而喜何也孔子曰然有是言也不曰樂以貴下人乎於是朝政七日而誅亂政

图 5-4 《孔子家语·始诛》

> 子贡进曰：“夫少正卯，鲁之闻人也，今夫子为政而始诛之，或者为失乎？”
>
> 孔子曰：“居，吾语汝以其故。天下有大恶者五，而窃盗不与焉。一曰心逆而险，二曰行僻而坚，三曰言伪而辩，四曰记丑而博，五曰顺非而泽。此五者，有一于人，则不免君子之诛。而少正卯皆兼有之：其居处足以撮徒成党，其谈说足以饰邪荣众，其强御足以反是独立。此乃人之奸雄者也，不可以不除。夫殷汤诛尹谐、文王诛潘正、周公诛管蔡、太公诛华士、管仲诛付乙、子产诛史何，是此七子皆异世而同诛者，以七子异世而同恶，故不可赦也。《诗》云‘忧心悄悄，愠于群小’，小人成群，斯足忧矣。”

按照《孔子家语》中的记载，弟子子贡认为，少正卯作为“大夫”，是为众人所知的“闻人”，孔子之“诛”少正卯是否为“失”？

然而，后来的最大争议，却不再是少正卯是否当诛的问题，而变成了此事究竟有无的问题，也就是说，人们质疑这件事是否真实存在。

在传世资料中，较早记载孔子诛少正卯之事的有《尹文子》《荀子》《孔子家语》，其后各种文献对此事的描述虽详略不同，但大同小异，都记述“孔子诛少正卯”。比如，明代人彩绘、现藏于孔子博物馆的《圣迹图》中，在“诛少正卯”一图的左上角，仍可以看到“定公十四年，孔子年五十六，由大司寇摄行相事，诛鲁乱政大夫少正卯”的文字描述，而且图中所表现的正是少正卯被绑下跪、两人持刀分列其两侧的受审场景。但到南宋朱熹时，他注意到先秦典籍中有的提到此事，有的则对此事没有记载，由此怀疑此事的真实性。

图 5-5　明人彩绘《圣迹图》之“诛少正卯”图（孔子博物馆藏）

史料的记载应该是没问题的。汉朝经历了对前代图书的搜集、整理的过程，陆贾在《新语·辅政》中说“仲尼诛少正卯”，司马迁在《史记》中也明确记载孔子“诛鲁大夫乱政者少正卯”。他们生活在汉朝，朱熹所见汉以前的书籍记载他们也能看到，而且应该比朱熹见到的要多。细究原因，争议的出现很可能是人们怀疑孔子会不会直接杀掉少正卯。

我们认为，这些疑惑是由于对典籍的误解造成的。把典籍中的“诛”理解为“诛杀”，认为是从肉体上消灭少正卯，这是错误的。这里的“诛”应是“惩罚，讨伐”的意思。对一个字有误解，就导致整件事情的意思完全不同了。

在目前所见文献中，对这一事件描述较为详细的是《孔子家语·始诛》，即“诛乱政大夫少正卯，戮之于两观之下，尸于朝三日”。但人们对其中的几个关键词理解有偏差，正确的理解应是：诛，惩罚、讨伐；戮，使人知其非，有“羞辱”之意；尸，代为受祭的人。

《说文解字》：“诛，讨也。从言朱声。”“发其纷纠而治之曰讨。”也是以言语而论的。“诛”为形声字。“诛”造字之本义，应是争论得面红耳赤。清代段玉裁补充解释说：“凡杀戮纠责皆是。”先秦文献中，“诛”字出现较多，其本义被广泛应用。查阅《荀子》，“诛”大都是“惩罚，讨伐”的意思，特指“杀人”者几乎没有。《荀子》和《孔子家语》材料一致，二者在“诛少正卯”后皆有“有父子讼者”一节，其中的“谨诛”之“诛”，也是“惩罚”之意，“谨诛”即“严惩”。这一节中还有“今杀一人以戮不孝”一句，“戮”则是“惩罚，羞辱”的意思。那个时期，“杀”字未必都是今之所指“杀人”，而“杀人”却大都用“杀”字表示，如“胜残去杀”“见可杀焉，然后杀之”等。

值得特别注意的是，孔子把自己的行为称为“君子之诛”。何为“君子之诛”？我们认为，“君子之诛”是指从言论、思想上抨击，类似于“君子动口不动手”，也就是现在“口诛笔伐”之“诛”。在孔子看来，少正卯若犯的只是盗窃之类的罪过，则不会遭此抨击，但因其兼有“五恶”，故非惩罚他不可。这“五恶”是：一曰心逆而险——思想背离正道而可能导致灾难，二曰行僻而坚——行为邪僻而又不思悔改，三曰言伪而辩——言论错误而又十分雄辩，四曰记丑而博——记述宣传丑恶而又见多识广，五曰顺非而泽——支持错误言行并赞美有加。

难道不是吗？价值观混乱才是最大的乱，是非观错误才是根本的错。因此，孔子所说这“五恶”才是值得特别警惕的，其危害性不可小觑！

孔子把自己“诛少正卯”与历史上的一些事件作比，如殷汤诛尹谐、文王诛潘正、周公诛管蔡等，这有助于我们理解孔子“诛少正卯”问题。比如“周公诛管蔡”——周公确实征讨过管蔡，但《逸周书·作洛解》明确说：“降辟三叔，王子禄父北奔，管叔经而卒，乃囚蔡叔于郭凌。”如果把“诛”理解为“诛杀”，就不准确了。

关于孔子惩罚少正卯的措施或手段，《孔子家语》中的描写是详细的：首先是在宫门前两侧望楼下的公开场所“戮之”，使人知其错误，从思想上批判少正卯的言行。据史料记载，在那时的鲁国，能有如此能力与少正卯相提并论而且能批判其思想的，只有孔子。如此还不足以消弭影响，又“尸于朝”，像代祭的人那样公开示众，让大家都了解情况。

《韩非子·难一》篇有“晋平公与群臣饮”章，叙述晋平公酒后失言，师旷以琴撞之，平公躲避，“左右请除之”，而平公不许，反而向师旷承认失言之错。对此，韩非子议论说：“或曰：平公失君道，师旷失臣礼。夫非其行则诛其身，君之于臣也；非其行则陈其言，善谏不听则远其身者，臣之于君也。今师旷非平公之行，不陈人臣之谏，而行人主之诛，举琴而亲其体，是逆上下之位，而失人臣之礼也。”这段话出现两次“诛”字，分别为“诛其身”“行人主之诛”。从这段议论本身看，韩非子认为君主对于人臣有辨别其行为是否妥当并据此施以处罚的权力，人臣对君主不当言行则有规劝进谏的权利。如果人臣的规劝没有得到采纳，人臣应当“远其身”而不是行“人主之诛”，尤其不可以人臣之位行君主处罚之权，否则就是“逆上下之位”。“君子之诛”与“人主之诛”可以对言。

法家一贯重视君主集权，反对臣子挑战君主权力，所以我们应该注意“人主之诛”的“诛”。师旷没有杀晋平公的“主观意愿”或“动机”，其援琴而撞的行为不过是一种过激的“以行为劝谏”的做法。平公同样没有杀师旷的意思，但左右有“请除之”（治罪）的要求。值得思考的恰是“左右请除之”。韩非子提到君主有“诛其身”的权力，左右欲替平公行“除之”之权，说明“诛其身”与“除之”其实是同一个意思，是同一政治权力的不同表述，即明辨是非、确定处置之法，至于“除之”以后如何处置是另外一回事。所以，“诛其身”未必就是“杀其身”。①

在一般人看来，孔子之“诛少正卯”，即便没从肉体上对其进行消灭，其手段也是激烈的，所以在当时便引起争议。弟子们因对孔子的作为感到疑惑而进言，似乎也有说情的意思。这是可以理解的。据记载，少正卯在鲁讲学非常具有鼓动性，还由此造成“孔子之门，三盈三虚”（《论衡·讲瑞》），以至于只有像颜渊这样真正理解孔子学说精髓的人才不被蛊惑，可见少正卯那时气势之盛、名气之旺。

孔子“诛”少正卯，是由当时特定的情势决定的。孔子时代，“陪臣执国命”，家臣叛乱不断，孔子在阳虎之乱平定后不久任司寇，临危受命，职责就是镇压盗贼及乱政者。要迅速恢复社会秩序，就要宽猛相济。孔子所“诛”之少正卯，以及汤所“诛”之尹谐、文王所“诛”之潘正、周公所“诛”之管蔡等人，虽然时代不同，却都是以言论惑众、危害社会之人。孔子引《诗》形容自己忧心忡忡的感受，说自己内心忧伤又生气，因为小人成群结党，这与周公居东时的心情一样。孔子担心当时的局势，而要稳定局势，只有采取非常之手段，才能达到非常之效果。

孔子一生尊崇周公，孟子称他为“圣之时者”。这正说明孟子理解了孔子，认为他深得周公“应时”之变的精华。孔子的弟子中，有人不能理解孔子的苦心和魄力，而通过这件事，他们被深深地折服了，所以才有以后的周游列国时弟子们誓死相随之事。孔子与弟子们不仅仅是师生关系，更是同道者。

孔子“诛少正卯”事件折射的思想，与孔子的一贯思想一致。子

---

① 杨朝明：《从师旷撞平公看孔子“诛”少正卯》，《衡水学院学报》2014年第2期。

曰：“攻乎异端，斯害也已！”（《论语·为政》）孔子讲仁爱，也讲刑政，他说“政宽则民慢，慢则纠之以猛”（《左传·昭公二十年》），他肯定“善人为邦百年，亦可以胜残去杀矣。诚哉是言也”（《论语·子路》）。可见为了制止小人和下民叛乱犯上，孔子主张“怀刑”和“纠之以猛”。孔子称述，善人在“为邦百年”之后，才“可以胜残去杀”。

在《荀子》和《孔子家语》的记载中，在“诛少正卯”后是“有父子讼者”一节，两节参读，颇耐人寻味。后一节写的同样是孔子为鲁司寇时期的事迹。它记述了一对父子打官司，孔子把他们同时关了起来，三个月不管不问，后来那位父亲撤了诉，孔子就把他们都放了。这引起了当时执政的季桓子的不满。冉有将此事告诉孔子后，孔子叹息说：

> 呜呼！上失其道而杀其下，非理也。不教以孝而听其狱，是杀不辜。三军大败，不可斩也；狱犴不治，不可刑也。何者？上教之不行，罪不在民故也。夫慢令谨诛，贼也；征敛无时，暴也；不试责成，虐也。政无此三者，然后刑可即也。《书》云：“义刑义杀，勿庸以即汝心，惟曰未有慎事。”言必教而后刑也。既陈道德，以先服之；而犹不可，尚贤以劝之；又不可，即废之；又不可，而后以威惮之。若是三年，而百姓正矣。其有邪民不从化者，然后待之以刑，则民咸知罪矣。

孔子深知：“今世俗之陵迟久矣，虽有刑法，民能勿逾乎？”即使有刑罚，也不能保证民众不跨越是非界限。他比任何人都清楚，刑罚不能轻加于人，要教而后刑，教化在先，使用刑罚乃迫不得已。如果真有奸邪不从教化之人，再以刑罚处罚他们，百姓就知道什么是犯罪行为了。

虽然孔子“诛少正卯”的诉讼，是由人们对典籍的误解造成，但其概念已经深入人心，对中国社会、中国学术有着深刻影响。从它一出现，便被政治家们当作“诘奸禁暴”和反对“佞道”的圣人遗训加以宣传，直接为思想禁锢和文化专制主义服务；而经学家们如王若虚、崔述、阎若璩、徐复观等，则引经据典地力证它是“殆书生之寓言，非圣贤之实录也”，甚至有人认为这一说法“出于法家”。就如何理解孔子而言，这一争论本身就意味深长。

第六章

『丧家狗』与『择木鸟』

孔子五十五岁离开鲁国，在此后长达十四年的时间里，他和弟子一直奔走在各诸侯国之间。后人想到孔子，脑海中就会浮现出他栖栖遑遑到处奔走的形象；谈到孔子学说或孔子的政治命运，就联想到像“陈蔡绝粮”那样的场景。孔子在卫、宋、曹、郑、陈、蔡等国之间游历，希望能够找到实现自己抱负的舞台却四处碰壁，他似乎落落寡合、矫矫不群。此间，孔子迭遭困厄，备尝艰辛，曾经被围困，曾经被蓄意威胁，还曾绝粮七日，饥馁不堪……但他依然信念坚定，不为挫折所动摇，不因“无道”的现实而更张。

一、“丧家之狗”般的政治命运

孔子在鲁国励精图治，使齐国感到了威胁，他们担心鲁国由此强大起来，于是挑拨鲁国当权者与孔子的关系。齐国向鲁国赠送美女、骏马，结果“季桓子微服往观之再三”，并拉定公一同前往观看，使定公三日不朝，怠于政事。对此，孔子大失所望，但仍不忍心离开。恰好冬至举行郊祭，孔子希望定公和季孙君臣能够按礼制向大夫分送祭祀用的祭肉，如果他们这样做了，表明礼制尚存，鲁国也还有希望。结果，孔子的这一丝希望也破灭了。于是，孔子决定离开鲁国。

所以，从实质看，这次“周游”只不过是一次无奈的“政治流亡”。这次周游应该开始于鲁定公十三年（前 497）冬至后的某一天。对此，《孟子·告子下》议论说：“孔子为鲁司寇，不用，从而祭，燔肉不至，不税冕而行。不知者以为为肉也，其知者以为为无礼也。”孟子的说法十分中肯，鲁国国君连这些礼仪都不放在眼里，不遵守礼法，更不用说像孔子那样励精图治、实现王道理想了。

离开父母之邦前后，孔子的心情十分复杂。孟子说孔子“去鲁，曰：‘迟迟吾行也。去父母国之道也。’”(《孟子·万章下》)。孔子与他的弟子离开自己的父母之邦时，内心充满矛盾和不舍。

离开鲁国后，孔子师徒首先来到了卫国。卫国与鲁国为“兄弟之国”，正如孔子所说：“鲁卫之政，兄弟也。”(《论语·子路》)在周代，有一个重要的外交原则，就是“周之宗盟，异姓为后”(《左传·隐公十一年》)。《诗经·小雅·常棣》曰：“凡今之人，莫若兄弟。”又说：“兄弟阋于墙，外御其务。”周代的人们重视宗法亲情，尽管兄弟们在家里争吵，但能一致抵御外人的欺侮，内部虽有分歧，但也能团结起来一致对外。鲁国是周公旦的封地，卫国是康叔的封地，周公旦和康叔同为文王之子。鲁国和卫国之间的政治关系也像兄弟一样，《左传·定公六年》记载：“大姒之子，唯周公、康叔为相睦也。”

孔子首先来到卫国，有其深层原因。孔子在卫都帝丘（今河南濮阳西南）谒见了卫灵公。卫灵公对孔子以礼相待，但并没有让孔子担任一定的官职。后来，由于在卫国大夫公叔戌叛逃事件中受到猜疑，孔子师徒只好离开住了十个月的卫国。

离开卫国后，孔子等人打算到陈国去。当他们路过匡邑（今河南长垣境内）时，孔子被人误认作鲁国的阳虎。因为阳虎曾率军攻打匡邑，使匡人饱受战争之苦，因此匡人对阳虎耿耿于怀。匡人将孔子一行抓了起来。经过几天的了解，匡人才弄清真相，放了孔子师徒。孔子师徒摆脱匡人拘禁之后，放弃了原来南下去陈国的计划，准备返回卫都帝丘。

然而，在返回卫国途中，孔子一行又遇到了麻烦。孔子师徒经过距离匡邑几十里路的蒲邑时，正好赶上蒲邑对抗卫国公室。蒲人听说孔子等人要前去卫国，便把他们扣留了，企图强迫孔子一行参与他们的叛乱。与孔子随行的弟子公良孺和子路非常气愤，与蒲人进行了一场激战。蒲人见孔子等人毫不示弱，便让他们发誓，只要他们不去卫国，就放他们走。于是，面对蒲人的逼迫，孔子不得不与他们举行了盟誓。孔子认为，这种受到要挟而举行的盟誓并不算数。离开蒲邑后，孔子师徒继续前往帝丘。刚刚举行了盟誓就不遵从，子贡觉得不妥，于是问孔子："盟可负邪?"孔子回答："要盟也，神不听。"(《史记·孔子世家》)

图6-1 明人彩绘《圣迹图》之"匡人解围"图（孔子博物馆藏）

卫灵公听说孔子一行又回来了，非常高兴，亲自到郊外迎接。他已经了解到上次问题的真相，所以并不怪罪孔子，而且恢复了对孔子的敬重。孔子决定暂且留在卫国，等待更好的机会。

在卫国，卫灵公向孔子请教统兵布阵之事。孔子提倡国君以仁政治国，注重礼乐教化，反对动辄诉诸武力，因此不愿意回答卫灵公这类问题，他推托说自己没学过"军旅之事"。《论语·卫灵公》对此事记载道："卫灵公问陈（阵）于孔子。孔子对曰：'俎豆之事，则尝闻之矣；军旅之事，未之学也。'"实际上，孔子并不是真的没有学过军旅之事，也不是对军旅之事一无所知，只不过他反对用战争方式解决国与国之间的争端。孔子希望通过推行古代礼制来达到社会的太平与和谐，而卫灵公却“有志于战伐之事”，所以孔子不愿意在卫国出仕。

孔子还应卫灵公夫人南子的召见，前去拜见南子。南子当时把持着卫国政权，而且名声不好。但孔子不想得罪卫灵公和南子，只好前去拜见。后来又有一件事让孔子感到不快。一天，卫灵公与夫人南子同车出游，他们让宦官雍渠做参乘，而把孔子安排在第二辆车上，紧随在他们后面招摇过市。这让孔子深感耻辱。而且，这时的卫灵公虽然尊敬孔子，但是无意让他参政掌权。因此，孔子在卫国仍无法施展自己的政治抱负，这让孔子决心离开卫国。于是，在卫国居住了三四年后，孔子一行又离开卫国继续前行。

图 6-2 明人彩绘《圣迹图》之“灵公问阵”图（孔子博物馆藏）

孔子一行路过曹国的都城陶丘（今山东定陶西南）时，稍事停留，继续南行。因孔子曾批评宋国的司马桓魋（tuí，古书中记载的野兽），所以当他们途经宋国时，桓魋就带人前来蓄意报复。一日，孔子与弟子正在一棵大树下演习礼仪，桓魋就指挥人砍伐大树，意图加害孔子。孔子只好赶紧带领弟子离开宋国，分头前往郑国。

一路上的奔波劳累以及担惊受怕，摧残着这位年已花甲的老人。到达郑国时，孔子师徒走散了，孔子一人独自站在城郭东门处。这时，有个郑国人对正在着急寻找孔子的子贡说：“东门那里有个人，他的头类似尧，脖子类似皋陶，肩类似子产，然而自腰以下比禹短三寸，栖栖遑遑的样子如同一条丧家狗。”子贡按照那人的指点找寻过去，果然找到了孔子。子贡将那人的话告诉了孔子，孔子听后非但不生气，还欣然笑道：“长相虽不像他描绘的那样，但说像条丧家狗，很对！很对！”

对于这个细节，《孔子家语·困誓》的记载是这样的：

> 孔子适郑，与弟子相失，独立东郭门外。或人谓子贡曰：“东门外有一人焉，其长九尺有六寸，河目隆颡（sǎng，指额头），其头似尧，其颈似皋繇，其肩似子产，然自腰已下，不及禹者三寸，累然如丧家之狗。”子贡以告，孔子欣然而叹曰：“形状未也，如丧家之狗，然乎哉！然乎哉！”

《史记·孔子世家》对此事的记载与《孔子家语》大同小异：

> 孔子适郑，与弟子相失，孔子独立郭东门。郑人或谓子贡曰：“东门有人，其颡似尧，其项类皋陶，其肩类子产，然自要以下不及禹三寸，累累若丧家之狗。”于贡以实告孔子。孔子欣然笑曰：“形状，末也。而谓似丧家之狗，然哉！然哉！”

何为“丧家之狗”？王肃注曰：“丧家狗，主人哀荒，不见饭食，故累然不得意。孔子生于乱世，道不得行，故累然，是不得意之貌也。”由栖栖遑遑、一副丧家之狗的样子，可以想见孔子当时的窘境。他高高的个子，瘦弱的身材，一个人孤独地站在城郭东门外。然而，当孔子听到那人对他的描述，他还“欣然而叹”或“欣然笑”。可见，他对自己当时“丧家之狗”的窘境十分认同。

经过郑国，孔子等人几经波折来到了陈国都城宛丘（今河南淮阳），并住了下来。陈愍（mǐn，古代谥号用字）公向孔子请教“矢石”之事，对孔子渊博的知识极为佩服，对孔子也非常敬重。三年后，由于弱小的陈国在吴、楚交战中屡受侵犯，局势危险，孔子就离开了陈国。

二、“择木之鸟”般的政治品格

孔子是一位“流浪的君子”，他怀抱理想，有自己的关切，只是在当时的形势之下，他无法实现自己的理想。孔子理解自己的处境，别人说他像“丧家之狗”，他欣然接受。从孔子的“叹”或“笑”中，可以看出孔子的复杂心境——这其中可能有自嘲、哀叹，也有奋励、抗争，他“丧家之狗”的政治命运是由他的政治品格所决定的。从孔子的“欣然”之中，我们可以悲观地看到他所代表的志士仁人的命运，更能够乐观地看到孔子所代表的一种文化精神。历代都有许许多多这样的人，他们将自身安危置之度外，而怀有以天下为己任的使命感。

从根本上说，一个人的政治命运取决于他的个人品格。如果我们只关注士人或知识分子自身，就可以用“丧家狗”概括孔子的人生。可是，“士志于道”“士不可以不弘毅”，孔子有自己独立的政治品格，正如他本人所比喻的，他的政治品格就是“择木之鸟”。《史记·孔子世家》记载：

> 卫孔文子将攻太叔，问策于仲尼。仲尼辞不知，退而命载而行，曰：“鸟能择木，木岂能择鸟乎！”

孔子以“择木之鸟”自喻，表现了他独立的政治品格。在春秋时期列国林立、政治多元的格局下，孔子认为自己就像可以自由选择栖息树木的鸟儿一样，可以自主选择可事之君。然而现实是残酷的，孔子可以徘徊于“仕”与“不仕”之间，可以为了大义而屈节，但他独立的政治品格最终不容于

“无道”的现实，因此他注定无法摆脱“丧家之狗”的政治命运。

很显然，春秋末年，列国林立，政治多元，孔子可以在列国中进行选择。可是，“有其人，无其世，虽贤弗行矣”，“穷达以时，德行一也”（《郭店楚墓竹简·穷达以时》）。孔子择木之鸟般的政治品格，使他没有也不可能找到推行自己主张的国度，在那样一个“无道”之世，“更容易成功的是野心勃勃的狼，而不是忠心耿耿的狗”。孔子积极参与政治，“他既没有取而代之的狼的野心，又摒弃了遗世独立的鹤的清高，他愿意成为一条狗，为合乎自己理想的主人效劳，去挽救世道人心”。孔子是想要家而“丧”了家的。① 他独立高洁的品格使他找不到能实现其理想的国家，结果就是他成了“丧家之狗”。

可以说，孔子毕生都在积极追求入世，希望实现天下的“大同”“大顺”（《孔子家语·礼运》），然而却终不见用。这位七十多岁的老人在即将走完自己的人生历程时，也哀叹自身的命运，将自己比作崩坏的泰山、摧折的梁柱、凋谢的哲人，感叹“天下无道久矣”，世人“莫能宗予”（《史记·孔子世家》），自己的抱负不能够实现。他终生都在为实现自己的政治理想而努力，然而却始终“不遇”。从史籍的记载或描述中，我们能明显感受到这位执着的老人临终时的悲凉。

孔子执着入世却不为当权者所用，他认为那是世道使然，所以发出“知我者其天乎”（《论语·宪问》）的感慨。对孔子来说，自己的思想学说能够大行于世，自己的主张能够得到天下人的认同，那是令人喜悦的事情。但孔子生不逢时，世人不能够理解他。即使如此，他依然坚定信念，坚持行道而不废。但面对残酷的现实，孔子已经感到无力回天，他认为不论自己所坚守的“道”是“行”还是“废”，都是天命使然，无论什么人都难以改变。

---

① 周先民：《高山仰止　景行行止——读〈史记·孔子世家〉》，《齐鲁学刊》1993 年第 3 期。

图 6-3　《郭店楚墓竹简·穷达以时》

周游列国，孔子同样没有遇到理想的君主，他的理想终究难以实现。但孔子周游的目的是推行自己的政治主张，所以当他觉得自己的主张无法实现时，就毅然决然地离开。对于自己的遭际，孔子自比为“择木之鸟”，可谓十分贴切！良禽择木而栖，孔子就像凤凰，他在寻找栖身的梧桐，但礼坏乐崩、诸侯纷争不已之际，孔子又如何能找到栖身之木呢？

三、在厄：旷野中的沉思

当孔子师徒离开陈国，到达陈、蔡之间时，正遇上吴国伐陈。楚国救陈，驻军于城父（今安徽亳州东南）。楚昭王得知孔子在陈、蔡之间，便派人礼聘孔子前来楚国，于是孔子准备前去拜见楚昭王。而陈、蔡两国怕孔子帮助楚国于己不利，于是发兵阻拦孔子，将孔子一行围困在了陈、蔡之间的一座城的郊外。孔子师徒无法继续前行，也无法和外界取得联系。

在空旷的原野中，孔子师徒所带的干粮吃完了，他们一连几天都吃不到饭，甚至连野菜汤也喝不上。在饥饿和劳累的双重打击下，许多跟随他的弟子都病倒了。经历了一次次政治挫折以及奔波逃难，如今又陷入困境，随从弟子中有人开始悲观失望、发牢骚，甚至有人对孔子的主张产生质疑。这时的孔子及其弟子正面临着比饥饿和劳累更加严峻的考验。

在四面被围且断粮的旷野中，面对困境，孔子愈慷慨讲诵，弦歌不衰，同时思考自己的思想主张。他与弟子们围绕“道”开始了沉思，他们在想：难道是自己的“道”有问题吗？不然怎么会落到这步田地呢？《孔子家语·在厄》详细记载了这次“讨论”的情形。孔子提出的问题是：“吾道非乎，奚为至于此？”

围绕这个问题，孔子的三个弟子给出了不同的答案。首先回答这一问题的是子路，他听到老师提出这样的问题，很不高兴：

子路愠，作色而对曰：“君子无所困。意者夫子未仁与，人之弗吾信也？意者夫子未智与，人之弗吾行也？且由也昔者闻诸夫子：‘为善者，天报之以福，为不善者，天报之以祸。’今夫子积德怀义，行之久矣，奚居之穷也？”

子曰：“由未之识也，吾语汝：汝以仁者为必信也，则伯夷、叔齐不饿死首阳；汝以智者为必用也，则王子比干不见剖心；汝以忠者为必报也，则关龙逢不见刑；汝以谏者为必听也，则伍子胥不见杀。夫遇不遇者，时也；贤不肖者，才也。君子博学深谋而不遇时者众矣，何独丘哉！且芝兰生于深林，不以无人而不芳。君子修道立德，不为穷困而改节。……故居下而无忧者，则思不远；处身而常逸者，则志不广。庸知其终始乎？”

率性的子路认为，君子不应该受到困厄。难道是仁德不够，人们因而不相信我们？难道是睿智不够，人们因而不让前行？孔子积累德行，心怀仁义，这样做了很久了，子路不理解为什么孔子还会处在这种穷困的境地。孔子认为能不能遇上明主，是由时势决定的；才与不才，则在于个人的品质。君子修习道艺、树立仁德，不能因为贫穷困顿而改变节操。

子路出去后，孔子召见子贡，问了同样的问题：

子贡曰：“夫子之道至大，故天下莫能容夫子，夫子盍少贬焉？”子曰：“赐，良农能稼，不必能穑；良工能巧，不能为顺。君子能修其道，纲而纪之，不必其能容。今不修其道，而求其容。赐，尔志不广矣，思不远矣！”

子贡非常崇拜孔子，他相信孔子的“道”。但他认为孔子的理论学说博大精深，因而天下人不能接受。他建议孔子应该稍稍降低一下自己理论学说的诉求目标，以迎合当时的社会需求。在孔子看来，一个好的农夫擅长播种，不一定擅长收获；一个好的工匠巧于制作，不一定每次做的器物都能符合他人的心意。君子研习自己的理论学说，主次分明，有条有理，但不一定就被人们接受。即使不被人们接受，也不一定是自己的理论学说有问题。孔子进而批评子贡不去修治道术，反而降格迎合以求被人接受，是志向不远大的表现。

子贡出去后，孔子召见颜回，仍然问了同样的问题：

颜回曰："夫子之道至大，天下莫能容，虽然，夫子推而行之，世不我用，有国者之丑也。夫子何病焉？不容，然后见君子。"孔子欣然叹曰："有是哉，颜氏之子，使尔多财，吾为尔宰。"

颜回很理解孔子，认为孔子的理论学说博大精深，致使世人都不能接受；虽然这样，孔子还是推广并实践它。世人不能接受，是各国统治者的耻辱，孔子不必有什么忧愁。孔子的学说虽然不被接受，但这样才显出君子的本色。颜回的回答深得孔子赞许，他竟然高兴地对颜回说："讲得有道理啊，颜家的小伙子！假使你有很多钱财，我愿意为你去管理。"

《孔子家语·在厄》篇的这些记载非常重要、非常珍贵，其他典籍中多有转述。这里描述孔子师徒在困苦境遇中的表现，体现了他们为追求政治理想矢志不渝的精神。值得注意的是本篇所体现的孔子"时"的思想。孔子说"遇不遇者，时也"，又说"君子博学深谋而不遇时者众矣"，到处碰壁并不是因为愚顽不化，而是对所处时代有深刻认识。弟子认识到"夫子之道至大"，尤其是颜回所言其不为所用乃"有国者之丑"，孔子对此表示赞同，体现了他对自己思想学说的认识，以及对自己人生际遇的思考。身处困境，君子都能乐在修身，坚守节操，这就是孔子所说的"君子修道立德，不为穷困而改节"。曾子穿着破旧衣服耕作而不受国君赏赐①、颜回身处困境而坚守仁廉，都体现了这一精神。

---

① 《孔子家语·在厄》记载："曾子弊衣而耕于鲁，鲁君闻之而致邑焉。曾子固辞不受。或曰：'非子之求，君自致之，奚固辞也？'曾子曰：'吾闻受人施者常畏人，与人者常骄人。纵君有赐，不我骄也，吾岂能勿畏乎？'孔子闻之曰：'参之言，足以全其节也。'"

图 6-4 明人彩绘《圣迹图》之“在陈绝粮”图（孔子博物馆藏）

孔子师徒周游列国特别是遭厄于陈、蔡，虽然处境艰难，但这对孔子师徒来说也是一个极佳的经历或考验。《孔子家语·困誓》对此如是说：

> 孔子遭厄于陈、蔡之间，绝粮七日，弟子馁病，孔子弦歌。子路入见曰：“夫子之歌，礼乎？”孔子弗应，曲终而曰：“由，来！吾语汝，君子好乐，为无骄也；小人好乐，为无慑也。其谁之子，不我知而从我者乎？”子路悦，援戚而舞，三终而出。
>
> 明日，免于厄。子贡执辔曰：“二三子从夫子而遭此难也，其弗忘矣！”孔子曰：“善，恶何也？夫陈、蔡之间，丘之幸也。二三子从丘者，皆幸也。吾闻之，君不困不成王，烈士不困行不彰。庸知其非激愤厉志之始于是乎在？”

孔子师徒在陈国与蔡国之间遭受困厄，孔子却弹琴又唱歌，子路进见孔子，询问此时唱歌是否符合礼制。等到曲子结束，孔子说君子喜欢音乐，为的是避免骄傲；小人喜欢音乐，为的是消除畏惧。是谁不了解我却跟从我啊？子路高兴了，便拿着戚跳起舞来，跳了几个曲子后退了出去。次日摆脱围困后，子贡挽着马车的缰绳说："我们跟随先生遭受这场磨难，大概永远不会忘记了。"孔子非常赞许子贡的说法，认为在陈国与蔡国之间遭受围困是自己的幸运，也是跟随他的弟子们的幸运。君主不经受困难，不能成就王业；刚烈之士不经受困难，品行得不到彰显。很多人都是在遭遇了困难后，才开始立志发奋努力的呀！

第七章

『知天命』与『畏天命』

在对人生与社会的思考中，孔子常说到“天”“命”以及“天命”，这体现了孔子思想的深度。《论语·子罕》说“子罕言利与命与仁”，孔子很少主动地谈论私利，却认同天命和仁德。他称自己“五十而知天命”（《论语·为政》），又说君子应当有所敬畏，首先就要“畏天命”（《论语·季氏》）。“知天命”代表自己的认知水平达到了一定高度，“畏天命”则是追求人生价值的态度。

一、在天人之际的“天命”

那么，什么是天命？孔子所谈论的“天”“命”“天命”又是什么？在孔子那里，这些是十分重要的概念。认识和理解国家的存亡祸福、人生的起落吉凶时，孔子并不是孤立地进行思考。因为人的存在不是孤立的，人在天地之间，受到天地自然的制约，所以“人”与“天”的关系以及“人”如何对待“命”和理解“天命”等，便成为孔子人道学说的重要组成部分。①

世界与人类思维都十分复杂，“天”“命”“天命”等概念也内涵丰富。天命与天道既有联系又有区别，天道具有本体论意义，天命则属于天人关系范畴。孔子注重天人关系，在思考社会与人生等问题时，他将自己的学说建

① 以往，人们对孔子的认识不到位，包括西方哲学家。如黑格尔说孔子“只是一个实际的世间智者”，他那里“只有一些善良的、老练的、道德的教训”，“思辨的哲学是一点也没有的”（《哲学史讲演录》第一卷，商务印书馆1959年版，第119页）。

立在天道观与人性论的基础上。由天道而人性，天命是一个重要的环节，天道通过天命降于人，赋予人以人性。孔子以此为出发点沟通天人，思考人道。

孔子关注天人关系，思索的起点或重点是现实社会中人的问题。他由“修己”出发，到“安人”“安天下”，再复归到更高层次上思索“人道”。人是自然的人，也是自然的一部分，要思考作为类存在的“人”，就要将“人”与“天”进行连接，把“人道”与“天道”衔接，由此突显“天命”的重要性。

孔子说的“礼本于太一”，反映了他对天人关系的认识。这一说法见于《孔子家语·礼运》：

> 夫礼必本于太一，分而为天地，转而为阴阳，变而为四时，列而为鬼神。其降曰命，其官于天也，协于分艺。

“太一”是中国古代哲学的重要概念，孔子时代的很多思想家都认同这一概念，孔子则把它与“礼”的生成联系起来。

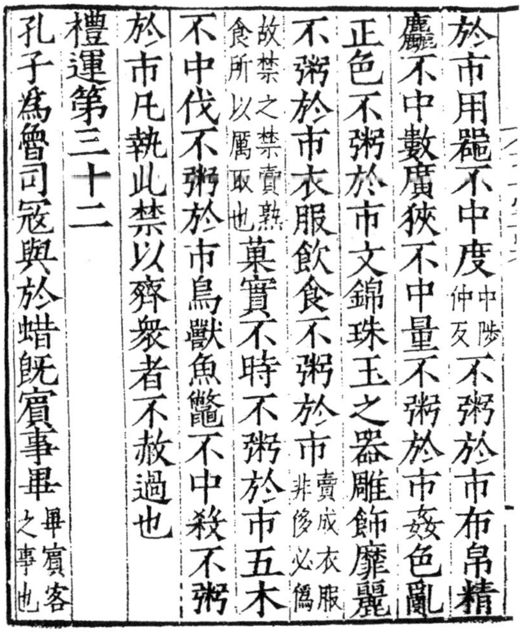
於市用器不中度中陟仲反不粥於市布帛精
麤不中數廣狹不中量不粥於市姦色亂
正色不粥於市文錦珠玉之器雕飾靡麗
不粥於市衣服飲食不粥於市賣成衣服非侈必僞
故禁之禁賣熟食所以厲取也菓實不時不粥於市五木
不中伐不粥於市鳥獸魚鼈不中殺不粥
於市凡執此禁以齊衆者不赦過也
禮運第三十二
孔子爲魯司寇與於蜡旣賓事畢畢賓客之事也

图 7–1 《孔子家语·礼运》

按照《孔子家语·礼运》王肃注的说法，“太一”就是“元气”，它创造了天地万物。《礼记·礼运》孔颖达疏“谓天地未分，混沌之元气也”，说的是同样的意思。它分化而成天地，转化而成阴阳，演变而成四时，分裂而成鬼神。它气运降临就叫作“命”，这应该就是孔子对于“命”的理解。人之命“官于天”，也就是“法于天”、循天理而动之意，人间各种关系由此得以协调，它落实到人间、体现到世间人的身上，就是“养”。礼之养人，使人讲信修睦、养生送死、敬事鬼神，由此上达天道、顺乎人情而遵守礼法。正如王肃解释的：“言礼之于人身，所以养成人也。”正因为“礼本于太一”，具有这样的特征，所以孔子说：“唯圣人为知礼之不可以已也，故破国、丧家、亡人，必先去其礼。”也就是说，只有境界高的圣人才知道不可以须臾离礼，邦国、家族、个人无不如此，否则就会出现严重后果。

1993 年，湖北省荆门市郭店出土了名曰《太一生水》的战国竹书，同时还出土了众多儒家文献。竹书《太一生水》曰：

> 太一生水，水反辅太一，是以成天。天反辅太一，是以成地。天地〔复相辅〕也，是以成神明。神明复相辅也，是以成阴阳。阴阳复相辅也，是以成四时。……君子知此之谓〔圣人〕。

由于郭店楚墓中儒、道两家文献同出，人们在思考《太一生水》的学派属性时，也很自然地思考儒、道两家思想的关系。例如有学者认为《太一生水》是“援道入儒”的产物，填补了儒家思想有关“宇宙论”的空白。①李学勤先生则指出：《礼记·礼运》及《吕氏春秋·大乐》所记，与“太一”化生模式相似，这是来自《周易·系辞上》“易有太极，是生两仪，两仪生四象，四象生八卦”的思想。②

关于中国古代的宇宙生成论，以往人们对《周易》的太极说注意较多，郭店楚简发现后，“太一”宇宙生成论开始受到重视。因此，孔子的“礼本

---

① 周凤五：《郭店竹简的形式特征及其分类意义》，《郭店楚简国际学术研讨会论文集》（《人文论丛》特辑），湖北人民出版社 2000 年版，第 60 页。

② 李学勤：《荆门郭店楚简所见关尹遗说》，《郭店楚简研究》（《中国哲学》第二十辑），辽宁教育出版社 1999 年版。

于太一”说展现了孔子的形上思维，在他那里，“太一”具有形上本源的意义。如果将孔子的“礼本于太一”说与《太一生水》及《周易》的思想联系起来，就可以很清晰地看到孔子关于“礼”的本体思考。《周易·序卦》说：“有天地然后有万物，有万物然后有男女，有男女然后有夫妇，有夫妇然后有父子，有父子然后有君臣，有君臣然后有上下，有上下然后礼仪有所错。”所以，《周易·乾卦·文言》说：“夫大人者，与天地合其德，与日月合其明，与四时合其序，与鬼神合其吉凶。”真正的大人理解礼的意义，并建立起了人道与天道的联系。

礼本于太一，正因为天道运行不已，故《孔子家语》说“唯圣人为知礼之不可以已也”。一次，子贡拜见孔子，孔子说“予欲无言”，表示自己不想再说话了。子贡问：“如果先生不说话了，那么我们这些弟子怎么传述您的思想呢？”孔子回答说：

天何言哉？四时行焉，百物生焉，天何言哉？（《论语·阳货》）

孔子的意思很明显，上天没有说什么，但四时照样运行，百物照常生长。孔子“欲无言”，是因为他已经清楚自己的主张难以被人理解，难以被社会接受，既然如此，还不如“不言”。但是，面对子贡的问题，他又认定自己的思想主张合乎天道，符合社会的需求，合乎人类的需要，所以即使不言不语，也不妨碍自己的主张所具有的真理性。

有一次，鲁哀公请教孔子：“君子何贵乎天道？”孔子说：“贵其不已也。”在孔子看来，有境界的君子一定推崇和敬畏天道，原因就在于它具有“不已”的特点，就像上天不言但照样“四时行”“百物生”一样。那么，到底何谓“天道”？何以“不已”则贵？对此，孔子从四个方面进行了解释。他说：

如日月东西相从而不已也，是天道也；不闭而能久，是天道也；无

为而物成，是天道也；已成而明之，是天道也。(《孔子家语·大婚解》)

孔子这一连串的说法，都是“天道”及其“不已”的特征。在孔子的思维中，“天道”就是日月星辰自东向西不停地运动，就是时间在永不停息地流转。孔子看到河水流动不息，说“逝者如斯夫！不舍昼夜”(《论语·子罕》)。《中庸》说孔子“上律天时，下袭水土”，又说“辟如四时之错行，如日月之代明”。人生易老，光阴飞逝，天文时变，人文化成，只有好好把握，才能健全人生。

孔子所说“天道不已”是指宇宙的永恒性，它的运动“不闭而能久”。《中庸》说：“天地之道，可一言而尽也：其为物不贰，则其生物不测。天地之道：博也，厚也，高也，明也，悠也，久也。”天道至诚，博厚以载物，高明以覆物，悠久以成物。人生也是如此，要耐得住寂寞、经得起等待，要沉得住气，要静得下心。这样的高明，开阔而长远，生生不息，不闭而能久，即所谓“无为而物成”。没有深刻的认知，就很难看到这一点。世间万物都有自身的禀赋与特性，都有自身生成或生长的规律，它自然而然，在发育发展中得以体现。体认其禀赋与规则，就要尊其性、顺其性，而不是违其性、逆其性。

在孔子的论述中，“天命”的含义比较复杂。孔子常常说到“天”，虽然“天”具有不同含义，但主要都归结于主宰的意义，“天”对于人的生死寿夭、吉凶祸福、尊卑贵贱、贫富穷通，乃至国家的盛衰存亡，具有某种决定意义。孔子对于“天”和“天命”的看法，与殷周以来的认识是一致的。正因为当时的人们认为“天”具有神性，能够主宰人间事物尤其是社会治乱，所以“天”亦被视为“上帝”。

在孔子的心目中，“天”具有重要地位，正因如此，他论述“天”或者“天命”的内容很多。例如：

王孙贾问曰：“与其媚于奥，宁媚于灶，何谓也？”子曰：“不然，

获罪于天，无所祷也。”（《论语·八佾》）

子见南子，子路不说。夫子矢之曰：“予所否者，天厌之！天厌之！”（《论语·雍也》）

子曰：“天生德于予，桓魋其如予何？”（《论语·述而》）

子畏于匡。曰：“文王既没，文不在兹乎？天之将丧斯文也，后死者不得与于斯文也；天之未丧斯文也，匡人其如予何？”（《论语·子罕》）

太宰问于子贡曰：“夫子圣者与？何其多能也？”子贡曰：“固天纵之将圣，又多能也。”（《论语·子罕》）

从孔子及其弟子的上述言论中不难看出，孔子所说的“天”与殷周时期所谓的“天”在本质上基本相同。那时候，“天”似乎很抽象，它无形无影，缥缈虚幻，却具有无穷无尽的力量；“天”又似乎很具体，仿佛能够主宰世间万事万物，可以洞悉事理，明察秋毫。可是，“天”有时又捉摸不定、变幻难测，常常性情乖戾、恣意妄为，而有时又好像懂得人世间的是非善恶、真假美丑。

孔子也单独说“命”，如《论语·子罕》载孔子“与命”。孔子强调或者重视“知命”，还说“不知命，无以为君子”（《论语·尧曰》）。从前面的论述来看，孔子所说的“命”包含两个层面的意义：

其一指“天命”，这是外在赋予自己的，就像一个人所处之“时”。《郭店楚墓竹简》中有“穷达以时”的记载，孔安国说“命，谓穷达之分也”。这个“命”对自己来说是一个客观要求，就像孔子整理的《尚书》中所说：“惟受罪浮于桀。剥丧元良，贼虐谏辅。谓己有天命，谓敬不足行，谓祭无益，谓暴无伤。”（《尚书·泰誓中》）其中的“天命”如何理解？周代以来人们认识到“民之所欲，天必从之”“天视自我民视，天听自我民听”，所以“天命”就是“民命”，“民命”乃“民意”，即民众的意志，对于君子而言，它就是一种责任。

其二指“使命”，这是内在生发于心的。有“天命”意识，有作为社会组织或管理者的自觉，有豁达的胸襟，有积极用世的心态，君子就有了责任与担当。这是在深刻体认“天命”以后的明确意识，亦即自身的使命与定位，否则就没有办法成为一位“君子”。

认识天命、理解天道，是君子的境界。孔子自称“五十而知天命”。知天命，就是知道天道运行的规律，即深刻认识问题，了解社会、人生的基本规则。“天道”具有本体论意义，是客观范畴，而“天命”则属于天人关系范畴。所谓逆天则亡，指不顺应规律就会被淘汰。逆天者，逆天理也。孔子强调志士仁人要“将身有节，动静以义，喜怒以时，无害其性”（《孔子家语·五仪解》），也是强调人应遵从天道。孔子之所以说“坏国、丧家、亡人，必先去其礼”，是因为思想品德的劣质与身体状态的恶劣一样，往往会被率先淘汰。“彰善瘅恶，树之风声”，这是生命的法则，是生命天择的规律。“自天佑之，吉无不利”，一个人只有遵从天道、循礼而动，上天才会保佑他！

二、慎重对待“天灾地妖”

人们对“天”的认识，决定了他们对“天命”的态度。在孔子心目中，“天”与“天命”具有不可捉摸的特征，他认为应当用心致力于“人事”，此即所谓“尽人事而知天命”。对于“天命”，首先必须“知”。孔子“五十而知天命”，这是他人生境界中的里程碑。孔子一生立志弘道，虽不为天下人所理解，亦表现得“不愠”不怒，可谓“知命”君子。①

对于“天命”，博学如孔子，竟言自己“五十而知”。他不常说性命、

① 参见杨朝明《新出竹书与〈论语〉成书问题再认识》，《中国哲学史》2003 年第 3 期。

天道，因为它们与天命一样不易“知”，以至于子贡说“夫子之言性与天道，不可得而闻也”(《论语·公冶长》)。子贡的意思是，孔子关于性与天道的议论高深微妙，自己难以知解。孔子“五十而知天命”，显然是此时其人生境界更高，已经把握了天道运行的规律，认识问题也更加深刻，了解了社会、人生活动的基本规则。至于孔子“六十而耳顺”，更是其人生境界的进一步提升，按照朱熹《四书集注》的说法，此时的孔子已经能够“声入心通，无所违逆，知之之至，不思而得也”。这一时期，孔子闻听事情之然，即知事情之所以然。正像孔子所言：“人之过也，各于其党。观过，斯知仁矣。”(《论语·里仁》)在这样的境界中，他可以由结果推知原因，可以判断事情的发展趋向。他已清楚人有形形色色，错误也有形形色色，什么样的错误就可能由什么样的人来犯。仔细观察这个人所犯的错误，就基本可以知道他是什么样的人。既然如此，无论听到什么样的言语，也都不必大惊小怪了。

从上面的论述可知，在孔子看来，天之“命”于人者，乃人力难以对抗，所以人应当了解天命，从而顺应天命；人应对天命心存敬畏，不然，就算不上真正的“知天命”。在这样的前提下，孔子将“知天命”与“畏天命”联系起来，君子“知天命”，故有所“畏”。小人则相反，小人不知道天命可畏，因此表现得无所畏惧，往往会由于胆大妄为而受到惩罚。

鲁哀公向孔子请教国家存亡、祸福中“天命”与“人”的作用，孔子说：

> 存亡祸福皆己而已，天灾地妖不能加也。
>
> 故天灾地妖，所以儆人主者也；寤梦征怪，所以儆人臣者也。灾妖不胜善政，寤梦不胜善行，能知此者，至治之极也，唯明王达此。(《孔子家语·五仪解》)

在孔子看来，很多问题都源于人，反时反常现象并不能改变国家命运。

但是，天降灾异、地生妖孽以及梦异怪诞，都是上天给世人发出的警示。

孔子关于“灾妖不胜善政”的主张，可谓明确而响亮。天灾地妖、诡异反常是上天给世人的儆戒警醒，因此人不能坐待“天命”。人之敬慎，要体现在行动中。越是敬慎，越要积极主动。“灾妖”出现，是暴露问题，是呼唤人们检视与应对。灾难纷至沓来，容易击垮理性，越是这样的时候，越需要拿出消弭灾害的能力，团结一心，从容机智，积极作为。

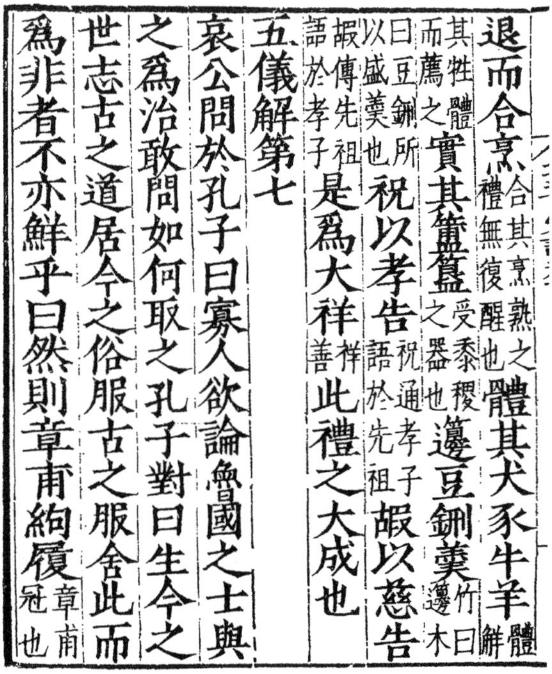
退而合烹合其烹熟之禮無復醒也體其犬豕牛羊體解其牲體而薦之實其簠簋受黍稷之器也籩豆鉶羹竹曰籩木曰豆鉶所以盛羹也祝以孝告祝通孝子語於先祖嘏以慈告嘏傳先祖語於孝子是爲大祥祥善此禮之大成也

五儀解第七

哀公問於孔子曰寡人欲論魯國之士與之爲治敢問如何取之孔子對曰生今之世志古之道居今之俗服古之服舍此而爲非者不亦鮮乎曰然則章甫絇履章甫冠也

图 7-2 《孔子家语·五仪解》

在孔子心目中，疾疫是与祭祀、战争一样的“国之大事”。《论语·述而》记载：“子之所慎：斋、战、疾。”这一章在《论语》中用词比较简洁，似乎没有引起人们太多的注意。斋，指斋戒，是祭祀前洁净身心的活动；战，指战备、战争；疾，指疾病，这里可能是指疾疫。这里说的是孔子所慎重对待的三件事为斋戒、战事和疾疫，由此体现了孔子对疾疫的重视。

春秋时期，人们特别重视祭祀与战事。《左传·成公十三年》有“国之大事，在祀与戎”的说法。因为祭祀事关神明和民众信仰，故《周礼》有“以祀礼教敬”之说，兵战则如《孙子兵法》所说乃“死生之地，存亡之道”，所以对待祭祀、战争二事不可有丝毫轻忽。孔子把疾疫与祭祀、战事等量齐观，对今天的人也是一个提醒。疾疫值得重视，其实不难理解，一般疾病也事关人的生死健康，若疫病肆虐，后果则更加严重。疫病的产生与流行有自然和人为的特定原因，这关乎国运兴衰乃至人类安危。

孔子所主张的“慎”，不是要人们消极被动、缩手缩脚，而是鼓励人们采取积极的态度，主动去认知、去理解。以往读《中庸》所说“至诚如神”，许多人觉得它玄虚唯心。其实，它强调的是人的诚敬，提示人们重视人与自然的关系，劝人们洞悉变化、见微知著、审时度势、积极有为。西汉的董仲舒提出“天人感应”理论，认为天主宰人事，人的行为也能感动天，天、人之间存在着某种联系。既然灾异和祥瑞代表上天对人的谴责或褒奖，人就要对自然保持敬畏与尊重。既然人的行为能够使上天改变原来的安排，人就要主动“知天”。人应效法、遵循、顺应天道，在自然变化或者“灾妖”出现时保持敬慎，这样才能处事从容稳健，立于不败之地。

《说苑》所说与《孔子家语》所说相呼应：“存亡祸福，其要在身。圣人重诫，敬慎所忽。”“诫无垢，思无辱。”人当心存谨慎之诫，胸怀恭敬之心。《周易·乾卦·文言》记孔子说“上下无常”“进退无恒”，又说“君子进德修业，欲及时也”，即要真的认识与把握“时”，就不能一味追求前进，还要看灵魂是否跟得上。

知天命，就要有敬畏、存戒惧，就要对“天命”保持诚敬，对“天命”心存敬畏。敬畏是一种内心的情感，例如，孔子习惯以驾车比喻治国，《孔子家语》中有许多类似的论述。子贡请教如何管理国家，孔子比喻说“懔懔焉若持腐索之扞马”，即像拿着腐朽的马缰绳驾驭马车。何以如此谨慎恐惧？因为“通达之御”皆取决于人，故为政治国必须以正道引导人民。孔子还说：“虽有博地众民，不以其道治之，不可以致霸王。”（《孔子家语·王言解》）如果没有正确的价值观，即使地域广阔、人口众多，国家也难以强大，更不能伟大。

敬畏慎重绝不是畏畏缩缩、瞻前顾后，而是心存一种认真而积极的态度。在《论语·子罕》的最后一章，孔子以“唐棣之华”作比喻，说明“事在人为”的道理。更确切地说，这也是孔子心目中的道德标准：

“唐棣之华，偏其反而。岂不尔思？室是远而。”子曰：“未之思也，夫何远之有？”

这段话实际上也是全篇中心思想即“力行实践”的凸显。孔子“未之思也，夫何远之有”句，有概括全篇的意义。《子罕》篇从深层次谈“命”与“仁”的哲学问题，引领人们进入孔子的心灵世界。一个人处在特定的世界、具有特定的身份，这就是他的客观的“命”或客观现实存在。但更重要的是，人们主观上该怎么办？“未之思也，夫何远之有”与《述而》篇所述“仁远乎哉？我欲仁，斯仁至矣”，它们的意思是一样的，都是说只要自己心动而行动，“仁”就一呼而至，而不像很多人所理解的那样缥缈不定。朱熹《论语集注》也说：“夫子借其言而反之，盖前篇‘仁远乎哉’之意。”《子罕》篇既谈客观的“命”，更谈主观的“仁”。《子罕》篇的中心思想，就是“知天命，行仁道”。

孔子说自己“五十而知天命”，强调君子要“畏天命”。这并不是说听天由命，而是“人定胜天”。“人定”是内心淡定，内心宁静，内心主动。只有心静了，才能听到别人听不到的声音，看到别人看不到的风景。只有内心对世界有了正确的认知，才能给自己一个清晰的定位，才能掌握主动权。

三、屈节求伸，不毁其节

孔子处在“礼坏乐崩”的时代，有时心情复杂，有时也徘徊于“仕”与“不仕”之间。在政治品格方面，孔子甚至表现出矛盾的一面。例如，孔子反对以下叛上，然而当个别叛乱者召唤孔子时，他却意欲前往。有一次，公山不狃以费邑背叛鲁国执政大夫季氏，派人来征召孔子。这时的孔子已颇有名望，虽然学成已久，却没有得到当权者的任用。但是孔子认为，当初周朝的先王能以丰镐之地为基业，最终广有天下，所以即使费这个地方十分狭小，但也能渐渐强盛起来，于是他想要去加入公山不狃。但是，子路对此非常不满，站出来制止孔子。孔子说：“如有用我者，吾其为东周乎?”（《论语·阳货》）

还有一次，赵简子攻打晋国大夫范氏、中行氏，并征讨中牟。时任中牟宰的佛肸发动叛乱，也派人征召孔子。孔子又打算前往。子路就问孔子：以前曾听先生说过，一个人亲自做不好的事，君子是不去这样的人所在的地方的。现在佛肸在中牟叛乱，而您却想要去，为什么呢?孔子解释说自己确实说过这样的话，但是，不是说那些极其坚硬的东西不论怎么磨也磨不薄吗?那些洁白的东西不论用什么黑色染料染也染不黑吗?难道自己是一个匏瓜，只能系在瓜藤上而不能食用吗?①

后来，孔子去了卫国。此时卫灵公年纪大了，怠于政事，又不任用孔子。于是，孔子感叹：“夫召我者而岂徒哉?如有用我者，吾其为东周乎?”（《论语·阳货》）孔子对自己的治世能力充满信心，而且具有行道于世的迫切愿望。公山不狃以区区费邑叛乱，孔子竟然希望借机施展自己的宏大志向，效法“周文武起丰镐而王”。佛肸叛乱，使人征召孔子，孔子同样打算前往。

孔子为什么会有上述举动呢?《孔子家语·屈节》篇集中体现了孔子上述举动背后的思想。孔子认为，人应当追求道义，力争显达于世。能够屈抑之时可以屈抑，能够施展之时应当施展。他认为，屈抑志节是为了有所期待，谋求施展应当抓住时机，但受屈却不应损毁志节，追求目标也不应违反道义。

---

① 原文见《论语·阳货》：佛肸召，子欲往。子路曰：“昔者由也闻诸夫子曰：‘亲于其身为不善者，君子不入也。’佛肸以中牟畔，子之往也，如之何!”子曰：“然。有是言也。不曰坚乎，磨而不磷；不曰白乎，涅而不缁。吾岂匏瓜也哉?焉能系而不食?”

正是在这样的思想之下，孔子要伸己达志，连公山不狃反叛季氏时，他也想借机施展自己的抱负，迫切“欲往”，因为他“循道弥久，温温无所试，莫能已用”。但孔子至费邑助叛似乎又不合适，这不仅仅是因为费邑较小，更重要的是公山不狃的举动不合道义，连子路都出来劝阻孔子，而孔子也终究没有去。

孔子处在矛盾与彷徨中——他要施展抱负却没有机会，要“屈节以求伸”，又必须“受屈而不毁其节”。《论语》中记载孔子多次谈到自己处于“有道”与“无道”之世时的态度，例如他说：

子曰：“笃信好学，守死善道。危邦不入，乱邦不居。天下有道则见，无道则隐。邦有道，贫且贱焉，耻也；邦无道，富且贵焉，耻也。”（《论语·泰伯》）

宪问耻。子曰：“邦有道，谷；邦无道，谷，耻也。”（《论语·宪问》）

子曰：“直哉史鱼！邦有道，如矢；邦无道，如矢。君子哉蘧伯玉！邦有道，则仕；邦无道，则可卷而怀之。”（《论语·卫灵公》）

人们要坚信自己的道，努力学习，誓死坚守善道。不去危险的国家，不居住在有祸乱的国家。天下有道就积极入仕，无道就隐居起来。国家有道，自己贫贱是耻辱；国家无道，自己富贵也是耻辱。原宪问什么是“耻”，孔子回答说：国家有道，应当做官获得俸禄；国家无道，还做官获得俸禄，这就是耻。国家有道，要言行正直；国家无道，行为仍然要正直，但说话要谦虚、谨慎。再如，孔子评价当时卫国的几位臣子说，史鱼不论国家是否有道，其品格都如同箭一样直；而蘧伯玉是位君子，国家有道就出来做官，无道就隐居起来，以保持好自己的品格。

孔子临终前说“天下无道久矣”，很显然，这来自他对当时社会现实的深切体察。处在那样“无道”的乱世，孔子自然难以得到任用，难以取得富贵，他的学说也自然无人“能宗”。孔子政治命运的悲剧是“无道”的现实造成的。自己的学说不被当权者采纳，使孔子感到一种不被理解的寂寞；他要矢志不渝地推行自己的思想学说，又不得不主张权变，主张“屈节”。

但是，孔子绝不是任何事情都主张“屈节”的，他的“屈节”是有限度的。公山不狃召孔子，孔子欲往，这是因为他急于施展抱负，而且具有充分的自信。尽管如此，他最终还是选择了放弃。《孔子家语·屈节》篇记载了孔子及其弟子“屈节”的几件事情：

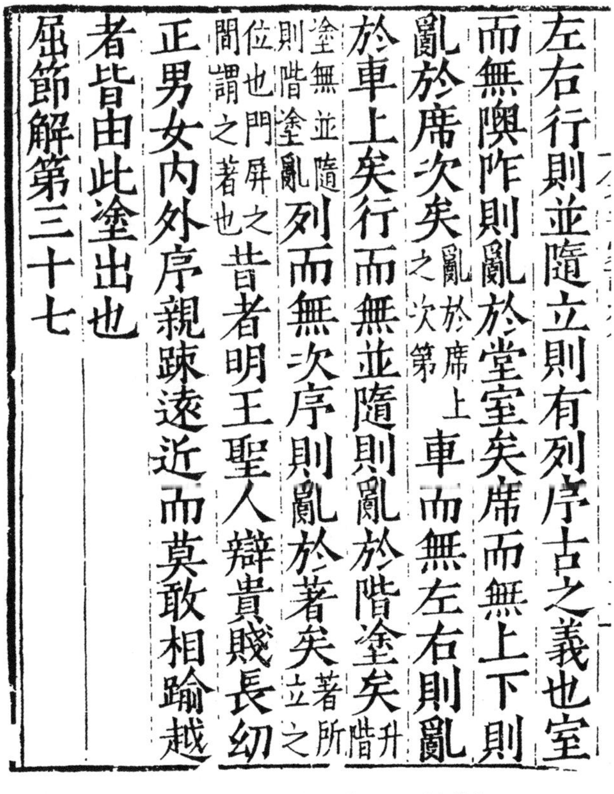
左右行則並隨立則有列序古之義也室
而無奧阼則亂於堂室矣席而無上下則
亂於席次矣亂於席上之次第車而無左右則亂
於車上矣行而無並隨則亂於階塗矣升階
塗無並隨則階塗亂列而無次序則亂於著矣著所立之
位也門屏之閒謂之著也昔者明王聖人辯貴賤長幼
正男女內外序親疏遠近而莫敢相踰越
者皆由此塗出也
屈節解第三十七

图 7-3 《孔子家语·屈节》

第一，屈节以救父母之国。孔子在卫国，听说齐国的田常将为乱，但又害怕国内的执政大夫鲍、晏两家镇压，所以田常打算起兵伐鲁，以转移国内的注意力。孔子召集诸弟子说："鲁国是我们的父母之国，不可不救，我不忍心看着它受敌人攻击。"于是他派弟子子贡四处游说。然而，子贡的一番游说却殃及了其他几个国家，并最终导致"强晋以弊吴""吴亡而越霸"的后果。孔子的初衷是"乱齐存鲁"，而这样的结局显然是他始料未及的，因此孔子感慨地说："美言伤信，慎言哉！"

第二，宓（mì）子贱屈节治单父。孔子的弟子宓子贱在鲁国从政，做单父这个地方的行政长官。在孔子看来，宓子贱是一位君子，"其才能可以担任霸王的佐相"，他屈节治单父是为了检验一下自己的能力。开始，宓子贱担心鲁君听信谗言，影响他施政，于是想办法使鲁君了解自己的志向。宓子贱用了三年时间，将单父治理得"使民暗行若有严刑于旁"，受到鲁君与孔子的赞赏。

第三，屈节而不失其故旧。孔子的一位老朋友名叫原壤，原壤的母亲去世后，孔子帮助他整修棺材。子路劝孔子不要去，他说孔子曾说过不要亲近缺乏仁德的人，发现自己的过错就要勇于改正。但孔子觉得原壤是自己的老友，应该前去。可是，在整治棺材时，原壤居然唱歌，还与孔子开玩笑，孔子佯装没有听见。孔子的随从劝他与之断交，孔子说既然是老朋友，就没有必要终止友谊。

这几个事例，说的都是"屈节"之事，但孔子及其弟子屈小节恰恰是为了扬大节。孔子热爱父母之邦，不愿意看到鲁国遭受齐国的侵凌，所以才想屈节于田常以救鲁；孔子的弟子宓子贱胸有大志，但不以单父是个小地方而放弃，而是借治理单父检验自己的治理才能，这与公山不狃、佛肸召孔子而孔子"欲往"的道理相同；孔子注重朋友之交，为了朋友不拘小节，也不去计较原壤的错误举动。

孔子有一种"淑世情怀"，正是这种情怀一直支撑着他。当他被困于匡地时，他慨叹"文王既没，文不在兹乎？天之欲丧斯文也，后死者不得与于斯文也；天之未丧斯文也，匡人其如予何"（《论语·子罕》），将"斯文在兹"的信念表露无遗。孔子和弟子经过宋国时，曾遭孔子批评的宋国司马桓魋欲趁机加害孔子，趁孔子和弟子讲学习礼于大树之下时，竟命人将树伐倒。孔子说“天生德于予，桓魋其如予何”（《论语·述而》），再一次表达了他对“道”的坚定信念。虽然有时连弟子也不理解孔子，孔子自己也有过“道不行，乘桴（fú）浮于海”（《论语·公冶长》）的感慨，但他终究还是“知其不可而为之”（《论语·宪问》），依旧驾着马车，栖栖遑遑、颠沛流离地奔波于列国之间。

历史上也有对孔子汲汲于“仕途”表达不解和蔑视的人，其中最有名的就是接舆。这位楚地的隐者对孔子的行为不以为意，并用歌声表达了自己的态度：“凤凰啊，凤凰，为何德行会这样衰败！过去的不用说了，未来的还可以把握。算啦，算啦！现在的从政者都不行啊。”① 当孔子想下车和他探讨一番时，他却扬长而去，匆匆避开了。

大约是在从蔡国返回卫国的途中，孔子又遇到几位避世的隐者，他们是长沮、桀溺和荷蓧（diào）丈人。面对春秋乱世，这些人采取了逃避的方式。长沮、桀溺感叹道：“滔滔者天下皆是也，而谁以易之？且而与其从辟人之士也，岂若从辟世之士哉？”（《论语·微子》）是啊，不管是哪个国家，没有一个诸侯能放弃暴力而推行仁政，也没有一个诸侯能放弃霸道而实行王道。诸侯们为了私欲私利制造战争、灾难、痛苦，致使天下陷入混乱局面之中。长沮、桀溺等人对世道丧失信心，认为与其无力地在诸侯间奔走呼号，不如退避三舍、远离尘世，去过自己的逍遥生活。

孔子面对长沮、桀溺等人的嘲讽，表现出一种不屑和不满。他感叹道：“鸟兽不可与同群，吾非斯人之徒与而谁与？天下有道，丘不与易也。”孔子认为，鸟兽是不能与人合群的，虽然自己不是长沮、桀溺这类人，但是不同这些人在一起追寻治理天下的先王之道，那又可以与谁在一起讨论呢？如果

---

① 《论语·微子》原文为：楚狂接舆歌而过孔子曰：“凤兮！凤兮！何德之衰？往者不可谏，来者犹可追。已而，已而！今之从政者殆而！”孔子下，欲与之言。趋而辟之，不得与之言。

天下有道，也就用不着努力去改变这个世道了。孔子虽然因四处碰壁而痛心，但依旧不愿退却，不想退居山林与鸟兽为伍。他坚持心怀天下，以传承斯文为己任。

孔子选择了入世，所以他不停地前行。尽管前路漫长坎坷，他依旧坚定不移，神圣的使命令他不敢停歇。周游了十四年，孔子才结束流浪生涯回到鲁国，此时他已是六十八岁的老人。在人生的最后几年，孔子继续全身心整理典籍、教授学生。

第八章

『御车马』与『御天下』

孔子终其一生，都在思考社会国家的治理。在他的心中，一个国家就像一辆车，这辆车如何顺利前行，说到底就是如何驾车以及车走怎样的路的问题。在《孔子家语》中，孔子以“御车马”的道理阐发“御天下”的主张，认为治国与驾车同理，都应该遵道而行，“德法”与“刑辟”像驾车的缰绳和鞭子，“法盛、德厚而薄刑则天下治”。驾车要均马力、和马心，治国要均齐民力、和安民心，“以六官总治”达到“事治而功成”的目的。为达到政治管理效果，孔子把治国之术分为政治管理框架的御政之术、进退缓急的权力运行过程、施政效果保障三个层面，指出要把握这三个“治国之要”，并懂得“治世之待”，才能实现善治。

一、为政与驾车

所谓“道不远人”“能近取譬”，孔子用“驾车之道”类比“治国之道”，可谓形象而生动。《孔子家语·执辔》篇记述了孔子弟子问政的情况——孔子将治国比喻为驾车，以“御车马”的道理阐发“御天下”的主张。其实，在相关典籍中，孔子以驾车马比喻如何为政、如何管理社会国家，这样的例子可以说俯拾即是，在《孔子家语》中就有很多。

《孔子家语·王言解》记孔子与曾子谈论王道，孔子说：“夫道者，所以明德也；德者，所以尊道也。是以非德道不尊，非道德不明。虽有国之良马，不以其道服乘之，不可以道里。虽有博地众民，不以其道治之，不可以致霸王。”此处孔子谈论了“道”与“德”的关系，以及“道”的关键意义。他认为不论是谁，不论驾车还是治国，都必须遵道而行。驾车不以其道，即不遵循驾车的规则与规律，马匹再好也不会顺利远行。治国也是如此，一个国家即使地域广阔、人口众多，但是如果违背治国之道，它就不会强大，更不会伟大。

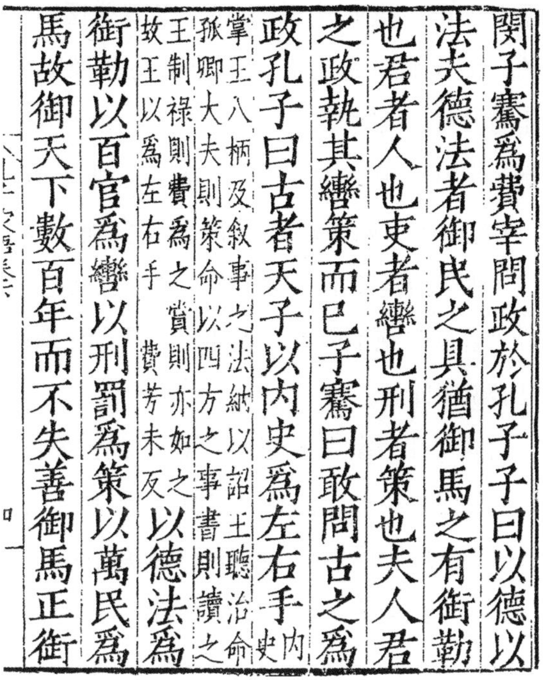

图 8-1 《孔子家语·执辔》

《孔子家语·致思》篇记述：“子贡问治民于孔子。子曰：‘懔懔焉若持腐索之扞（hàn）马。’子贡曰：‘何其畏也？’孔子曰：‘夫通达御之皆人也，以道导之，则吾畜也；不以道导之，则吾仇也。如之何其无畏也？’”孔子以驾车之慎谈治国之慎。为政治国何以要敬慎？怎样做到敬慎？孔子回答子贡的询问时，强调要“以道导之”，要时刻警惕，敬慎戒惧，要做到“懔懔焉若持腐索之扞马”。此语亦见于《古文尚书·五子之歌》。该篇记大禹之训说，强调为政者要心怀敬畏。

《孔子家语·好生》记孔子对子路说：“君子而强气，而不得其死；小人而强气，则刑戮荐蓁（zhēn）。”君子桀骜不驯，就不能善终；小人桀骜不驯，刑罚和杀戮就可能降临。治理国家要有忧患意识，懂得未雨绸缪的道理。如果这样做了，即使有别国想欺辱也难以得逞。为政要积极主动，措施得力。真正做到了这些，国家治理就会像《诗经·大叔于田》中所说“执辔如组，两骖（cān）如舞”。于是，孔子感慨地说：“为此诗者，其知政乎！夫为组者，总纰于此，成文于彼。言其动于近，行于远也。执此法以御民，岂不化乎？”治国效果好了，就如同驾车那样：手执缰绳如执组，两旁的马儿像跳舞。总纲执组之人，这头握着散乱的丝缕，那头却织成了各式的花纹。换言之，近处活动能影响到远处。用这个方法来管理国家，怎能不取得天下大治？因此，孔子认为“执辔如组，两骖如舞”的作者，确实懂得为政之道。

善于治国不是一句空话。孔子虽然把善于治国比喻为善于驾车，但真正的“善御”绝不简单，不能进行简单化理解。关于这一点，孔子弟子的论述很能说明问题。

据《孔子家语·颜回》篇记载，鲁国的东野毕是有名的“善御”者，鲁定公向颜回求证，颜回却说：“善则善矣。虽然，其马将必佚。”意思是其虽擅长于此，可他的马将来一定会逃逸。

作为孔子弟子，颜回是有名的君子。鲁定公听颜回这样说很不解，便对身边的人说：“君子原来也有诬陷人的。”有意思的是，三天后，马官报告东野毕的马跑了，在两边驾车的马逃脱了，只有中间的两匹马回到了马棚。定公听后十分震惊，催人去召颜回入朝，询问他何以知之。颜回答曰：“以政知之。昔者，帝舜巧于使民，造父巧于使马。舜不穷其民力，造父不穷其马力，是以舜无佚民，造父无佚马。今东野毕之御也，升马执辔，衔体正矣；步骤驰骋，朝礼毕矣；历险致远，马力尽矣，然而犹乃求马不已。臣以此知之。”

为政与驭马相同，都不能竭尽其力。如果不顾及百姓实际而搜求无度，百姓就难以忍受。驾车也要顾及马力，不可过度役使。大舜是明王，不穷其民力；造父善御，亦不穷其马力。东野毕则不同，他虽然在驭马技术等方面表现不错，但一味地历险致远，不顾及马本身的实力，使马力气用尽。

除了《孔子家语》，以驾车比喻治国的例子在其他典籍中也有很多，例如郭店楚简《成之闻之》中就有这样的论述：“上不以其道，民之从之也难。是以民可敬道（导）也，而不可弇（yǎn）也；可駬（御）

也，而不可掔（牵）也。”《成之闻之》属于孔子裔孙子思的作品，这与孔子的影响不无关联。这里，子思直接以驾车的道理来谈公共管理。在儒家众多同类记载中，《执辔》是以驾车比喻治国的专篇，通过对“御车马”与“御天下”的分析类比，表达了孔子对国家治理的思考，将这一问题讲得更系统更透彻。

《执辔》实际有两部分，第一部分记述孔子回答闵子骞问政，第二部分记述子夏与孔子谈论《易》之理。严格地说，只有第一部分是谈“执辔”问题。在这部分中，孔子借驾车谈治国，说“夫人君之政，执其辔策而已”，因此以“执辔”名篇。第一部分从闵子骞问政开始展开论述，说：“以德以法。夫德法者，御民之具，犹御马之有衔勒也。君者，人也；吏者，辔也；刑者，策也。夫人君之政，执其辔策而已。”孔子主张德治，提出为政治国应“以德以法”，把“德法”看成治国的方法、工具，以及国家治理的关键。

这里的“法”是礼法、法则、法度、规章。孔子将“德法”与“刑辟”对举，认为治国之君就像驾车的人，官吏如缰绳，刑罚如鞭策。所谓为政，其实就像御者手握缰绳、执其鞭策而驾车。

二、“德法”与“刑辟”

为政治国者，一手是德法，一手是刑辟，这就像驾马车者一手握着缰绳，一手拿着鞭子。这“两手”如何抓、怎么用，是国家治理的奥妙所在。

孔子说：“夫人君之政，执其辔策而已。”古代天子理政就像驾车，以内史为左右手，具体执掌德法、刑政。德政就是以德法治国，像御马之有衔勒。人君通过百官治吏，像执辔一样去施行德法；与之同时，又以刑罚作为补充，才能使德法更好地贯彻到整个社会治理中。古代先王采取这样的治理方式富有成效，所以“御天下数百年而不失”。

无论治国还是驾车，都有“善”与“不善”之分。善御马，策不举而极千里；善御民，刑不用而天下治。要取得社会治理的效果，就要以德法为本。“德法”之“法”，即通常所谓“礼法”之“法”，指法则、法度、规章，所以孔子将“德法”与“刑辟”对举。

此处所谓的“德法”，与中国传统“礼”的概念非常接近，也就是今天所说的德政与法治的统一体。据《孔丛子·刑论》，孔子在与卫将军文子的谈话中，把“礼”或“德”看作驾车时的马辔，他说：“以礼齐民，譬之以御，则辔也。以刑齐民，譬之以御，则鞭也。执辔于此而动于彼，御之良也。”二者相互印证，《执辔》中所谓的“德法”就是“礼”。

随后，孔子通过对“古之为政”的论述，具体阐发了为政观念和德刑论主张。

1. 治国必有德法和刑辟

为国之君“执其辔策”，是为政的具体方式，也就是通过“辔”传导德法、具体实施，以“策”作为保障，督促落地、塞缺补漏。这里没有特别强调刑罚，但绝非忽视或放弃刑罚。在孔子的心目中，“善御马”的前提之一，便是“齐辔策”。策即刑。作为德法的补充或辅助，刑是不可或缺的。

在孔子的相关论述中，这一观念十分清晰。例如《孔子家语·刑政》记孔子说：“太上以德教民，而以礼齐之；其次以政焉导民，以刑禁之，刑不刑也。化之弗变，导之弗从，伤义以败俗，于是乎用刑矣。”刑罚何时为用？应在德教难行之时。刑罚是德法的补充，刑之用以德为前提，且只用于愚顽不化、危害社会的害群之马。

2. 治国而无德法则民无修

孔子认为，治国者不可丢弃德法而专用刑罚，否则一定会造成严重的后果。德法是规则，是法则，是正道；以德法治国，民众会遵道而行，循理而动。善治国者必法盛德厚。德法是治国的基础，以德法治国就是抓住了治国的根本。孔子说：“不能御民者，弃其德法，专用刑辟，譬犹御马，弃其衔勒而专用棰策，其不制也，可必矣。夫无衔勒而用棰策，马必伤，车必败；无德法而用刑，民必流，国必亡。治国而无德法，则民无修，民无修则迷惑失道。”

“刑罚暴则迷惑失道”，历史上这类正反两面的经验教训有很多。孔子说：“苟乱天道，则刑罚暴，上下相谀，莫知念患，俱无道故也。”《孔丛子·刑论》也记孔子说：“吾闻古之善御者，执辔如组，两骖如舞，非策之助也。是以先王盛于礼而薄于刑，故民从命。”孔子又说：“执辔于此而动于彼，御之良也。无辔而用策，则马失道矣。”德法与策、礼与刑，重点应放在前面。

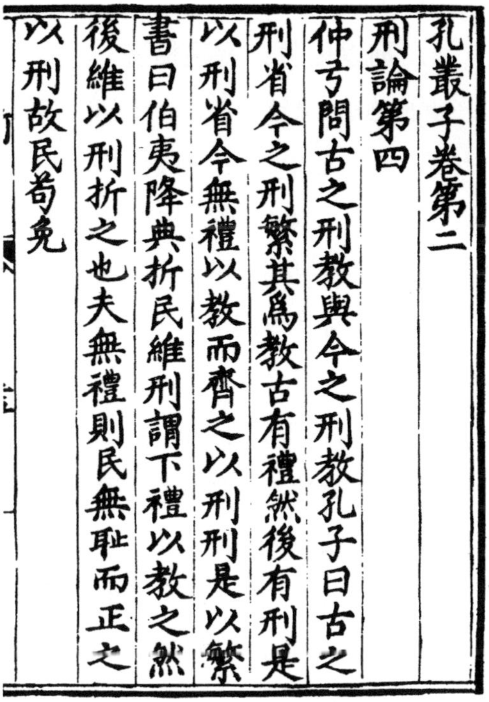
孔叢子卷第二
刑論第四
仲弓問古之刑教與今之刑教孔子曰古之
刑省今之刑繁其爲教古有禮然後有刑是
以刑省今無禮以教而齊之以刑刑是以繁
書曰伯夷降典折民維刑謂下禮以教之然
後維以刑折之也夫無禮則民無耻而正之
以刑故民苟免

图 8-2 《孔丛子·刑论》

3. 法盛、德厚而天下治

重视德法，当然不是舍弃或忽视刑罚。与法盛或德厚相对的是刑薄，或者可以说，法盛、德厚则一定意味着刑薄。“政美”之人为众所称颂者，必定是“天地之所德”“兆民之所怀”。善治国者盛德薄刑，要“壹其德法，正其百官”，正如善御马者“正衔勒，齐辔策”。御马的重点在于“均马力，和马心”，御民的重点在于“均齐民力，和安民心”。

孔子重视德治，倡导为国以礼，主张先礼后刑，盛礼薄刑。《孔丛子·刑论》记载冉雍询问古今“刑教”之别，孔子说：“古之刑省，今之刑繁。其为教，古有礼然后有刑，是以刑省；今无礼以教，而齐之以刑，刑是以繁。”孔子认为，欲教化民众，为政者首先应为政以礼，以德待民，树立德行。如果民众缺少公共意识，不明礼义荣辱，不讲公德法纪，心中没有规矩意识，为政者只靠高压政策约束民众，结果只会徒增刑罚。所以，礼盛而法行，“盛于礼而薄于刑，故民从命”，即孔子提倡重视教化，反对不教而杀。

4. **刑以佐教，宽猛相济**

重视德法，当然不是放弃刑策；不弃刑策，也不是乱用或滥用刑策。这是孔子表述的题中之义。他说“策不举而极千里”“刑不用而天下治”，策、刑之“不用”，却有其不用之用，乃“刑以止刑”。孔子又说：“不能御民者，弃其德法，专用刑辟，譬犹御马，弃其衔勒而专用棰策，其不制也，可必矣。”他反对“专用刑辟”“专用棰策”，反对“专用”不是不用，而是“刑以佐教”。

刑不专用是孔子的一贯主张。据《孔丛子·刑论》，孔子谈论鲁国公父氏“听狱”，能使“有罪者惧，无罪者耻”，孔子对此十分赞赏。公父氏明察秋毫，断案量刑准确，不仅使有罪者畏惧，还能让人明白是非曲直。孔子又说：“齐之以礼，则民耻矣。刑以止刑，则民惧矣。”设置刑罚的目的在于节制刑罚。惩恶不是终极目的，劝善才是最高宗旨。

关于德、刑关系，《左传·昭公二十年》记录了孔子的话：“政宽则民慢，慢则纠之以猛。猛则民残，民残则施之以宽。宽以济猛，猛以济宽，政是以和。”《尚书·大禹谟》载“明于五刑，以弼五教”，《孔丛子·论书》记孔子说“五刑所以佐教也”，观点十分明确。孔子在其整理的《尚书》中，反复说“明德”，这是周人的传统政治观念。但需要明确的是，儒家讲“明德慎罚”，而不是放弃刑罚；所谓“德主刑辅”，要思考刑何以辅德。

孔子对于德刑关系的思考严谨而细密，全面而深刻。孔子说：“道之以政，齐之以刑，民免而无耻；道之以德，齐之以礼，有耻且格。”孔子又说：

“古之知法者能远狱。”“能远于狱，其于防深矣。寡怨近乎滥，防深治乎本。”为政者以礼义教化劝善，用法律刑政惩恶，惩恶与劝善“不失其理”，使人有礼知耻，无耻则正之以刑。敬刑所以为德，只要广施教化，慎用刑罚，就能使百姓远离刑狱。

孔子格外强调德治，不过以德治国的功效不太明显，历史上不易见到。正如《大戴礼记·礼察》所说：“凡人之知，能见已然，不能见将然。礼者禁于将然之前，而法者禁于已然之后，是故法之用易见，而礼之所为生难知也。”“礼之所为生”是说礼的微妙与大用。所以《礼察》篇说：“礼云礼云，贵绝恶于未萌，而起敬于微眇，使民日徙善远罪而不自知也。”前文已指出，礼者，德法也。《执辔》篇孔子有关德法论的重要意义端在于斯！

三、御政之术及进退缓急

有了正确处理德刑关系的认识，接着就是探索国家治理的具体方略与方法。设计合理的管理架构，建立健全运行模式，附随有效的考核考察机制，才会收到理想的治理效果。驾车要均马力、和马心，治国要均齐民力、和安民心，这既是方式与方法，也是目标与追求。

在孔子看来，古之“为政”而“御天下”，最根本的框架就是“以六官总治”，这样的方法切实可行。为了更好地总理六官，天子以内史、三公作为自己的助手。孔子说：“天子以内史为左右手，以六官为辔，已而与三公为执六官，均五教，齐五法。”内史是王室中的重要职官，辅佐太宰管理爵、禄、废、置等政务，以及颁布王之策命等。孔子在此处专论治国，并言明内史是天子治国的助手。以内史管理六官，就好像手执缰绳驾驭马车。再有三公辅佐执掌六官，从而施行五教，整治五法。按照王肃在《孔子家语》注中的说法：五教，父义、母慈、兄友、弟恭、子孝也；五法，仁、义、礼、智、信之法也。

“以六官总治”，目的在于“事治而功成”，要达到这样的政治管理效果，孔子的思考又可分为三个层面：

1. 御政之术：政治管理框架

治理国家需要六官分职，从而实现全面行政。六官各有自己的职责，按照《执辔》篇的说法，其具体履职方式是：“冢宰之官以成道，司徒之官以成德，宗伯之官以成仁，司马之官以成圣，司寇之官以成义，司空之官以成礼。”掌握了六官之治，相当于六辔在手。在这里，我们应该得到一个非常重要的启示，即《执辔》篇中所述负责“成德”之教的司徒紧接冢宰之后，地位突出。这就是说，社会政治管理一定要以道德为先，必须把道德问题当成重中之重。欲使天下有道，成德之教必须紧紧跟上。

值得特别注意的一个细节是，孔子在叙述六官职掌“在手以为辔”之后，又接着说“司会、均仁以为纳”。这里所说的是“司会”对六官的总体掌握。司会也是一个非常重要的官职，相当于冢宰的副手。

说到“司会”，我们会想到现在的“会计”，在职能上二者的确有相似。纳与“軜”相通，是两骖马内侧系贯于轼前系环的缰绳。《荀子·正论》篇有“三公奉轭持纳”。王肃《孔子家语》注曰：“司会，掌邦之六典、八法之戒，以周知四方之治，冢宰之副。故不在其六辔，至当纳位。”均仁，就是公平公正的仁义之心。这也体现了司会的关键地位。《周礼》的记载正是如此，司会为天官之属，主管考察财政、经济及百官政绩。

司会大约与太宰相辅相成。《周礼》中有“太宰”，具体职掌是“建邦之六典”，辅佐君王治理天下邦国。六典，即治典、教典、礼典、政典、刑典、事典。六典又分属冢宰、司徒、宗伯、司马、司寇、司空，而由冢宰总领。在《周礼》的职官制度中，太宰地位最高。冢宰设卿一人，这就是太宰。太宰位于百官之上，不仅管理天官一系，还要将地官司徒、春官宗伯、夏官司马、秋官司寇、冬官司空这五官统摄起来，故《周礼》说太宰“以佐王均邦国”，此处又说“以佐王治邦国”。均仁，清人方苞解释说：“合教、礼、政、刑、事而成治，治之使各得其分，谓之均。”这大致也是“均仁以为纳”中“均”的意思了。

如何管理六官？孔子说：“御四马者执六辔，御天下者正六官。是故善御马者，正身以总辔，均马力，齐马心，回旋曲折，唯其所之，故可以取长道、可赴急疾。此圣人所以御天地与人事之法则也。”圣人治国，政治清明，可取长道，可赴急疾。而要取得这样的效果，必须以上率下，正身为国。这里出现的两个“正”很重要，一是御马者本人正身，再就是御天下者正六官。

在“以六官总治”的框架中，御马者正身以总辔、司会均仁以为纳，六官之“正”就有了保障，就可以“唯其所引，无不如志”。君王想要引导某一目标或方向，想要达到某种治理效果，就能够如愿。这样，“均五教，齐五法”也就不难实现：“以之道则国治，以之德则国安，以之仁则国和，以之圣则国平，以之礼则国定，以之义则国义。”天下有道而国治，这取决于天官。国家有正气，人心不扭曲，需要冢宰之官以其执掌而成道。司徒之官执掌人心教化，负责化育天下以成德，使社会安宁安定。冢宰和司徒最为重要，他们负责人的管理与人心教化。宗伯、司马、司寇、司空则分别对应仁、义、礼、圣。

《执辔》篇记载的孔子所说的六官也见于《周礼》。《周礼》本称《周官》，所记为“周之官政”，应该属于周代的国家管理体系。《周礼》把全国的管理机构分成天官、地官、春官、夏官、秋官、冬官六大部分，与《执辔》篇所载六官正相对应。天官冢宰主管朝廷及宫中事务，地官司徒主管土地与民事，春官宗伯主管祭祀与礼仪，夏官司马主管兵战与军事，秋官司寇主管刑事与诉讼，冬官司空主管手工业与建设。六官各自分设数量不等的官属，构建成管理系统。《周礼》与《孔子家语·执辔》篇可以对比参看。

这里有一个信息值得关注。按王肃《孔子家语》注的说法，“齐五法”之“五法”指仁、义、礼、智、信之法。其实，这里的“五法”很可能指仁、义、礼、智、圣。儒家有五行之说，郭店楚简《五行》篇中有“德之行”与“行”的区分，即“形于内谓之德之行”“不形于内谓之行”，以此区分道德行为与非道德行为。郭店楚简《五行》篇中的“五行”指仁、义、礼、智、圣。学界认为，马王堆帛书关于“五行”的论述是对子思《五行》的“解”，这可能是孟子的发挥。孟子的仁、义、礼、智“四端”说受到《五行》观点的影响，而将五行理解为“仁、义、礼、智、信”是汉代产生的流变。“圣”作为一种德行，与其他四种有所不同。

《执辔》篇“司马之官以成圣”和“以之圣则国平”的说法，也透露了《孔子家语》文本形成时代的信息，这着实令人感慨！因为像《孔子家语》这类中国古代典籍的成书问题，只有走进古代思想的世界，钻研到文本深处，才能看得清楚，否则就很难从疑古的闭环中走出来。

2. 进退缓急：权力运行过程

在特定的架构之下，权力如何有效运作才是关键。孔子说：“故御者同是车马，或以取千里，或不及数百里，其所谓进退缓急异也；夫治者同是官法，或以致平，或以致乱者，亦其所以为进退缓急异也。”同样是驾车，不一定都走得平稳；同样是治国，不一定都能安定。造成这种不同的原因在于所把握的“进退缓急”不同。

何谓“进退缓急”？怎样正确处置？答案应该是在六官权力运行过程或为政实践中，具体把握好用心的重点、用力的次序。着力点不同，治政效果就不同，这需要执政者根据具体情况适时调整。人有过失是正常的，但需要及时纠正，“过失人之情，莫不有焉，过而改之，是为不过”。

如何调整或纠正？《执辔》篇载：

> 故官属不理，分职不明，法政不一，百事失纪，曰乱。乱则饬(chì)冢宰。地而不殖，财物不蕃，万民饥寒，教训不行，风俗淫僻，

人民流散，曰危。危则饬司徒。父子不亲，长幼失序，君臣上下，乖离异志，曰不和。不和则饬宗伯。贤能而失官爵，功劳而失赏禄，士卒疾怨，兵弱不用，曰不平。不平则饬司马。刑罚暴乱，奸邪不胜，曰不义。不义则饬司寇。度量不审，举事失理，都鄙不修，财物失所，曰贫。贫则饬司空。

这段记载也表明了六官各自的具体政治责任与目标，理政效果的具体呈现也隐含其中。天下无道则乱，社会失德则危，没有仁爱则不和，军心不稳则不平，刑罚不中则不义，诸事失理则无礼。这些现象一旦出现，就需要“饬”，即需要六官及时告诫、震慑，并进行诫勉、整改。

读《执辔》至此，我们很自然又想到《周礼》。《执辔》篇所述，不仅与《周礼》精神相通，而且文字也高度一致。孔子所说“六官”就是《周礼》中的天官、地官、春官、夏官、秋官、冬官。令人惊讶的是，《周礼》六官以及太宰一职的职掌，也与《执辔》篇孔子所述一一对应：

《周礼》：乃立天官冢宰，使帅其属，而掌邦治，以佐王均邦国。治官之属……一曰治典，以经邦国，以治官府，以纪万民。

《执辔》：冢宰之官以成道……以之道则国治……故官属不理，分职不明，法政不一，百事失纪，曰乱。乱则饬冢宰。

《周礼》：乃立地官司徒，使帅其属，而掌邦教，以佐王安扰邦国。教官之属……二曰教典，以安邦国，以教官府，以扰万民。

《执辔》：司徒之官以成德……以之德则国安……地而不殖，财物不蕃，万民饥寒，教训不行，风俗淫僻，人民流散，曰危。危则饬司徒。

《周礼》：乃立春官宗伯，使帅其属，而掌邦礼，以佐王和邦国。礼官之属……三曰礼典，以和邦国，以统百官，以谐万民。

《执辔》：宗伯之官以成仁……以之仁则国和……父子不亲，长幼失序，君臣上下，乖离异志，曰不和。不和则饬宗伯。

可见，孔子所说六官及其管理职责，基本是以《周礼》六官系统为依据的。孔子没有明确提及《周礼》其书，但如果《孔子家语》所引用的材料没有问题，那么它基本可以说明《周礼》的成书远在孔子时代以前。在《执辔》篇的记载中，孔子所言非常明确，他所谓的“以六官总治”是“古之御天下”的情形。那么，孔子口中的“古”在何时？孔子言其“古”，《周礼》的成书问题又该如何看？

研究《周礼》者可能没有想到，《孔子家语》中竟然有如此重要的材料，可以证明《周礼》成书的时代。

3. 治国之要：施政效果保障

孔子说：“夫季冬正法，孟春论吏，治国之要。”在孔子的心目中，古时天子治国还有值得称道的一点，那就是对官吏的考核与考查。考查有重点，那就是德行；考查有定时，在季冬和孟春。监督和总结之所以重要，是因为天子可以通过考查有效地观治乱、正百官、行德法。

考核或考查当然不仅仅是形式上的鉴定而已，也不是对违纪者的简单处置，而是救偏补弊，强化德行，推行德政，使政令畅通。“治国之要”包括两项内容：

第一，季冬正法。天子经常在冬季的最后一个月考查官吏德行，了解治乱，端正法令：官吏德行盛则天下太平，德行衰则天下混乱。天子如此考查官吏德行，坐在朝廷之上就能知晓国家之治乱。官吏德行盛说明法令得宜，官吏德行不盛说明需要整顿法纪，只有法与政皆合于德政，管理效果才不会降低。

季冬考核正法的重点在于德，这个考核也是考德。考德是具体手段，而其中蕴含了王道追求。天下王道行，人人须讲德，为政以德以法，才能事治而功成。要取得这样的效果，治国实践中必须理解进退缓急，以救偏补弊，这就需要一套指标重点突出、程序合理规范的官员考核机制。考德正法之所以一般选在季冬进行，其中含有在一岁之末“回头看”或“年终总结”的意味。

第二，孟春论吏。天子在春季第一个月考论官吏，这也是对季冬正法的继续与深化。季冬考德包含道德、行动、实绩、能力四个方面：能德法者为有德，能行德法者为有行，能成德法者为有功，能治德法者为有智。德、行、功、智四个方面，即道德、勤奋、实绩、能力，相当于现今对官员德、勤、绩、能的考核。

在孟春进行的论吏工作，显然涉及考德结果的运用和官员职务的升降。“论吏”其实就是“奖惩”，就是“干部调整”。“论”通“抡”，有比较、选拔、拣选之意。通过表彰与整治官员，发挥奖惩的杠杆作用，就好像驾车者使用辔与策，发挥马缰绳、马鞭子的功能。考核就是风向标、指挥棒，考核的重点就是工作的重点。考核德行，就是引导官员各敬其德，恪尽职守。

四、什么是“治世之待”

无论驾车还是治国，自然都有用心用力之处，都有进退缓急之分。在社会治理中明白和把握“治国之要”，致思与行动要分得清轻重。孔子说：“攻乎异端，斯害也已！”这里讲的是“禁入杂学”，攻习异端学说有害无益。他希望人们不要用心于那些背离正道的学说或观念，要治正学，拒邪说，关注国计民生的关键问题。

在《执辔》篇中，除了孔子回答闵子骞问政的部分，还有子夏与孔子谈论“易之理”及谈论《山书》内容的部分，这些内容与“执辔”的篇题不契，与以驾车喻治国的主题关涉也不密切。《孔子家语》的编者将此部分内容编入《执辔》，也许是要从相反的方面说明把握“治国之要”的重要性。

子夏与孔子谈论《易》理，表面看来与篇题不合，但显示了孔子政治思想的价值取向。子夏论《易》的内容，在《大戴礼记》中被单独置篇，题名为“易本命”，在今本《大戴礼记》中作为第八十一篇，置于全书的最后。在《执辔》篇中出于子夏之口的论《易》内容，到了《大戴礼记》中却属于“子曰”，全部变成了孔子的话，让人匪夷所思。按照《执辔》篇的记述，孔子对子夏的论述似乎并不十分赞赏。

子夏所谈是《易》理之中人类和鸟兽、昆虫产生时所受元气的分限，如“人十月而生”“马十二月而生”“蚕食而不饮，蝉饮而不食，蜉蝣不饮不食”之类。子夏说：“而凡人莫知其情，唯达德者能原其本焉。”子夏说完，问孔子然否。孔子说：“然，吾昔闻老聃亦如汝之言。”

子夏接着又谈《山书》的内容。与前述《易》之奇偶、气分之说相近，子夏提到了“坚土之人刚，弱土之人柔”“食水者善游而耐寒，食土者无心而不息”“食肉者勇毅而捍，食气者神明而寿，食谷者智惠而巧”等内容。在讲述这些“殊形异类之数”后，子夏说：“王者动必以道，静必顺理，以奉天地之性，而不害其所主，谓之仁圣焉。”子夏说完后出去了。子贡问孔子如何看待这些说法，孔子反过来问子贡。子贡说：“微则微矣，然则非治世之待也。”他认为子夏之说固然精细微妙，却不是治理社会所需要的。随后孔子说：“然，各其所能。”孔子对于子贡这一评价表示赞同。

孔子曾问礼于老子，他的思想也受到老子的影响。但孔子又与老子不同，孔子关注现实，主张积极入世。因此，子夏的高论可能没有引起孔子太多的兴致。孔子和子贡认为，就社会政治管理而言，有些学问虽然精微却远离社会实际，所以不应是用心用力的重点。

孔子、子贡所说的“治世之待”是《执辔》篇后一部分的重点与关键。儒家道德论是建立在特定的政治架构基础之上的，而不会是空洞的空中楼阁。孔子自称“从周”，常“梦见周公”，说周代礼乐制度“郁郁乎文哉”，其中当然也包括周之“官政”。西周礼制“鉴于二代”，是在“损益”夏、商之制的基础上形成，可谓完备而成熟。孔子的“选贤与能”“为政以德”等政治主张，正是以这些制度为前提的。

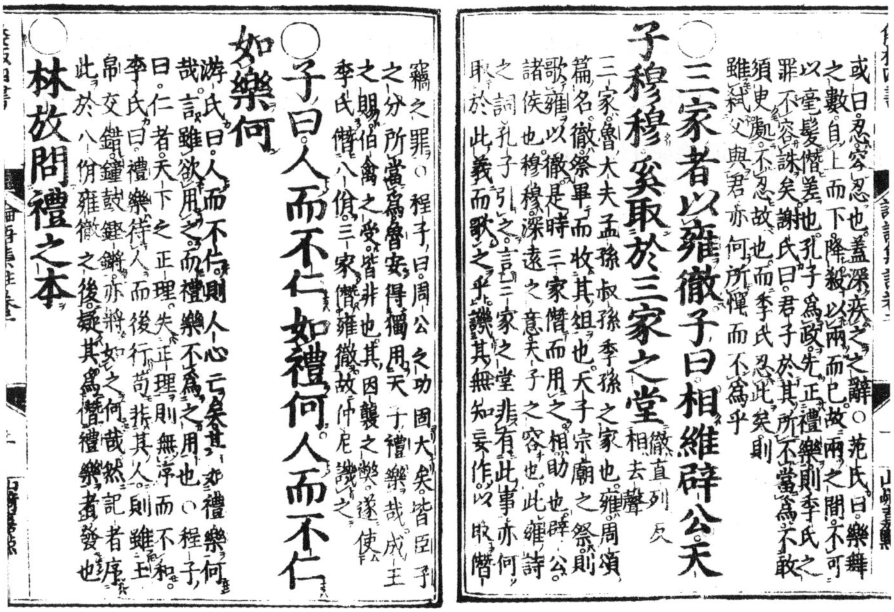
或曰：忍，容忍也。蓋深疾之之辭。○范氏曰：樂舞之數，自上而下，降殺以兩而已，故兩之間，不可以毫髮僭差也。孔子為政，先正禮樂，則季氏之罪不容誅矣。謝氏曰：君子於其所不當為不敢須臾處，不忍故也。而季氏忍此矣，則雖弒父與君，亦何所憚而不為乎？

三家者以雍徹。子曰：「相維辟公，天子穆穆」，奚取於三家之堂？

徹，直列反。相，去聲。○三家，魯大夫孟孫、叔孫、季孫之家也。雍，周頌篇名。徹，祭畢而收其俎也。天子宗廟之祭，則歌雍以徹，是時三家僭而用之。相，助也。辟公，諸侯也。穆穆，深遠之意，天子之容也。此雍詩之詞，孔子引之，言三家之堂非有此事，亦何取於此義而歌之乎？譏其無知妄作，以取僭竊之罪。○程子曰：周公之功固大矣，皆臣子之分所當為，魯安得獨用天子禮樂哉？成王之賜，伯禽之受，皆非也。其因襲之弊，遂使季氏僭八佾，三家僭雍徹，故仲尼譏之。

子曰：「人而不仁，如禮何？人而不仁，如樂何？」

游氏曰：人而不仁，則人心亡矣，其如禮樂何哉？言雖欲用之，而禮樂不為之用也。○程子曰：仁者天下之正理。失正理，則無序而不和。李氏曰：禮樂待人而後行，苟非其人，則雖玉帛交錯，鐘鼓鏗鏘，亦將如之何哉？然記者序此於八佾雍徹之後，疑其為僭禮樂者發也。

林放問禮之本。

图 8-3　“人而不仁，如礼何？人而不仁，如乐何？”

孔子是“接着周公讲”的，这是全面、完整把握孔子思想体系的前提。周公作《周礼》，孔子进一步思考完善，使“以六官总治”的政治管理体系成为中国古代政治制度的主流。它之所以完备而成熟，是因为它抓住了重点与关键，所谓“人君之政，执其辔策而已”，以“辔”引方向，以“策”守底线，对于公共权力来说，还有比这更为紧要的吗？孔子不厌其烦所论述者，正是如何从内心深处去解决行正道、走正路、不偏离和守底线的问题。这个源自三代、定型于周初的制度，对此后的中国历史产生了巨大影响。南北朝时期的“北周六典”，隋唐以至清朝的“三省六部制”，都是它的延续。从西周算起，这一制度竟然存在了近三千年，它的合理性也许就存在于它的体系架构和运行机制之中。

观念文化一定有其相对应的制度层面设计。儒家思想是伦理体系，是社会理论，也是属于特定政治管理体系的思维。孔子及其以后儒家的社会观念、伦理主张，都是对周代社会政治的思考。无论“天下为公”“大同小康”还是“修齐治平”“政者正也”，都基于“自天子以至于庶人”的政权架构和政治体系，是对“人而不仁，如礼何？人而不仁，如乐何”（《论语·八佾》）的深沉思索。其可贵之处，在于强调硬性权力约束和不能“弃其德法”，重视道德感召的力量。

第九章

孔子设教及其重大成就

处在春秋末年的乱世，孔子自觉以承传“先王之道”为己任。他“好学”而博学多闻，通晓诗、书、礼、乐等知识，很早就受到普遍敬重。于是他广收门徒，开门授学。孔子“诲人不倦”（《论语·述而》），努力宣扬自己的思想学说，开创了儒家学派。儒家之所以对后世中国教育产生了巨大影响，首先归功于孔子家学教育的切实实践。孔子好学、善学，更知人、善教，他从教时间久、培养人才多，形成了系统的教育理论，对后世中国教育产生了极其深刻的影响。

一、“有教无类”办家学

孔子以前，学在官府，教育被贵族垄断。春秋以来，贵族教育开始没落，官府收藏的典籍文献也开始散落民间，不少在官学中任教的人也流散到平民中去。作为下层的“士”，孔子较早立起家学旗帜，招收弟子，推动了学术下移。在各国中，鲁国是家学出现较早的国家。春秋中期，柳下惠可能也曾兴办家学，但限于实证材料不足，详细情况不得而知。就现有资料看，孔子的家学影响最大，可视为中国教育由“学在官府”向“学在民间”转移的标志。

儒学产生之前，社会上早已经有“儒”的存在。“儒”本是作为“术士”出现的，早在殷商时代，就已出现以相礼为职业的“儒”。西周春秋时期，“儒”在社会上还具有较高地位，“儒”之学属于“君子之学”① 范畴。

① 张家山二四七号汉墓竹简整理小组：《张家山汉墓竹简（二四七号墓）·奏谳书》，文物出版社2001年版。

《说文解字》段玉裁注解“儒”为“优也”“柔也”，是基于社会教化的柔性特征，从以知识、道德教人的角度而言。“儒”通“濡”，因为教化人心、移易民风本就是一个“润物细无声”的过程。孔子所创立的“儒家”与先前的“儒”相比，更多地具有了教化社会、安定人心的意义。

在孔子以前，社会上早已具有深厚的教化传统，从事教化之职的人被称为“师”与“儒”。《周礼·天官·太宰》说“师，以贤得民”“儒，以道得民”，郑玄注：“师，诸侯师氏，有德行以教民者。儒，诸侯保氏，有六艺以教民者。”孙诒让在《周礼正义》中说“儒”泛指诵说诗、书、该通术艺者。孔子收徒施教，正是“先之以《诗》《书》，而道之以孝悌，说之以仁义，观之以礼乐，然后成之以文德”（《孔子家语·弟子行》）。孔子正是一位以诗、书、礼、乐为教的传统儒者。

孔子时代，“不学《诗》，无以言”“不学礼，无以立”（《论语·季氏》），诗、书、礼、乐的知识是社会管理人才的必修课、基本功，不懂礼仪几乎无法从事社会政治生活与外交活动，这使得贵族们普遍认识到学习礼仪的重要性和紧迫性。例如，孟僖子为鲁国“三桓”之一，是春秋后期的鲁国司空。据《左传·昭公七年》记载，有一次，他随同鲁昭公出访楚国，“郑伯劳于师之梁。孟僖子为介，不能相仪。及楚，不能答郊劳”。孟僖子深以不能以礼处理外交事务为耻，于是发奋学习周礼，遇到精通礼仪的人就跟从他学习。正因如此，他临终之时，还嘱咐其子孟懿子与南宫敬叔师事孔子。

春秋时期“礼崩乐坏”，不少贵族士人认为当时正处在“无道”的乱世，而要使天下归于“有道”，就必须加强礼乐教化，以礼治国。这又强化了人们的礼治观念，因此，春秋时期礼治主义思潮空前高涨。这样一来，在位的贵族君子要加强学习，不在位者也可凭礼乐之学进位，“学而后入政”（《左传·襄公三十一年》）逐渐成为制度，为下层民众提供了进入贵族阶层的机会。

孔子之好学使他声名远播，特别是孔子适周问礼，结识老子，得以了解周代礼乐之大体，更坚定了孔子好学的信念。由此，孔子的影响力更大。孔子声名之远播，特别是孟僖子让儿子向孔子学礼，显然是对孔子治礼成就的一种肯定。孔子也逐渐受到社会的普遍重视，从而得到委任，获得了从政的机会。鲁定公以孔子为中都宰，随后孔子由中都宰而司空，由司空而大司寇，还担任了为国君“相礼”的工作。孔子本人由下层知识分子“学而后入政”，对那些希望晋身贵族阶层的平民来说，无疑是一个楷模。

孔子的民办教育，与官办教育在内容上具有很大的相通性。《大戴礼记·保傅》曰：

> 古者年八岁而出就外舍，学小艺焉，履小节焉。束发而就大学，学大艺焉，履大节焉。

自西周以来，中国就特别注重教育。关于古代的教育，南宋时期朱熹《大学章句序》中有一种说法：“人生八岁，则自王公以下，至于庶人之子弟，皆入小学，而教之以洒扫、应对、进退之节，礼、乐、射、御、书、数之文；及其十有五年，则自天子之元子、众子，以至公、卿、大夫、元士之适子，与凡民之俊秀，皆入大学，而教之以穷理、正心、修己、治人之道。”古代学制即如此，大学乃相对于小学而言，小学学习各种知识，大学学习做人治世。朱熹

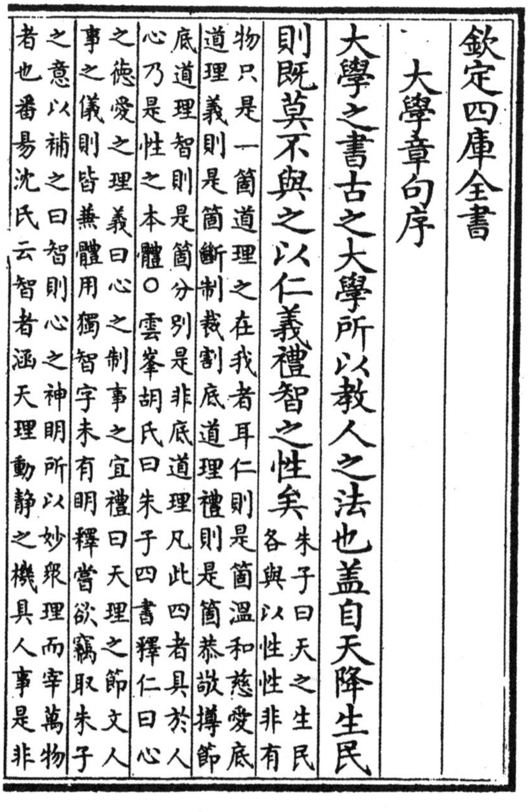
欽定四庫全書
大學章句序
大學之書古之大學所以教人之法也蓋自天降生民
則既莫不與之以仁義禮智之性矣朱子曰天之生民各與以性性非有
物只是一箇道理之在我者耳仁則是箇溫和慈愛底
道理義則是箇斷制裁割底道理禮則是箇恭敬撙節
底道理智則是箇分別是非底道理凡此四者具於人
心乃是性之本體○雲峯胡氏曰朱子四書釋仁曰心
之德愛之理義曰心之制事之宜禮曰天理之節文人
事之儀則皆兼體用獨智字未有明釋嘗欲竊取朱子
之意以補之曰智則心之神明所以妙衆理而宰萬物
者也番易沈氏云智者涵天理動靜之機具人事是非

图 9-1　朱熹《大学章句序》

认为，《大学》之书乃古之大学所以教人之法。春秋末年，贤圣之君不作，学校之政不修，教化陵夷，风俗颓败，孔子于是独取先王之法，诵而传之以诏后世。三千之徒，盖莫不闻其说，而曾子之传独得其宗，于是作为传义，以发其意。

宋代有人说道："又《新书》曰：'五帝大学，谓之成均；三王大学，谓之辟雍。'经：'天子曰辟雍。'董仲舒曰：成均，五帝之学是也。盖以天道设教者，五帝也，故大学曰成均。以人道设教者，三王也，故大学曰辟雍。"（卫湜《礼记集说》卷二十九）周代以前，我国已经十分注重对人的教育。根据《周礼》的说法，那时国子八岁而出就外舍，束发而入大学；公卿之世子、大夫元士之适子，十有三始入小学，十八入大学。明代学者分析说："国子与王子共学，必稍长，乃知贵贱之礼，上下之分，且使王子有辅仁之益，故其期不同。"（柯尚迁《周礼全经释原》卷四）《周礼》职官有师氏、保氏，"师氏，德行，大学之教也；保氏，艺仪，小学之教也"。又有大司乐，大司乐掌成均之教，成均就是太学。"太学之教，道德以率先之，诗、书、礼、乐以涵泳鼓舞之，故大司乐既掌学政，又延有道有德者教焉，使国子心思向慕既在于道德。"

孔子从事的教育，在内容上以诗、书、礼、乐为中心，继承了周代传统。周代的小学、大学皆有"六艺"之名，内容不同，相互衔接。小学学习洒扫、应对、进退之节，及礼、乐、射、御、书、数之文。这就相当于我们现在小孩子学习的课程与技艺，同时学习具体行为规范与礼仪。到了十五岁，就要学习穷理、正心、修己、安人之道。穷理其实就是了解人心、了解社会，以及了解自然。这是礼的基础，如此才能正心修己而安人。具体而言，学生在"小学"阶段所学之"节"包括打扫卫生、整理内务、弟子之仪、交流交往、做事方式之类；所学之"文"，包括礼仪礼节、弹奏演唱、拉弓射箭、驾驭马车、认字写字、数学算术等。到了大学，学生所学之"六艺"指六种科目：诗、书、礼、乐、易、春秋。后来，孔子为六科编订了教材，即《诗》《书》《礼》《乐》《易》《春秋》六经。

《论语·卫灵公》曰“有教无类”、这是孔子的教育主张，也是孔门教育的具体实践。孔子认为，不论贵族子弟，还是其他任何阶层，都可以接受教育。为此，他广招门徒，不论贫富、贵贱，任何人都可以到他的门下接受教育。他创办家学，打破了当时“学在官府”的局面，开创了中国古代家学的先例，在中国教育史上具有划时代的意义。

图 9-2 明代吴彬孔子杏坛讲学图轴（孔子博物馆藏）

在孔子的话语体系中，从人格意义上讲，人与人之间是平等的。但如果把“平等”进行绝对化、片面化的理解，则否定了教育的价值与意义。事实上，道有高下，智有深浅，人可以分为不同的品类。例如：

子曰：“中人以上，可以语上也；中人以下，不可以语上也。”（《论语·雍也》）

孔子曰：“生而知之者，上也；学而知之者，次也；困而学之，又其次也；困而不学，民斯为下矣！”（《论语·季氏》）

子曰：“唯上知与下愚不移。”（《论语·阳货》）

孔子曰：“人有五仪：有庸人，有士人，有君子，有贤人，有圣人。审此五者，则治道毕矣。”（《孔子家语·五仪解》）

正因为人与人之间存在差异，所以教育、交往的方式也存在不同。孔子说："可与言而不与之言，失人；不可与言而与之言，失言。知者不失人，亦不失言。"(《论语·卫灵公》)可以同他谈，却不同他谈，这是错过人才；不可以同他谈，却同他谈，这是说错了话。明智的人既不错过人才，也不说错话。孔子谈论人们之间的差异，也是为了勉励更多的人摆脱平庸，成为"中人以上"，提高自己的格局与境界，主动担负社会义务与责任。

孔子何以说"君子喻于义，小人喻于利"？这与他强调人的差别有异曲同工之处，即如何追求社会管理的效果。正如"夏虫不可语冰"，无论教育还是管理，都要区别具体对象，不可盲目行动，不能没有管理的智慧。儒家教育就是培养有格局的人，培养大人君子，造就更多"中人以上"的人。

正是由于有教无类，所以孔子弟子有"三千"之众；"三千"看起来数量很多，显得鱼龙混杂。据记载，南郭惠子就这个问题询问过子贡：

> 南郭惠子问于子贡曰："夫子之门何其杂也？"子贡曰："君子正身以俟，欲来者不距，欲去者不止。且夫良医之门多病人，檃栝（yǐn kuò）之侧多枉木，是以杂也。"(《荀子·法行》)

按照子贡的解释，孔子作为君子，他要做的就是端身正己，履行使命。对那些想来求学的人，他的态度是来者不拒；对那些想要离去的人，他的态度是不必勉强。良医门前多病人，矫正曲木之器的旁边多弯木，所以夫子的门下很可能鱼龙混杂。

然而，孔子家学的"有教无类"，兼容并蓄，使得下层平民有了受教育的机会，这是由"血而优则仕"到"学而优则仕"的转变。它打通了仕进的路，使很多人据此实现由"野人"到"君子"的转变，使更多的人看到希望，也拓宽了社会发展进步的道路。

关于孔子办学，《论语·先进》曰："德行：颜渊、闵子骞、冉伯牛、仲弓；言语：宰我、子贡；政事：冉有、季路；文学：子游、子夏。"《论语·述而》则说："子以四教：文，行，忠，信。"孔子弟子禀赋不同，各有所长，于是孔子因材施教。《周礼·地官·师氏》注："德行，内外之称。在心为德，施之为行。"德行，即道德、品行，这也是孔门四科中最为重要的一科；言语，宾主相对之辞；政事，治国之政；文学，指先王典籍文献。四种分科自然不是排他的，培养一个人，就要使其全面成长；虽然培养德行最为重要，但也要根据个人天赋有针对性地进行培养。

孔子弟子的德行、言语、政事、文学"四科"，主要是从横向方面讲的；而文、行、忠、信"四教"，则是从纵向方面讲的。"文"就是学文求道，就是学习经天纬地之道。"行"就是学了以后去做，学习行动路线图，学习行动法则。孔子给了弟子们行动法则。孔子说"行笃敬"（《论语·卫灵公》）。"忠"就是无论是学还是行，都不能半途而废。要笃信好学，守住善道，按照该做的坚持做下去。孔子说"人不知而不愠，不亦君子乎"，在纷繁的世界里，树立这样的人格非常重要，即百折不改其志、千苦不变其愿，富贵不淫、贫贱不移、威武不屈。有诸己之谓信，"信"就是心中始终有圣人大道的指引。确立了人格，心中有道，就要使之充实、广大、美好。这就是孔子所说的"君子怀德"和"君子怀刑"（《论语·里仁》）。

学习先王政典，付诸切实行动，以忠信作为底色，这就是孔子的教育思路。孔子重视以"孝悌"为本，希望一个人的生命在家庭扎根，走向社会后与人处事而有忠、与朋友交而有信，这样他就可以"立"于社会了。在人际交往中，孔子的理想即"朋友信之"（《论语·公冶长》），他还说"民无信不立"（《论语·颜渊》）。"朋友信之"即让朋友信任。使人觉得可信、感到可信是一种良好的人际关系。这个"信"，是诚信，是信实，是诚实无欺。《孟子·尽心下》曰"有诸己之谓信"，《国语·晋语二》曰"定身以行谓之信"，《礼记·经解》曰"民不求其所欲而得之谓之信"。人际交往以"信"为基础，这应该是每个人心中的道。果真如此，人就确立了坚实的人格。

孔子所办教育与官学相对，是"学在官府"的官学没落背景下接续官学的家学。孔子的教育不是私学，更不是为一己之私，他有"天下为公"的情怀，而且这是他毕生的理想与追求。司马迁也以孔子弟子为其家学传人，他在《史记》中专立《孔子世家》。孔子去世后，以“孔子家”为中心，孔子弟子及鲁人“世世相传”以“岁时奉祠”，诸儒在这里举行乡饮大射之礼。孔子与他的弟子一起形成了中国最早的学统，他的“家学”是“儒学”，是“为公”之学、“省私”之学、“成德”之学。就与官学的关系而言，孔子之学“背私为公”，只是学术的下移，所以称呼孔子之学，“私学”远不如“家学”合适。

二、“成人”与“成德”

《孔子家语·弟子行》中有一段很重要的记载，清晰地展现了孔子的教学体系。其中说：

> 吾闻孔子之施教也，先之以《诗》《书》，而道之以孝悌，说之以仁义，观之以礼乐，然后成之以文德。盖入室升堂者，七十有余人。

孔子进行“文德”教育，培养的弟子都是文德的典范。认真研究孔子的这一教学框架，会发现其中有严密的内在结构，有符合教育规律的深层逻辑体系。这里所谓“先之以《诗》《书》”就是以《诗》《书》为先，着眼于使受教育者确立人生的方向；“道之以孝悌”讲的是以孝悌为引导，表明德行教育要抓根本、讲次第；“说之以仁义”即“以仁义说（悦）之”，人“待悦而后行”（《郭店楚墓竹简·性自命出》），强调人的成长教育要以仁义为核心；“观之以礼乐”是说礼乐仪式可作为重要的教育方式与辅助手段；“成之以文德”则明确了教育要以修道明德为目标。

孔子在教授弟子“修齐治平”的君子之道、为政之道时，特别强调志趣要高远宏大，品德修养要做到内外和谐与统一，他告诫弟子：“女为君子儒，无为小人儒。”（《论语·雍也》）孔子致力于培养“依于仁”（《论语·述而》）、“立于礼”（《论语·泰伯》）、“文质彬彬”（《论语·雍也》）的君子，以引领世道人心，这是孔子施教、培养人才的目标。孔子看重君子人格的养成，看重人的成长，包括心性的成长和知识的提升。

孔子讲“君子不器”（《论语·为政》），又说“君子藏器于身”（《周易·系辞下》）。正如《礼记》所说“德成而上，艺成而下”（《礼记·乐记》），这当然不是轻视技艺，而是强调道德的重要性，强调以道德统领技艺，把德性放在前面。每个人都需要有能力，都需要“博学于文”（《论语·雍也》），但绝不能仅仅有能力，还必须“行己有耻”（《论语·子路》）。西方学者强调“知识就是力量”，中国思想家同样重视对知识的学习，但也强调在提升力量前需先确定方向。

文德教育是孔门教学的灵魂，是儒家教化的中心。儒者，濡也，以先王之道能濡其身。孔子儒学牢笼天地，包蕴精微，但一言以蔽之，它关心的还是人心的和顺、社会的和谐。中国古代的书院教育就是儒学教育，其方式、方法、路径、目标都与孔子的“施教”方法和教学体系深度契合，对今天进行传统文化教育极具启发与指导意义。《孔子家语·王言解》记孔子言：

> 夫道者，所以明德也；德者，所以尊道也。是以非德道不尊，非道德不明。虽有国之良马，不以其道服乘之，不可以道里。虽有博地众民，不以其道治之，不可以致霸王。

正确的价值体系决定德行的方向，人的德行体现其价值与信仰。没有好的德行，作为价值体系的“道”可能就是模糊的。孔子所兴办的教育，目的在于通过文德的培养使人们树立正确的价值观。有了正确的道，才能有良好的德；有了正确的价值体系，才能有良好的行为方式。只有这样的人越来越多，国家才能不断强大。

孔子关心社会与国家，他的教学继承了诗、书、礼、乐传统，更增强了其中关于道德的内涵。《史记·孔子世家》载："孔子以诗书礼乐教，弟子盖三千焉，身通六艺者七十有二人。"他进行"六艺"之教，却强化了成人意识，更加注重成德教育。在孔子的教育体系中，"成人"绝不仅仅是一个年龄概念，其重点是指人之社会性人格的健全，也就是人的道德内涵的饱满。提到"成人"，人们往往着眼于人的身材、体力或智力，从而将"成人"理解为"达到完全发育的人""成年的人"。其实在孔子那里，所谓"成人"，更多的还是指人的道德人格的养成。"成人"当然首先是一个年龄概念，人生而幼，不可谓成人。幼而学，学而长，人的学习与成长应是社会道德内涵不断扩充的过程。早期儒家强调"人与禽兽"的区别，就是说人具有社会性、具有道德，应与其他动物不同。

孔子对"成人"的认识，有深刻的文化背景。最晚自西周开始，中国已经有了比较完备的成人礼。男子行冠礼，女子行笄（jī，古代束发用的簪子）礼。因为时代的原因，那时一般士人二十而冠，天子、诸侯、大夫及其子的冠礼则早于士人。女子十五岁可许嫁，许嫁则笄；如未许嫁，则二十而笄。贵族子弟、民之俊秀，受大学之教而学以穷理、正心、修己、治人之道。经过几年的学习，一个人由少年而青年，由不谙世事的孩子变成能够承担社会义务的成年人。行冠礼之后，他们开始享有成年人的权利，开始对婚姻、家庭和社会尽自己的责任。因此，冠礼就是对其"成年"的认可，是其正式步入"成年人"行列的标志。

冠礼是人生礼仪的重要环节，行过冠礼，证明此人已经长大成人，已经可以结婚成家，可以作为成人社会的正式成员。一个人行过冠礼，就应当对社会伦理或行为准则有较为准确的认同，就应当实实在在地担负起自己的职责，尽自己的义务，不应当使自己的行为继续停留在孩提时代。

冠礼是人生最基本的礼仪之一，人成为"人"，不仅要能够行礼，还要自觉以礼来约束自身。《礼记·冠义》指出："凡人之所以为人者，礼义也。礼义之始，在于正容体，齐颜色，顺辞令。"人之为人，在于懂得礼义，人在成人之后应当穿着得体，行为得当，言辞和顺，不应再像顽皮的孩童那样对什么都不管不顾。

《礼记·冠义》说：“成人之者，将责成人礼焉也。责成人礼焉者，将责为人子、为人弟、为人臣、为人少者之礼行焉。”社会基本伦理是父子、兄弟、君臣、夫妇、朋友，对于一个长大成人的“人”，应当懂得“人义”，即做人的基本要求。《礼记·礼运》记孔子说：“何谓人义？父慈、子孝、兄良、弟弟、夫义、妇听、长惠、幼顺、君仁、臣忠，十者谓之人义。”人年满二十，行过冠礼之后，便应认同这些人伦准则，从而取得实践“人义”的基本前提。

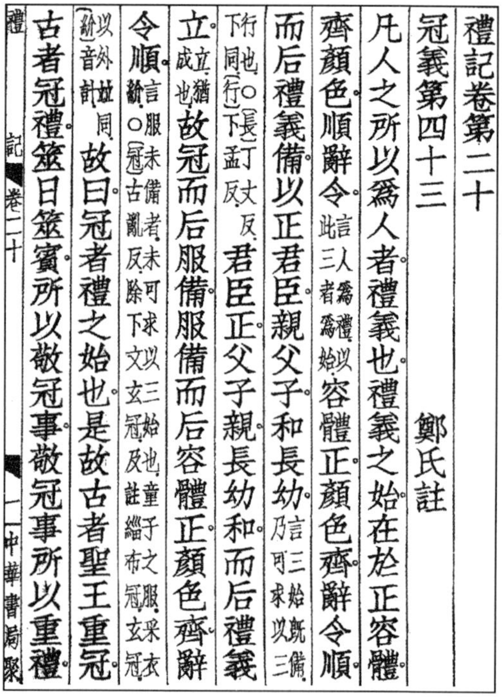
禮記卷第二十
冠義第四十三　鄭氏註
凡人之所以爲人者。禮義也。禮義之始。在於正容體。齊顏色。順辭令。言人爲禮以此三者爲始。容體正。顏色齊。辭令順。而后禮義備。以正君臣。親父子。和長幼。言三始既備乃可求以三行也。○長丁丈反下同。行下孟反。君臣正。父子親。長幼和。而后禮義立。立猶成也。故冠而后服備。服備而后容體正。顏色齊。辭令順。言服未備者未可求以三始也。童子之服采衣紒。○冠古亂反。除下文玄冠。及註緇布冠。玄冠以外並同。紒音計。故曰冠者禮之始也。是故古者聖王重冠。古者冠禮筮日筮賓。所以敬冠事。敬冠事所以重禮。
禮記　卷二十　一　中華書局聚

图 9-3　《礼记·冠义》

按照规定，士人行冠礼后要依次拜见国君、大夫，受拜见的人往往会对其有一番教导，这对于刚刚成年的人非常有益。比如，《国语·晋语六》就记载了一番意味深长的话：

> 戒之，此谓成人。成人在始与善，始与善，善进善，不善蔑由至矣；始与不善，不善进不善，善亦蔑由至矣。如草木之产也，各以其物。人之有冠，犹宫室之有墙屋也，粪除而已，又何加焉？

刚刚成年的人一定要谨慎戒惧。从进入成人阶段开始，就要学习美善之道，进而吸收、增加更多才德和学识，摒弃不善的东西；如果一开始就接触、接受邪恶的东西，就会走向不善。就像草木，都是按照类别繁衍滋生。

人有成人之冠，就像宫室应当常常清扫，除此之外，没有更好的办法。

人之“成人”向善，应当自觉遵守社会规范，按照礼的标准行事。《左传·昭公二十五年》有言：

> 礼，上下之纪、天地之经纬也，民之所以生也，是以先王尚之。故人之能自曲直以赴礼者，谓之成人。

所谓“自曲直”，就是自己要有正确的价值观、是非观，有正确的人生追求，形成自我约束能力。所以，“成人”能够修正自身，有分辨是非的能力，能随时纠正自己的行为。任何社会都会有一定的道德标准和行为规范，人只有自觉遵守，才算是合格的社会成员，才能承担起自己的义务。

人有仁德是做人的基本前提，是“成人”的基本要求。孔子认为，“成人”首先应是具有知识的人，并且对社会有基本的认知。当颜回向孔子请教“成人之行若何”时，孔子说：

> 达于情性之理，通于物类之变，知幽明之故，睹游气之原。若此可谓成人矣。既能成人，而又加之以仁义礼乐，成人之行也。（《孔子家语·颜回》）

孔子认为，“成人”应当通达人类本性的原理，通晓各类事物的变化，了解各种物象产生的缘故，洞察风云变化的根源。但“成人”与“成人之行”又有不同。在孔子看来，一个人有了知识，具有了“成人”的基本前提，然后再施以仁义、礼乐进行教化，才会具备“成人”的德行。

孔子弟子子路也曾向孔子请教“成人”的问题，孔子回答说：

> “若臧武仲之知，公绰之不欲，卞庄子之勇，冉求之艺，文之以礼乐，亦可以为成人矣。”曰：“今之成人者何必然？见利思义，见危授

命，久要不忘平生之言，亦可以为成人矣。”（《论语·宪问》）

从这里看，一个人仅仅有聪明才智、清心寡欲、勇敢无畏、多才多艺，即有“知（智）”“不欲”“勇”“艺”等优秀素质，不可谓之“成人”。孔子强调的仍然是“礼乐”，以“文之以礼乐”作为“成人”的必要条件。孔子认为看到财利而想到道义，见到危难而勇于担当，长期困顿却不忘平生追求，这就是“成人”。对不同的弟子，孔子的回答也具有一定针对性。子路学习礼乐不足而勇力有余，孔子劝其在此基础上继续努力，也符合“成人”的要求。

孔子强调礼乐的约束作用，认为仅有技能或仅有某个方面的素质，还不是全面发展。解决了“治学”问题，不等于解决了“做人”问题。没有礼的约束，人往往偏向一端，不仅不能“成人”，而且会使一些原本可贵的品质走向反面。例如，孔子曾与子路讨论关于“勇”与“义”的关系问题：

子路曰：“君子尚勇乎?”子曰：“君子义以为上。君子有勇而无义为乱，小人有勇而无义为盗。”（《论语·阳货》）

所以，一个人希望成为君子，但缺乏“成人”之思，就可能偏离正确方向。孔子曾说：

恭而无礼则劳，慎而无礼则葸，勇而无礼则乱，直而无礼则绞。（《论语·泰伯》）

毫无疑问，恭、慎、勇、直都是优秀的品质，但没有礼的制约，一味地恭、慎、勇、直，就会带来种种弊端，甚至酿成大乱。

总之，孔子所教乃大学之教，即成人之教、成德之教。孔子口中常常说的“学”，即学以“赴礼”，学以“成人”，能自曲直。任何社会都有一定的道德标准和行为规范，人只有自觉遵守，才算是合格的社会成员。一个人不仅能“正容体，齐颜色，顺辞令”，更能遵守礼法，守护道德，自觉担负起应有的社会义务和责任，这才是孔子“成人”之教的真意。

孔子修习礼乐，希望能治国平天下，但他的主张却不见容于时代。他有自己独立的政治品格，以“择木之鸟”自喻，以“危邦不入，乱邦不居”的标准决定是否出仕。孔子期望的“有道”政治始终没有出现，最终只能“退而修诗、书、礼、乐”，在从政无门的情况下，转而收徒讲学，继续从事教育事业。

三、孔子的教育成就

孔子曾说：“自行束脩（xiū）以上，吾未尝无诲焉。”（《论语·述而》）他从事的是大人之学、成德之教。这里所谓的“束脩”，首先是一个年龄概念，是说孩子到了一定年龄，有心问道愿意来学，孔子都加以教诲。

以往，许多学者认为“束脩”是十条干肉，是学生送老师的“学费”。其实，这里的意思是“束带修饰”。唐李贤《后汉书》注：“‘束脩’谓束带修饰。郑玄注《论语》曰‘谓年十五已上’也。”这是《大戴礼记·保傅》所说“束发而就大学，学大艺焉，履大节焉”的“大艺”“大节”，即“束发”而学的意思。

孔子所教，乃穷理、正心、修己、安人之学，此即所谓大人之学。这类学问，年龄太小的孩童无法理解，故孔子所收学生虽“有教无类”，但也必须达到一定的年龄。所以《孔子家语·本姓解》曰：“齐太史子与适鲁，见孔子。……遂退而谓南宫敬叔曰：‘今孔子先圣之嗣……然凡所教诲，束脩已上，三千余人。’”

关于孔子弟子的数量，历来有“弟子三千”之说。此说亦见于《吕氏春秋·遇合》篇，其曰：“委质为弟子者三千人。”后来，司马迁在《史记·孔子世家》中说：“孔子以诗书礼乐教，弟子盖三千焉，身通六艺者七十有二人。”《孔子家语·观周》篇也明确记载：“自周反鲁，道弥尊矣。远方弟子之进，盖三千焉。”《七十二弟子解》篇又载：“右夫子弟子七十二人，弟子皆升堂入室者。”

关于孔子弟子的数量，《孔子家语·弟子行》中有一条重要资料：

> 卫将军文子问于子贡曰：“吾闻孔子之施教也……盖入室升堂者，七十有余人。其孰为贤？”……子贡曰：“夫子之门人，盖有三千就焉。赐有逮及焉，未逮及焉，故不得遍知以告也。”

这条信息十分重要。孔子长期从事教学活动，收授弟子众多，“三千”乃取其整数。“三千就”显然是指数量众多，故子贡云“不得遍知”。《孔子家语·弟子行》不仅言明“三千”，而且用一个“就”字特意表明及于孔子之门之意。司马迁说“弟子盖三千焉”，此处的“盖”同样是“大约”的意思。孔子三千弟子情况各有不同，学业有成的就有七十多人。

提到孔子弟子，以往模糊的说法是“七十子”。被公认比较“正实”① 的《论语》中，有姓名著录的孔子弟子仅 27 人②，但其他先秦典籍记载的人数却远远超过此数。如《孟子·公孙丑上》云“如七十子之服孔子也”，《韩非子·五蠹》亦言“而为（仲尼）服役者七十人”，《吕氏春秋·遇合》谓“达徒七十人”，《史记·仲尼弟子列传》则引述孔子之言谓“受业身通者七

① 孔安国：《孔子家语后序》，马端临《文献通考·经籍考十一·经》。

② 崔述：《崔东壁遗书·洙泗考信录》卷三，上海古籍出版社 1983 年版，第 403 页。

十有七人”。这几处记载与《史记·孔子世家》所载“身通六艺者七十有二人”不符。

《孔子家语·七十二弟子解》虽然记录了七十七位孔子弟子的名字①，却仍然采用了“七十二弟子解”这一标题，说明七十二弟子这个说法在当时已经深入人心，广为流传。实际上，孔子弟子的数目“七十二”“七十六”“七十七”均无不可。顾实先生对此曾有论述，他认为，七十子或言七十，或言七十二，或言七十七，盖七十七为确数，余皆随文便举之数。② 他指出“七十七”是弟子的确切数目，而“七十二”与“七十”相同，只是举其成数，并没有更深含义。不过，他说“七十二”与“七十”都是“随文便举之数”是对的，但若说“七十二”和“七十”同样没有深义，恐怕不妥。对此，有学者分析认为，七十二并非像七十那样是简单地举其成数，而与当时的阴阳五行学说有着密切的联系，是一个具有特殊意义的数字。③ 可见，“七十二弟子”的说法早已存在，只是用“七十二”这个特殊数字替代“七十七”这个普通数字而已。

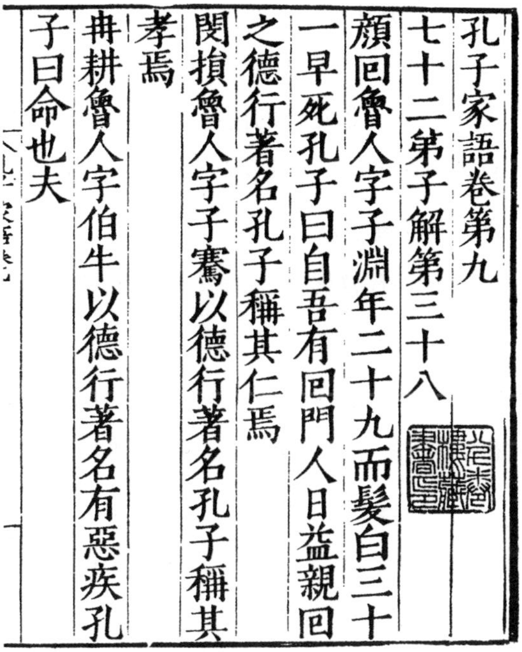
孔子家語卷第九
七十二弟子解第三十八
顏回魯人字子淵年二十九而髮白三十
一早死孔子曰自吾有回門人日益親回
之德行著名孔子稱其仁焉
閔損魯人字子騫以德行著名孔子稱其
孝焉
冉耕魯人字伯牛以德行著名有惡疾孔
子曰命也夫

图 9-4　《孔子家语·七十二弟子解》

《孔子家语》作“七十二弟子”，其实在该书其他章节中也能够找到不

① 实际上今本《孔子家语》中只有七十六位弟子，脱去“颜何”，但《史记索隐》在“颜何”名下说“《家语》字称”，可知《孔子家语》中原有此人。

② 顾实：《汉书艺文志讲疏》，上海古籍出版社 1987 年版。

③ 胡兰江：《七十子考》，北京大学 2002 年博士学位论文。

少有关材料，如《孔子家语·五帝》篇中记孔子语：“昔丘也闻诸老聃曰：‘天有五行：水、火、金、木、土。分时化育，以成万物，其神谓之五帝。’”王肃注：“一岁三百六十日，五行各主七十二日也。化生长育，一岁之功，万物莫敢不成。”老聃此言，与《孔子家语·执辔》篇子夏向孔子请教“《易》之义”的记载相通。子夏说到了“八九七十二，偶以从奇”之类的话，孔子说：“吾昔闻老聃亦如汝之言。”这说明“七十二”的确另有深意，并非随意取名。①

孔子“有教无类”（《论语·卫灵公》），他的弟子主要来自鲁国和齐国，还有的来自秦、陈、宋、卫、晋、楚、吴、蔡等国。这些学生的家境、身份地位千差万别：其中有许多人是家庭贫苦者，如颜回“一箪食，一瓢饮，在陋巷”（《论语·雍也》），又如仲弓父为“贱人”（《史记·仲尼弟子列传》），家境贫寒；也有一些家境很好的，如孟懿子和南宫敬叔等人出身贵族，子贡则是富商大贾；还有的人曾经坐牢，如公冶长便曾“在缧绁（léi xiè，捆绑犯人的黑绳索，借指监狱、囚禁）之中”（《论语·公冶长》）；也有少数人曾经行为不端，如子路是“卞之野人”，“性鄙，好勇力”，颜涿聚是“梁甫之大盗”。以往，他们中有的人很难有受教育的机会，孔子则不问其出身和经历，将他们收在门下，耐心教育，引导他们走上成才之路。

从培养从政治国人才的目标出发，孔子把道德教育作为教学的主要内容，吸收平民子弟入学，主张“学而优则仕”（《论语·子张》），以诗、书、礼、乐等“六艺”教授学生，使他们“志于道，据于德，依于仁，游于艺”（《论语·述而》），希望他们入仕从政后能够成为“士”或“君子”。

孔子的教学实践取得了极大成就，而且在长期的教育活动中，孔子逐渐形成了系统的教育思想，他的弟子也成为他教育思想的传人。他的教育理论与其政治思想密切相连，他主张“仁政”“德治”，恢复周礼，

---

① 参见刘萍《〈孔子家语〉与孔子弟子研究——以〈弟子行〉和〈七十二弟子解〉为中心》，曲阜师范大学2006年硕士学位论文。

这当然不是全盘回到西周，而是有所变革。他认为应当用“举贤”的办法补充世袭制，以造就更多的“贤臣”和“良民”。与之相适应，孔子把培养“贤才”作为教育的目的，在教学实践中总结出一系列符合教学规律的原则和方法。

第一，对教育重要意义的认识。孔子认为教育对社会发展具有重要作用，是立国、治国的三大要素之一，教育事业的发展要建立在经济发展的基础上，提出先富后教的主张。《论语·子路》记载：“子适卫，冉有仆。子曰：‘庶矣哉！’冉有曰：‘既庶矣，又何加焉？’曰：‘富之。’曰：‘既富矣，又何加焉？’曰：‘教之。’”在此，孔子扼要地阐明了他由“庶”而“富”而“教”的治政纲领。

孔子强调后天教育的重要价值，认为教育在人的发展过程中起关键作用，提出“性相近也，习相远也”（《论语·阳货》），以及“少成若天性，习贯之为常”（《大戴礼记·保傅》）的观点，指出人的天赋素质相近，而后天学习则是造成人们才能差距的关键，这也是孔子“有教无类”思想的理论基础。

第二，培养“士”“君子”的教育目标。孔子教育的基本目的是培养“志道”和“弘道”的志士和君子。他说“人能弘道，非道弘人”（《论语·卫灵公》），“士志于道，而耻恶衣恶食者，未足与议也”（《论语·里仁》）。他的学生对此颇有体会，例如曾子说：“士不可以不弘毅，任重而道远。”（《论语·泰伯》）“学而优则仕”是孔子教育理论的重要方面。孔子说“不患无位，患所以立”，孔子的弟子们学有所成则参加政治活动，他们“散游诸侯，大者为师傅卿相，小者友教士大夫”（《史记·儒林列传》）。

第三，具体的教育原则与方法。孔子强调“知人”，善于根据学生在学业和性格上的特点因材施教，他说“不知言，无以知人也”（《论语·尧曰》），并在与弟子们的谈话中了解弟子，根据他们的不同的特点进行教育。他注意循循善诱、循序渐进，说：“不愤不启，不悱不发，举一隅不以三隅反，则不复也。”（《论语·述而》）孔子常用的方法有三种：由浅入深，由易到难；能近取譬，推己及人；叩其两端，以求真知。这都是他长期教学、思考而创获的真知灼见。

第四，“学而不厌，诲人不倦”的态度。孔子热爱教育，他温故而知新，因而不失其亲（新），有丰富的实践经验。他评价自己：“若圣与仁，则吾岂敢？抑为之不厌，诲人不倦，则可谓云尔已矣。”（《论语·述而》）作为教师，孔子自称“发愤忘食，乐以忘忧，不知老之将至”（《论语·述而》），又说“三人行，必有我师焉”（《论语·述而》），“敏而好学，不耻下问”（《论语·公冶长》）。

第五，指导学生学习的方法。孔子主张学、思结合，说“学而不思则罔，思而不学则殆”（《论语·为政》）；要学、习结合，“温故而知新”（《论语·为政》）；要学、闻结合，“多闻择其善者而从之，多见而识之”（《论语·述而》）；要学、用结合，“耻躬之不逮也”（《论语·里仁》），“耻其言而过其行”（《论语·宪问》）；要有实事求是的态度，“知之为知之，不知为不知”（《论语·为政》）。正如《中庸》所概括的，孔子的学习经验是“博学之，审问之，慎思之，明辨之，笃行之”。

图9-5 清朝康熙皇帝手书“万世师表”匾额（台北故宫博物院藏）

第十章

孔子学说及其内在结构

面对天下无道、“礼坏乐崩”的社会现实，孔子对上古三代的历史文化特别是周代礼乐文化加以反思和总结，抽象其根本精神，倡言“修己以安人”的忠恕之道，建构了以礼、仁、中庸等为基本内容的思想学说。

孔子思想的发展有一个历史过程。基于“礼坏乐崩”的社会现实，孔子早年关注最多的是“礼”，中年后开始越来越多地提到“仁”，议论“仁”与“礼”的关系。随着社会阅历的增加，孔子的人生境界逐渐得以提高，他的“中庸”学说日臻成熟，晚年更达至“从心所欲，不逾矩”的佳境，并在《易传》中对其进行了阐发。孔子思想的深刻，体现在他对人性与天道的思考，也体现在他对民生的关切与深切体察。

一、天下为公的大同理想

孔子曾表述自己的社会政治理想，这就是同见于《孔子家语·礼运》和《礼记·礼运》篇中的“大同”说。《孔子家语·礼运》记孔子之言：

> 大道之行，天下为公，选贤与能，讲信修睦。故人不独亲其亲，不独子其子，老有所终，壮有所用，矜寡孤疾，皆有所养。货恶其弃于地，不必藏于己；力恶其不出于身，不必为人。是以奸谋闭而不兴，盗窃乱贼不作，故外户而不闭。谓之大同。

孔子追求的社会理想境界是“天下为公”。天下大道流行，则人人讲求公共意识和公德意识，而不是逞一己之私。推举有德行有能力的人管理社会，人与人之间诚信相待、和谐相处。社会成员都为社会发展做出积极贡献，而不是为自己的私利而劳作，不占有财物为自己所独享。人们互相关心、互相帮助，共享和平安乐。未成年人受到良好的教育健康成长，成年人有合适的工作发挥作用，老人得到赡养而安度晚年，鳏寡孤独者都能得到照拂与关爱。这样的社会没有阴谋诡计，没有弱肉强食，没有野蛮欺诈，也没有强盗窃贼，人们生活安闲平和，甚至可以夜不闭户。这便是孔子心目中的“大同”社会。

图 10-1　孙中山“天下为公大道行”横幅（中国国家博物馆藏）

孔子心中的“大同”又被称为“大顺”。《孔子家语·礼运》说：

> 四体既正，肤革充盈，人之肥也；父子笃，兄弟睦，夫妇和，家之肥也；大臣法，小臣廉，官职相序，君臣相正，国之肥也；天子以德为车，以乐为御，诸侯以礼相与，大夫以法相序，士以信相考，百姓以睦相守，天下之肥也。是谓大顺。顺者，所以养生送死、事鬼神之常也。故事大积焉而不苑，并行而不谬，细行而不失。深而通，茂而有间，连而不相及，动而不相害，此顺之至也。

肥，本义是多肉，这里所说的“肥”有茁壮、兴旺之意。礼“达天道，顺人情”，人人守礼，保有公心，就有“人之肥”“家人肥”“国之肥”“天下之肥”，此即孔子理想的“大顺”境界。

需要注意的是，“大道之行，天下为公”，这个“为”是动词，有“做”的意思；“公”与“私”相对，人不自私，就要有公心，这是指人作为

“人”所应有的社会性。所以《说文解字》引韩非曰“背私为公”。这个道理并不复杂，人们都属于特定的社会关系，人人都有所属，有家、有国、有社会，因此必须考虑这样的一个具体存在，从而心里装着“公”，具有公共意识、公德意识。“天下为公”正是希望人们不自私，多思考“人之所以为人”的问题，做一个合格的社会人。

孔子所说“大道之行，天下为公”，还体现了“公道”。有“公”才有“道”；没有“公”，何求“道”？人的社会关系主要有君臣、父子、夫妇、兄弟、朋友五个方面，处理好这些关系是社会和谐稳定的基础，《中庸》说“君臣也，父子也，夫妇也，昆弟也，朋友也，五者天下之达道也”。除了这五种关系，社会中的其他关系可以说是由这些关系派生出来的；而处理好这些关系，需要努力修身，人人有“道”。这个“道”就是孔子的恕道，即推己及人、换位思考。主动修身的人越多，社会就越有公道。

在孔子和早期儒家那里，“公”是处理各种关系的基本原则，其内涵和外延都很丰富。历史上，很多人曾论证人的自然性与社会性的关系，认为“人之所以为人”，应当遵守社会的规范，这些都可包含在“公”的概念内。作为社会人，人不能只考虑个人，而要使自己的行为符合社会角色的要求，这才算做到了“公”，才符合“道”的要求。这其实就是要人们自觉弘扬社会公德、职业道德、家庭美德、个人品德，从而形成讲道德、尊道德、崇道德的社会风尚。

从表面看，孔子的“大同”理想是对为政者提出的要求，但其更为关键的是对社会人心的教化。孔子认为全体民众应该心系天下，以宽广的胸怀对待现实世界，以天下人的利益为重。孔子经常与弟子们谈论社会、人生，谈论志愿、理想。一次，孔子对弟子说了自己的理想：

老者安之，朋友信之，少者怀之。（《论语·公冶长》）

这短短的十二个字，内涵极其丰富。孔子斯语，其实都是使动用法，即“使老者安，使朋友信，使少者怀”。孔子希望全社会的老人都安享晚年，朋友之间以忠信相交，即“为人谋”而忠，“与朋友交”而信，所有的少年都能够怀抱理想，有正确的追求。

图 10-2 《圣迹图》之“四子侍坐”图

孔子曾与弟子曾点、子路、冉求、公西华谈论志向，弟子们分别谈了自己的想法。子路希望以礼治国，认为自己可以用三年的时间让一个饱受内忧外患的中等邦国振奋精神，大行礼义；冉求希望尽快发展经济，使一个小国的人民都过上富足的日子。公西华则愿意身穿礼服、头戴礼帽，在邦国的外事和祭祀活动中充当司仪。

曾点的志向与诸位不同，他最后说：

> 莫春者，春服既成。冠者五六人，童子六七人，浴①乎沂，风乎舞雩（yú），咏而归。（《论语·先进》）

---

① 根据江西南昌海昏侯墓葬出土的《论语》，此字很可能本来作“容”，“浴”与“容”因字形相近而讹。“容乎沂”之“容”，与孔子幼时“陈俎豆，设礼容”之“容”义同。

曾点在想象，如果到了暮春三月，人们已经换上了春天的衣服，希望能够与成年人们带领一群孩子，到沂河边准备礼容，在舞雩台行祈雨祭祀的仪式，结束之后一路唱歌走回家。

与子路、冉求、公西华相比，曾点的志向看起来并不远大，但孔子对曾点的表述十分赞赏。在孔子看来，曾点所向往的正是一番升平景象，这种令人惬意的感觉，这种宁静的生活，只有在国家强盛、人民富足、没有内忧外患的情况下才能实现。更为重要的是，这种祥和与安宁，乃基于礼义大行、国家大治。

在与弟子们“农山言志”① 时，孔子的理想表现得最为具体生动。一天，孔子到鲁国北部游览，登上农山山顶，弟子子路、子贡、颜渊在一旁陪侍。孔子四下远望，认为在这个地方适合静心思考，便让弟子们谈谈自己的志向，最后由他进行评论。

图 10-3 《圣迹图》之“农山言志”图

---

① 农山，或作“戎山”等，在鲁国北部。此记载又见于《韩诗外传》卷九、《说苑·指武》等。

在弟子们的表述中：子路似乎更想做一位勇武的将军，子贡则希望发挥自己的辩才。但颜回与他们都不同，颜回说：

> 回愿得明王圣主辅相之，敷其五教，导之以礼乐，使民城郭不修，沟池不越，铸剑戟以为农器，放牛马于原薮，室家无离旷之思，千岁无战斗之患。(《孔子家语·致思》)

颜回希望能辅佐贤明的君主，布施父义、母慈、兄友、弟恭、子孝五种教化，用礼乐教导民众，让百姓不用去修建城墙，无须越过护城河打仗，将刀枪剑戟都熔铸成农具，在原野湖畔放牧牛马，夫妇没有分别的相思之苦，天下没有战争的灾难。

颜回说完，孔子变得非常严肃，赞赏道："美哉德也!"对于子路的"勇"、子贡的"辩"，孔子似乎也进行了夸赞，但孔子更欣赏颜回的志向。颜回的志向"不伤财，不害民，不繁词"，果真能够实现，那么子路"无所施其勇"，子贡"无所用其辩"。显然，颜回的志向更令孔子满意，也十分契合孔子的"王道"理想，与孔子"大同社会"的理想非常一致。

二、率性修道的人性思索

人人向往清平大同的社会，然而，一个不言自明的道理摆在人们面前，那就是这样的社会不是凭空产生的，它需要人素养的提升，需要对人心进行教导与教化。由此，儒家开始了对天道、人性问题的思索。

所有的人都有两重属性——自然性、社会性。作为自然人，人人都有自己的喜怒哀乐，都有自己的七情六欲。但人又不是完全独立的存在，都属于不同的家庭、社区、邦国，具有不同的社会身份。那么，如何处理好自己与他人、集体、社会的关系？这就是孔子思想的核心问题。

孔子具体论述过“道德”，他说：“夫道者，所以明德也；德者，所以尊道也。是以非德道不尊，非道德不明。”（《孔子家语·王言解》）“道”很抽象，用老子的话说“道可道，非常道”（《老子》第一章），“道”有时说不明白，但又无处不在，人的德行实际上都被“道”衡量、鉴别。《大学》说“大学之道，在明明德”，“大人之学”就在于“明德”或“明其明德”。“道”就是来观察每个人德行的。如果遵从“道”，按照“道”去行事，德行就会好，否则，德行就会差。“道”可用于“明德”，“德”亦可用于“尊道”。

乍听起来，“德”和“道”非常抽象，“道”与“德”也可合成一个词。社会要良好运行，就需要每个人提高德行。符合人道的德行就是应有的德行，否则就不应该有。如果社会败德的行为层出不穷，该做的不做，该做好的没做好，这就是“天下无道”了。——此即“道”和“德”的关系。

每个人的行为就是每个人“德行”的表现，德行好不好，以及是否符合社会规范，总有一个无形的东西在支配。孔子说：“虽有国之良马，不以其道服乘之，不可以道里。”一匹非常好的马，如果驯服不了它，它就不顺从，也不会拉车走多远。这里的“道”是驯马之道。治国之道呢？孔子说：“虽有博地众民，不以其道治之，不可以致霸王。”（《孔子家语·王言解》）一个国家，即使地广人多，但治理“不以其道”，国家也强大不起来。

国家有治国之道，做人有为人之道，“道”要求人们自觉提高德行。要做到这一点，就要对“道”心存敬畏。“道”是什么呢？连老子也说“道可道，非常道”，但“道”无处不在、无时不在。按照庄子的说法，在每个人的日常坐卧之间都有“道”的存在。人们都可以自问：这样做是否符合社会规范，是否符合处世之道？从大事到小事，都有具体要求。正是因为有“道”的存在，每个人德行的好与坏就得到了检验。

“道”有点像“科学”。什么叫“科学”？它虽然不容易说清楚，但大家都知道“科学技术是第一生产力”，科学无处不在。“道”也可以说是第一生产力，为人处世如果不讲“道”，社会上没有“道”，一定乱象丛生。既然人们都在“道”中，受“道”的支配，那么何不把普通的生活环境作为人生修行的“道”场？

在自己的“道”场中，每个人都是舞者，都是表演者。一个人是否“有道”，一定体现在他的“格局”或“境界”中。人境界的高低，其实是由他的“德行”决定的。《周易·乾卦》讲“天行健，君子以自强不息”，《坤卦》讲“地势坤，君子以厚德载物”。人处在天地之间，天有天道，地有地道，人也有人道。而人道应该效法天、地之道，这样才能更好地立于天地之间。

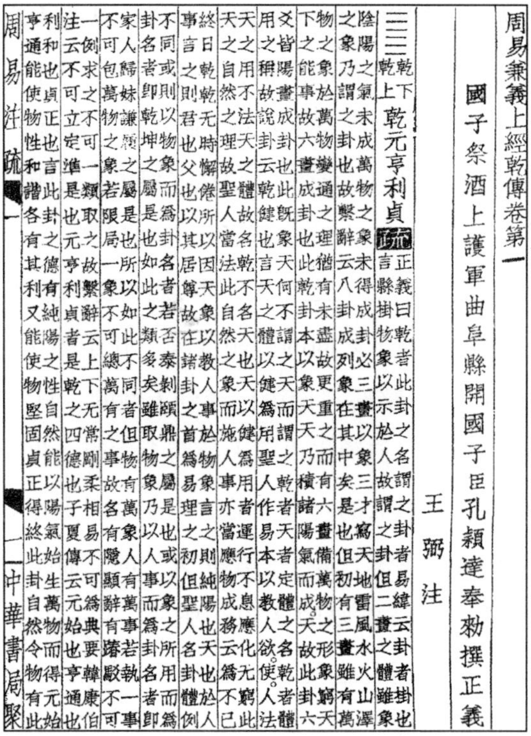
周易兼義上經乾傳卷第一
國子祭酒上護軍曲阜縣開國子臣孔穎達奉勑撰正義
王弼注
☰乾下乾上　乾元亨利貞　疏正義曰乾者此卦之名謂之卦者易緯云卦者掛也言縣掛物象以示於人故謂之卦但二畫之體雖象
陰陽之氣未成萬物之象未得成卦必三畫以象三才寫天地雷風水火山澤之象乃謂之卦也故繫辭云八卦成列象在其中矣是也但初有三畫雖有萬
物之象於萬物變通之理猶有未盡故更重之而有六畫備萬物之形象窮天下之能事故六畫成卦也此乾卦本以象天天乃積諸陽氣而成天故此卦六
爻皆陽畫成卦也此既象天何不謂之天而謂之乾者天者定體之名乾者體用之稱故說卦云乾健也言天之體以健為用聖人作易本以教人欲使人法
天之用不法天之體故名乾不名天也天以健為用者運行不息應化无窮此天之自然之理故聖人當法此自然之象而施人事亦當應物成務云為不已
終日乾乾无時懈倦所以因天象以教人事於物象言之則純陽也天也於人事言之則君也父也以其居尊故在諸卦之首為易理之初但聖人名卦體例
不同或則以物象而為卦名者若否泰剝頤鼎之屬是也或以象之所用而為卦名者即乾坤之屬是也如此之類多矣雖取物象乃以人事而為卦名者即
家人歸妹謙履之屬是也所以如此不同者但物有萬象人有萬事若執一事不可包萬物之象若限局一象不可總萬有之事故名有隱顯辭有蹄駁不可
一例求之不可一類取之故繫辭云上下无常剛柔相易不可為典要韓康伯注云不可立定準是也元亨利貞者是乾之四德也子夏傳云元始也亨通也
利和也貞正也言此卦之德有純陽之性自然能以陽氣始生萬物而得元始亨通能使物性和諧各有其利又能使物堅固貞正得終此卦自然令物有此
周易注疏一　一　中華書局聚

图 10-4　《周易·乾卦》

天道是什么？天道就是日月星辰自西向东不停地流转。孔子心情苦闷时长时间不说话，弟子说：“子如不言，则小子何述焉？”孔子不说话，弟子何以学习传述他的思想呢？孔子说：“天何言哉？四时行焉，百物生焉，天何言哉？”（《论语·阳货》）上天不言，可谁能挡得住黑天白昼的变化，又有谁能挡得住草木荣衰和各种事物的成长变动？天道昭示“刚健”，昭示“自强不息”；天道昭示永恒，昭示坚持或坚守。——这就是“天道”。

那么“地道”呢？人站在大地上，它博厚能容，出产世间所需要的一切，甚至承载人们不愿看到的东西。这就像《中庸》所说：“载华岳而不重，振河海而不泄，万物载焉。”人效法大地，要效法其宽厚载物。

为人要效法天、地。天地之道客观存在，无可抗拒，也不该抗拒。人之于

“人道”同样如此。儒家讲“礼”，认为人应该遵“道”而行。人对“道”的态度体现了德行的高低，士志于道，君子畏道，这样的“志”与“畏”体现为修养，这种修养让人的生命扎根，这就是“务本”。“君子务本，本立而道生”（《论语·学而》），抓住了根本，就能提高德行修养，提升人生境界。

孔子对“人”进行了研究和思考。他说“性相近也，习相远也”（《论语·阳货》）。人之为人，本质上没有太大差异，但后天的教育、学习、习惯会导致人与人之间的差距变大。孔子弟子说：“夫子之言性与天道，不可得而闻也。”整部《论语》谈到人性的，只有这两章。孔子虽然没有具体说人性是什么，但他指出了人的两个方面：先天的、后天的。性是先天的、自然的；习是后天的、人文的。而在这两个方面中，前者是相近的；现实中表现出的人的善恶、高下，不是天生的，而是由后天的习染所形成的。由此可以引出一个极重要的认识，那就是人应该而且也可以在生活中不断提高自己，完善自我。

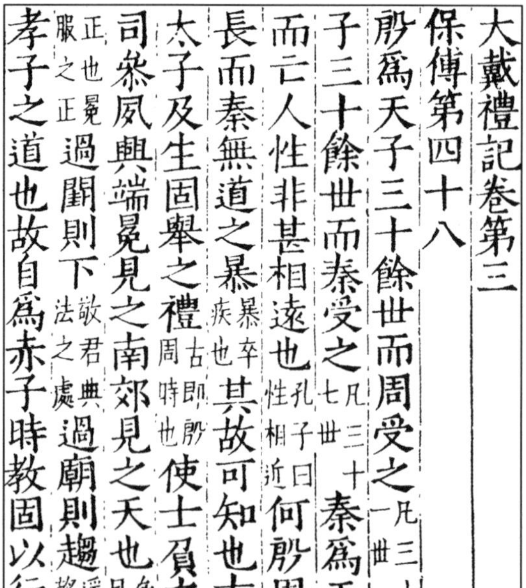
大戴禮記卷第三
保傅第四十八
殷爲天子三十餘世而周受之凡三十一世周爲天子三十餘世而秦受之凡三十七世秦爲天子二世而亡人性非甚相遠也孔子曰性相近何殷周有道之長而秦無道之暴暴卒疾也其故可知也古之王者太子乃生固舉之禮古即殷周時也使士負之卜其吉也有司齋肅端冕見之南郊見之天也齋職謂三月朝也端正也冕服之正過闕則下敬君典法之處過廟則趨遥闕故下望廟則趨孝子之道也故自爲赤子時教固以行矣昔者

图 10-5 《大戴礼记·保傅》

《大戴礼记·保傅》所记孔子语“少成若天性，习贯之为常”，与“性相近，习相远”相互印证。孔子的话言简意赅，并强调了教育的重要性和必要性。《郭店楚墓竹简·性自命出》载“待物而后作，待悦而后行，待习而后定”，强调了悦而后习、习而后定的规律。如果人性有善，何不放大善性；如果人性不好，教育就非常有必要。教育使人“作”（心动）、使人“行”（行动）、养成“习”（习惯、习性）。养成好的习惯和习性，就选定了大方向，所以，《中庸》说“天命之谓性，率性之谓道，修道之谓教”。教育就是教人就道、修道，修道前要先选择，所以要率性就道。特别重要的是，“率”不是被动遵循，而是主动率领。率性而为不是盲目消极，而是积极主动选择。

孔子的人性论要求人们积极认识“人”，主动了解和理解“人”，这是导人向善的前提。每个人都有自己的天命之性，要引导这种天性合于“道”。人渴了就喝水，饿了就吃饭，这是人道；人按照社会性要求主动修为，这更是“人道”，而且是最重要的方面。就像孟子所说“人之所以异于禽兽者几希”（《孟子·离娄下》），就像《礼记》所说“凡人之所以为人者，礼义也”（《礼记·冠义》）。至于“修道之为教”则是“习而后定”的问题，不然人会摇摆不定，难成定性。这是说，“教”是人之所需，而且“天下一日不可无焉”①。人一般都会有“趋利”倾向，孔子说：“富与贵是人之所欲也，不以其道得之，不处也。”（《论语·里仁》）人产生了好恶之类的情感，就要好好处理，正确面对，以使其符合道义。如果违背道，就不应去做。每个人都要遵道而行，都离不开修道之“教”。

经济活动联结着社会政治，在这里，孔子希望引导正确的“富与贵”观。《周易·系辞上》说：“富有之谓大业，日新之谓盛德。”业，成功、功业；德，德行、道德。什么都能拥有叫作“大业”，每天都在进步叫作“盛德”。在这句话前，《周易·系辞上》还说：“显诸仁，藏诸用，鼓万物而不与圣人同忧，盛德大业，至矣哉！”这里讲“易”，讲“道”，就是讲事物发展规律。易道广大，无所不至，其特点就在于“与天地准”“能弥纶天地”。这里，“显诸仁”就是大业，“藏诸用”就是盛德。人们如能遵循这个法则，

① 后人对此都有认知，例如现立于山东曲阜孔庙中的明成化四年《御制重修孔子庙碑》说：“朕惟孔子之道，天下一日不可无焉。何也？有孔子之道，则纲常正而伦理明，万物各得其所。不然，则异端横起，邪说纷作。”孔子之道，即为人处世之道。

正确把握“道”，就能指导具体行动，就能显现出吉凶悔吝等仁德的不同境界与结果。可见，真正的“富有”是无物不包、无所不有，这其实是指对境界与格局的拥有。富有，正是大而无外，无一毫之亏欠。《周易·系辞上》也讲“事业”，说“举而错之天下之民谓之事业”。南宋时朱熹解释说：“业是事之已成处，事未成时不得谓之业。”“成业”富有万物，就应达于天道，心忧天下。因此，真正高贵的人，其高贵也一定体现在人格上，不是自视过高，而是有盛德大业，人格高尚，从内而外洋溢着仁与礼的气质。

孔子思索人性，思索“人之所以为人”的问题。他要求人们关注“人情”与“人义”，研究“人心”和“道心”，思考“人欲”和“天理”。毫无疑问，人刚来到这个世界上时都像一张白纸，就像“天真的婴儿”。然而，我们每一个人都是一个社会性的存在，都会被外在的世界影响。人在外物的诱导下，往往会逐渐产生“好”或者“恶”的情感，而且这种情感会不停地滋长、发展，此即《礼记·乐记》所说“人生而静，天之性也。感于物而动，性之欲也。物至知知，然后好恶形焉”。在这样的情况下，人如果没有节制，就会为外物所化，就会张扬“人欲”，灭弃“天理”。故《礼记·乐记》分析说：“好恶无节于内，知诱于外，不能反躬，天理灭矣。夫物之感人无穷，而人之好恶无节，则是物至而人化物也。人化物也者，灭天理而穷人欲者也。”

早在孔子以前，“先圣”“先王”就已经深入思考过这样的问题，他们把人们对于“天理”的理解称为“道心”。《尚书·大禹谟》中就有“人心惟危，道心惟微，惟精惟一，允执厥中”的说法，据说这是尧、舜、禹一脉相承的“心法”，后人称之为“十六字心传”。“中”即“礼”，因此《孔子家语·礼运》记载孔子的话说：“何谓人情？喜、怒、哀、惧、爱、恶、欲七者，弗学而能；何谓人义？父慈、子孝、兄良、弟悌、夫义、妇听、长惠、幼顺、君仁、臣忠十者，谓之人义……圣人之所以治人七情，修十义，讲信修睦，尚辞让，去争夺，舍礼何以治之？饮食男女，人之大欲存焉；死亡贫苦，人之大恶存焉。欲、恶者，人之大端。人藏其心，不可测度，美、恶皆在其心，不见其色，欲一以穷之，舍礼何以哉？”人的“欲”与“恶”等情感藏在心中，各不相同，既然“人藏其心，不可测度”，而且“不见其色”，就必须要有一个约束机制，有一个行为标准，这便是“道心”，便是孔子儒家特别强调的“礼”。

三、德政礼治的政治思想

没有春秋末年特殊的时势，就不会有孔子思想的产生。可以说，孔子的学说是从对“礼乐之治”的思考开始的。在孔子看来，春秋以来的“天下无道”“礼坏乐崩”，为其思想的产生提供了现实的社会土壤。此后，许多思想家都关注社会，具有“务为治”（《史记·太史公自序》引《论六家之要指》）的思想特征。孔子更是积极入世，十分关注社会的治乱与秩序，从而开始了对历史与现实的深刻反思。

可以说，孔子是“接着周公说”的。周公制礼作乐，孔子时却礼坏乐崩。孔子在思考：周公是怎样制礼作乐的？为什么出现了礼坏乐崩的情况？怎样才能保证礼乐得到遵守？所以，孔子从思索“礼”开始，展开了他的致思。

不难理解，政治文化生活的目的在于“济变”，杜绝纷争，防止混乱，使社会有序和谐。中国的礼乐文化，正是维持社会长期稳定的智慧。前已提及，广义的“礼”包括乐在内，此即所谓的礼乐。礼的作用在于别异，区分上下、贵贱的等级；乐的功能则是合同，使具有不同身份地位的人和谐共处，亲爱融洽。礼与乐相互为用，最终达到安定社会的目的。孔子尊崇周礼，在他看来，三代之礼是递相“损益”的关系，由于周公制礼作乐，使“周监于二代，郁郁乎文哉”（《论语·八佾》）。与夏礼、殷礼相比，孔子更倾慕周礼，具有“从周”的文化情结。周代“礼”的发展十分完备，或者说，周代礼乐文化经过漫长的历史积淀，以社会风俗习惯、礼仪规范、典章制度为基础，以血缘关系为纽带，继承了殷礼的有益成分，把法律、礼仪、风俗、道德等合而为一。质言之，周礼充分反映了周朝的政治、经济和文化传统。

作为孔子政治思想学说最基本的范畴，“礼”可以说是孔子一生思考的最重要问题之一。他早年以“能礼者”而闻名。他仕而“齐之以礼”，晚而主张“复礼”，以“礼”作为评论诸侯国政治、人事的标准，认为人应当“立于礼”（《论语·泰伯》），因为“不学礼，无以立”（《论语·季氏》）。他主张“复礼”，但绝非简单恢复周礼。在他看来，人的教育目的在于明确“人之所以为人”的问题，即教育要使人知礼义。无论是人的自我成长，还是对他人的教育培养，说到底就是礼义的完善。人际交往，家国天下，离开礼的规范几乎无法想象。孔子对礼的功能有深刻的认识，他说：“民之所由生，礼为大。非礼无以节事天地之神也，非礼无以辨君臣、上下、长幼之位也，非礼无以别男女、父子、兄弟之亲，昏姻、疏数之交也。”（《礼记·哀公问》）在春秋末年的乱世，他“自东自西，自南自北，匍匐救之”，以挽救“礼仪废坏，人伦不理”（《韩诗外传》卷五）的危局。

孔子重视礼的教化作用，希望人们通过加强修养，以礼为标准约束自己的行为，达到人际关系的协调。他对礼的功能有深入的研究和认识，并归纳礼的意义，希望通过“礼”思考“理”，使人循礼而动、遵道而行，使人“敬上”“弗畔”，最终实现社会的稳定。

基于对社会政治的深刻理解，孔子将君臣关系置于各种社会关系的重要地位，既主张“臣事君以忠”“事君尽礼”，同时也主张“君使臣以礼”“敬事而信，节用而爱人，使民以时”（《论语·学而》）。孔子政治思想的基础是他的德政学说，他注重修身，德政乃以修身为根本。无论君还是臣，都应当加强自身的素养，使君仁、臣忠、父慈、子孝。他注重“正名”，是为了挽救社会秩序，维护尊尊、亲亲的“礼”的精神，以周礼为标准匡正混乱的名分，使君、臣、父、子各安其位，使人的言论、行动都符合“正名”的要求。孔子“正名”之主张，针对的主要对象是当时的诸侯对天子、卿大夫对国君、陪臣对大夫的僭越行为。孔子欲变天下“无道”为“有道”，用周代的礼制改变礼坏乐崩的社会现实。

孔子讲“为政以德”（《论语・为政》），讲“为国以礼”（《论语・先进》），二者实际是一致的。为政者居于高位，应该就是道德的表率。同时，为政者实行德政，还必须尊道、明理，按照“礼”的要求行事。这是由社会政治与人心管理的本质要求所决定的。

在古代中国尤其是周代，为政者被称为“君子”，与作为基层民众的“小人”相对。“君子”与“小人”有本义与引申义的区别。从字形看，“君”是会意字，上边是“手”，手里握着东西，下面是“口”。“君”手里拿着大约相当于“权杖”的东西，下面的“口”代表发号施令，表示管理。“君”表示为政者发号施令。“君子”应是对统治者和贵族男子的统称，后来演变为对“高尚的人”的称呼。与“君子”相对的是“小人”。从本义讲，“君子”是为政者，“小人”是地位低的人，指平民。后来，“君子”与“小人”的概念发生了一些变化。

“君子”的本义和引申义有怎样的关联？因为责任大，所以要求高；既然是尊贵的人，就应是高尚的人。孔子在这样的基础上形成的管理学说，其目的就是教化人心，使人的品格更加高尚。孔子说：“君子之德风，小人之德草。草上之风，必偃。”（《论语・颜渊》）君子为政，他的道德表率作用十分关键。为政者不同于一般的人，其影响力既大且重。君子像风，老百姓像草，风往哪面刮，草就往哪面倒，故“小人”又被称为“草民”。

在孔子看来，社会管理要建立在“知民”“重民”的基础上，否则，管理就难以收到应有的成效。《孔子家语・入官》记孔子语：

> 君子莅民，不可以不知民之性而达诸民之情。既知其性，又习其情，然后民乃从命矣。故世举则民亲之，政均则民无怨。故君子莅民，不临以高，不导以远，不责民之所不为，不强民之所不能。

孔子特别强调要了解“民性”“民情”，在尊重的基础上主动表达体察与关切。孔子认为，为政者管理民众，不可以不了解他们的习性、通晓他们的实情。既了解他们的习性，又熟悉他们的实情，然后民众才能遵守和服从政令。因此，国家安定，不废礼乐，百姓就会亲敬君主；政策公正合理，百姓就没有怨言。所以君子统治百姓，不以高高在上的态度对待百姓，不引导百姓去做与他们无关的事情，不责罚百姓去做他们不愿意做的事情，不强迫百姓去做他们无能为力的事情。

周代重视“均万民”，《周礼》中“均”字出现的频率很高，如“乃立天官冢宰，使帅其属，而掌邦治，以佐王均邦国”“四曰政典，以平邦国，以正百官，以均万民”“以九式均节财用”“执邦之九贡、九赋、九式之貮，以均财节邦用”等。所谓“均”，不是数理意义上简单的平均，而是加强政治治理以使公平、公正。孔子也特别强调“均”，这个“均”同样是强调公平与公正，其所说“不患寡而患不均”（《论语·季氏》）也是此意。

图 10-6 周武王像

与之相关，《论语·阳货》中记载了孔子一句很有名的话：

唯女子与小人为难养也，近之则不孙，远之则怨。

孔子斯言，其实也是在讲“均”或者“度”的问题。对于“女子”与“小人”，都要注意“政均”，不能“近”，也不可“远”，以更好地让他们恭敬、无怨。朱熹也是这样理解的，故曾言“庄以莅之，慈以畜之”。

然而，关于孔子的这句话，虽然几乎尽人皆知，但后人对其误解却很多。孔子将“女子”与“小人”并列，皆视之为“难养”。于是，人们遂以此为孔子“轻视妇女”的证据。其实，孔子的思想一以贯之，这句话并没有“轻视女子”“瞧不起女性”的意思。

周初的“小人难保”观念，十分值得注意！西周初年，周武王曾说：“呜呼，敬之哉！无竞惟人，人允忠，惟事惟敬，小人难保。”（《逸周书·和寤解》）这里的“小人”同样是指小民、百姓。周武王将灭商，在商朝都城郊外“明德于众”。武王要求众人重视民众，不能与民众争利。因为“小人难保”，故应“惟事惟敬”。民众很难护养，所以要事事施之以敬，这正是周人传统的“敬德保民”思想的体现。

无独有偶，周公分封卫国时也说“小人难保”。他说：“呜呼！小子封，恫瘝（guān）乃身，敬哉！天畏棐忱（fěi chén），民情大可见，小人难保。往尽乃心，无康好逸豫，乃其乂（yì）民。”（《尚书·康诰》）当时，周公刚刚平定管叔、蔡叔与殷人勾结的叛乱，在这种背景下，周公告诉康叔“小民不易安”，应当在治理时保持敬畏之心。欲安其民，就应当重视他们，就要尽心尽诚，而不能苟安逸乐。因为“小人难保”，所以应当重视“小人”。

图 10-7　周公像

“小人难保”其实就是“小人难养”。《说文解字》明确解释说：“保，养也。”周代文献中，“小人”是相对于为政者、大人、君子等的统称，其基本意义是指从事农业等体力劳作、地位较低的平民，也就是普通百姓。显然，孔子强调“小人难养”，其中的“小人”并不是我们惯常所指“道德低下的人”，实际是他秉承周人思想，指相对于各级统治者而说的平民百姓。在《论语》等书中，“小人”当然有与“道德高尚的君子”相对的意义，但其中有很多情况指的是“平民”或“普通百姓”。如孔子说的“小人哉，樊须也”（《论语·子路》），就不是对弟子的道德谴责。

周初文、武、周公主张的“敬德保民”思想影响了整个周代，也影响了孔子。孔子思想与文、武、周公一脉相承。孔子说“小人难养”不仅不含有轻视“小人”的意义，反而是对这一群体的重视。同样，孔子这里所谓的“女子难养”，也不是“轻视”和谴责妇女的意思。

在孔子的表述中，无论“女子”还是“小人”，其所谓“难养”，具体在于“近之则不孙，远之则怨”。这是说，在管理中，对“女子”“小人”应当把握好分寸、尺度。“不孙”就是不驯顺，“怨”则是埋怨、怨恨。孔子说“故世举则民亲之，政均则民无怨”，其弟子曾子也说：“狎甚则相简，庄甚则不亲。是故君子之狎（xiá）足以交欢，其庄足以成礼。”（《孔子家语·好生》）为政者应当尽力做到“政均”，其管理就像君子之交，不能过分亲近，也不能过分庄重——过分亲近就会简慢，过分庄重就显得疏远。孔子此语，或许正包含有对“女子”和“小人”的重视、关注与深切体察。

实际上，后人对孔子言论的误读不一而足。例如《论语·泰伯》记载：

> 子曰：“民可使，由之；不可使，知之。”

可是，很多时候，人们将孔子的这句话句读为：“民可使由之，不可使知之。”故而争议最大。尤其是近代以来，人们以此为口实攻击孔子，认为

"此乃孔子愚民思想之表白"。维护者则对此做出不同解释，以求融通。如康有为改句读："民可，使由之；不可，使知之。"直到郭店楚墓竹书《尊德义》篇的出土，才为正确理解这句话提供了证据。《尊德义》篇载："尊仁、敬庄、亲忠、归礼，行矣而无违，养心于子谅，忠信日益而不自知也。民可使，道之；而不可使，知之。民可道也，而不可强也。"意思是为君者要培养爱人之心，尊重贤人，亲近忠信之人，行动不能违背人的本性，这都是教君主向善的举措。在此之后，孔子说"民可使，道之；而不可使，知之"，"道"与"由"是相对应的。前面讲要言而有信，接着讲的当然不会是如何愚民。《尊德义》使我们理解了孔子的本意，即这句话实际反映的是孔子教民、爱民的民本思想。

在《尊德义》篇中有很多言论足以作为佐证，例如："下之事上也，不从其所命，而从其所行。上之好物也，下必有甚焉者。"为人上者导民是通过身体力行，而不是花言巧语。与《孔子家语·入官》结合起来理解，不难发现孔子是把"知其性，习其情"作为"民可使"的前提，欲"民可使"或"从其命"，为君者必须了解他们的习性，熟悉他们的实情，因为为君者的表率作用也是建立在"知其性，习其情"基础之上的。在知性、习情之后，为政者"不临以高，不导以远，不责民之所不为，不强民之所不能"，因为责民所不能，就是不因其性，不因其性，则民躲避而不服从；强民所不从，就是不因其情，不因其情，则民因此而不从。这正与《尊德义》篇所述"民可道也，而不可强也"相合。

很显然，孔子对在位为政的"君子"有很高要求，说"政者，正也"（《论语·颜渊》），为政者必须首先修身正己，在方方面面做出表率。孔子在这方面的言论有很多并且很重要，如"子帅以正，孰敢不正"（《论语·颜渊》），"其身正，不令而行；其身不正，虽令不从"（《论语·子路》），"苟正其身矣，于从政乎何有？不能正其身，如正人何"（《论语·子路》）。此处的"正"是以"心正"为前提的"身正"。这个"正"就是"表率"，这也是对为政者"德性"方面的要求，是具体的"为政以德"。

在传统礼制的规定中，“尊尊”与“亲亲”是两个基本的原则。“尊尊”把人分为若干等级，要求以下事上，尊崇尊贵者，要求民众服从贵族与君主。“尊尊”实际是维护社会的秩序，要求民众尊君，不仅要“事君尽礼”，还要“事君，能致其身”（《论语·学而》），“事君，敬其事而后其食”（《论语·卫灵公》）。“尊尊”是政治等级制原则，“亲亲”则是血缘宗法制原则。“亲亲”以亲为亲，包括父慈、子孝、兄友、弟恭，孝悌是“亲亲”原则最根本的属性。

礼是一种政治主张，也是一种伦理要求。《大学》可以看作孔子政治思想的总纲，也是中国独特的政治哲学，它之所以名曰“大学”，因为它就是“大人之学”，其中的道理博大精深。《大学》开篇说：“大学之道，在明明德，在亲民，在止于至善。”想要达到社会的“至善”之境，则“自天子以至于庶人”都要积极主动“修身”。治国者要修身以礼、“为国以礼”，这本身就是“君君”的表现。对于社会上的一般民众，则要求其自觉以礼规范自身。

在孔子看来，礼的存在具有天然的合理性。孔子说：“夫礼者，理也；乐者，节也。无礼不动，无节不作。”（《孔子家语·论礼》）礼“合于天时，设于地财，顺于鬼神，合于人心，理万物者也”（《礼记·礼器》）。孔子说：“谁能出不由户？何莫由斯道也？”（《论语·雍也》）人出门从门口走，走路从路上走，自然而然，天经地义，人人都应如此。所以，后来孟子也

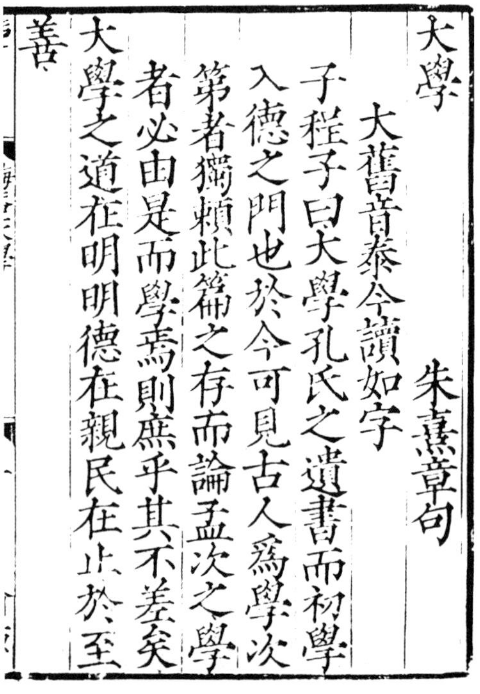
大學　朱熹章句
大舊音泰今讀如字
子程子曰大學孔氏之遺書而初學入德之門也於今可見古人爲學次第者獨賴此篇之存而論孟次之學者必由是而學焉則庶乎其不差矣
大學之道在明明德在親民在止於至善

图 10-8　《大学》

说："夫义，路也；礼，门也。惟君子能由是路，出入是门也。"（《孟子·万章下》）但实际上，有人的确不遵从规范，行不"由道"，这正是实行礼教的必要性所在。

孔子关于"礼"的论述很多，孔子以后很多人论说"礼"的天然合理性，其实都是"宗师仲尼"，阐发孔子思想。例如，《礼记·丧服四制》说："凡礼之大体，体天地，法四时，则阴阳，顺人情，故谓之礼。訾（zī）之者，是不知礼之所由生也。"他们看到，有人之所以诋毁"礼"，不自觉地遵守礼，是因为他不懂得礼是怎样产生的。孔子认为，礼达天道、顺人情，只有境界高的人才知道社会上无论如何也不能没有礼。

孔子当年从事教学，开始就施行"诗书之教"。孔子整理编选《诗》，何以将《关雎》放在第一篇？按照此诗的表面意义，它是一首爱情诗。但是，在"寤寐求之""寤寐思服""辗转反侧"的男女相思语句之后，诗歌的落脚点却是"琴瑟友之""钟鼓乐之"。汉儒所作《诗大序》以其为"美后妃之德"，是因为其"发乎情，止乎礼义"。人有自己的情感，同时必须遵从社会的原则，明白这一点并克己守礼，这就是人的修养了！

孔子认为，社会上作奸犯科的人都是不知理、不守礼者。如果知礼明理，自觉遵守法度，社会便安宁了。《孔子家语·五刑解》记孔子言："凡民之为奸邪、窃盗、靡法、妄行者，生于不足。不足生于无度。无度则小者偷盗，大者侈靡，各不知节。是以上有制度，则民知所止，民知所止则不犯。故虽有奸邪、贼盗、靡法、妄行之狱，而无陷刑之民。"礼的出现与制定，正是为了保证社会的正常运行。如果政治教化做到了人人自觉守礼，依礼行事，循礼而动，便是孔子所期望的"有耻且格"。显然，这需要为政者"道之以德，齐之以礼"（《论语·为政》）。这无疑是政治的最高境界。

作为人人应当遵循的法则，"礼"又有表面的"礼仪"与内在的"礼义"两个层面。礼仪以礼义为根本，礼义是抽象的礼的道德准则，人们只有懂得礼义，了解到礼的本质，才能自觉接受礼的约束，内化为自觉的秩序意识，营造有序社会才不是一句空话。所以，孔子说："治国不以礼，犹无耜（sì）而耕也；为礼不本于义，犹耕而弗种也。”（《礼记·礼运》）为政以德，就是要求以礼治国，不仅要践行礼的外在形式，更要领会礼的根本精神。

四、始于孝亲的仁爱思想

在孔子学说中，“仁”的地位十分重要。为了达到礼治目的，孔子提出并深刻阐发了“仁”的思想主张。《论语·颜渊》记载孔子语录：“克己复礼为仁。”又说：“人而不仁，如礼何？人而不仁，如乐何？”（《论语·八佾》）显然，孔子仁的思想与礼的学说密切关联，从某种意义上说，孔子“仁”的伦理学说正是在思考“礼”的政治思想的基础上形成的。

在《论语》中，“仁”字出现达一百多次，由此也可见仁在孔子思想中的地位。在孔子那里，礼是向外求，而仁是向内求；礼有外在约束性，而仁则要靠内在自觉。礼与仁密不可分：以礼的标准求仁，做到修己爱人；用仁的自觉复礼，实现尊卑有序。仁是礼的主要内容，礼是仁的外在表现。

說文解字第八上　漢太尉祭酒許慎記
銀青光祿大夫守右散騎常侍上柱國東海縣開國子食邑五百戶臣徐鉉等奉
敕校定
三十七部　六百一十一文　重六十三
凡八千五百三十九字　文三十五新附
人　天地之性最貴者也此籀文象臂脛之形
凡人之屬皆从人　如鄰切
僮　未冠也从人童聲徒紅切　保　養也从人从孚省孚古文孚博裒切　古文保　古文保　古文保不省
仁　親也从人从二臣鉉等曰仁者兼愛故从二如鄰切　古文仁从千心　古文仁或从尸　企　舉踵也从人止聲去智切　古文企从足
仞　伸臂一尋八尺从人刃聲而震切　仕　學也从人从士鉏里切　佼　交也从人从交

图 10-9　《说文解字》中的“仁”字

孔子“仁”的思想学说继承发展了西周以来重视人伦关系的传统，他深入思考了做什么样的人、如何做人的问题，抓住人们思想意识中“仁”的观念，加上自己的理解和思考，对仁的思想加以充实、提高，使之系统化，从而形成自己明确而又完整的仁的思想体系。孔子以“仁”为核心的伦理道德学说，是一种标准的伦理型人文主义学说。

“仁”首先是一种内在的道德修养。从文字上看，“仁”从人从二，是指人与人之间的关爱，即孔子所说仁者“爱人”。而在新出土的战国竹简《郭店楚基竹简》等之中，“仁”字从身从心，上下结构，其含义是“反求诸身”“反省自身”，即加强自身修养，这是“仁”的本初意义。这与《说文解字》所说“仁”的古字体意义“从于心”一致。

孔子“仁”的学说，首先立足于人最基本、最根本的父母对于子女的情感。既然父母给子女的爱几乎应有尽有、无法估计、自然而然，作为报答，子女就应该而且必须孝敬父母，这是“人之为人”的基本点，是培育人的仁爱之心的逻辑起点。子女对于父母应有的亲情，即孔子所说“仁者，人也，亲亲为大”（《孔子家语·哀公问政》《礼记·中庸》）。父母之于子女的爱乃出于真实的、天然的情感，带有一定的原始性、自然性，但子女之于父母则有所不同，它超越了原始情感，具有明确的道德属性。爱孩子，每个父母都能做到；爱父母，却不是每个子女都能做到、都能做好。所以，爱子女是天性，而爱父母是人性。家庭成员靠“亲情”联系，具有很强的亲和力和凝聚力，但“亲亲”之“孝”就显得十分关键，这是人类之爱转换的关键点、根本点。

子女对父母的“孝”或“亲”，这种特殊“亲情”是“仁”在家庭关系中的表现，是一种内在情感，即发自内心的敬爱之情。为人子女而懂感恩、知爱敬、能回报，从而使人区别于其他动物，这就是仁。因此，可以说仁是顺乎天理人情的，具有天然的合理性。“仁”存在于家庭成员的相互关系中，孝道正是表现这种亲情关系的形式，而亲情之仁爱则具有本质性。孔子说：“立爱自亲始，教民睦也；立敬自长始，教民顺也。教之慈睦，而民贵有亲；教以敬，而民贵用命。民既孝于亲，又顺以听命，措诸天下，无所不可。”（《孔子家语·哀公问政》）孔子认为，树立仁爱观念应从亲爱双亲开始，并引导人们尊敬别人，乐于听从政令。把这种教化方法扩大开来治理天下，就不会有什么办不到的事情。孔子由血亲之爱这种天然的亲情推而广之，形成了“仁学”思想体系。

在充分肯定亲情之爱的基础上，孔子的“仁爱”学说逐渐向外推衍。仅从内在逻辑上讲，以“亲亲”作为起点或第一步，“爱人”则是仁的第二步。由于血缘之“亲”与非血缘之“人”属于同类，具有“类”的共同性，所以由“爱亲”到“爱人”，很自然地连接了起来。孔子向往的仁爱之境是“人不独亲其亲，不独子其子，老有所终，壮有所用，矜寡孤疾，皆有所养”（《孔子家语·礼运》）。由“亲亲”到“不独亲其亲”，也就是孟子所说的“老吾老，以及人之老；幼吾幼，以及人之幼”（《孟子·梁惠王上》），进而就能“博爱”，即“泛爱众，而亲仁”（《论语·学而》）、“四海之内，皆兄弟也”（《论语·颜渊》），这正是孔子伦理学说中的“泛爱众”。

值得特别注意的是，从“爱亲”到“爱众”，这不是差等、先后的爱，如前文所述，这只是强调爱的共通性，只是强调爱之生发的内在逻辑。很显然，这也是社会进步对人文发展提出的要求。孔子时代，血缘氏族已不再是社会结构中唯一的存在，建立在血缘关系基础之上的宗法社会组织，已经基本上被建立在地缘关系基础上的阶级社会组织取代。因此，孔子的“仁”学既要对建立在宗族血亲基础上的“爱亲”加以肯定，同时又必须有所突破和发展，把“仁者爱人”扩大到整个社会的人际关系之中。

人有了深沉的“亲亲”之爱，才有了“仁”。仁是人之个体为“人”之需，也是人之群体为“类”所需。人类社会面临的威胁主要包括天灾、人祸两个方面，孔子的“爱亲”和“爱众”思想，显然是为克服“人祸”提出的。针对“天灾”，孔子又提出了“爱物”主张，这就是孔子所说“仁厚及于鸟兽昆虫”（《孔子家语·五帝德》）。在孔子心目中，山之可乐、可爱，不仅在于山之高大、险峻、雄奇、秀丽、壮观，还在于山中“草木生焉，鸟兽蕃焉”①，

---

① 《太平御览》卷四一九引《尚书大传》“孔子曰”。正如《中庸》所说“草木生之，禽兽居之，宝藏兴焉”。

一片盎然生机。为保护生态环境，孔子反对乱捕滥杀，主张“钓而不纲，弋不射宿”（《论语·述而》），即捕鱼用钓竿而不用网，以免把幼小的鱼苗捕捞上来；用带生丝的箭射鸟，却不射杀巢宿的鸟，因为射杀巢宿的鸟会导致小鸟失去喂养而死，等于倾巢杀尽。这种生态资源节用观，体现了他的博爱之心。孔子说：“知者乐水，仁者乐山；知者动，仁者静；知者乐，仁者寿。”（《论语·雍也》）孔子认为，充满仁爱之情才能热爱山、水，爱护鱼、鸟。

孔子博大的仁爱观是他思想体系的核心内容，是他政治思想的理论基础。在博大的仁爱思想基础上，孔子阐发了他的仁政理论。据《论语·为政》记载，孔子答季康子问时说：“临之以庄则敬，孝慈则忠，举善而教不能则劝。”有人问孔子何不为政，他回答：“《书》云：‘孝乎惟孝，友于兄弟，施于有政。’是亦为政，奚其为为政？”他格外强调以孝慈之道培育仁，以仁为政。《孔子家语·好生》记载鲁哀公向孔子请教仁政问题：“绅、委、章甫，有益于仁乎？”他们的这次讨论已经深入到大带、委貌、章甫这类的装束是否有益于仁政等方面。孔子提倡仁政，是希望建立一个充满爱的社会。仁政思想是孔子留给中国人和中国文化最宝贵的精神遗产，在此基础上，孟子系统阐发了仁政学说，早期儒家乃至中国文化也因此具有了“天人合一”“厚德载物”的博大胸怀。

《孔子家语·弟子行》记孔子施教，其方法之一就是“道之以孝悌”。

为使人心悦诚服地将博爱理念外化为行为准则，从理论上顺畅沟通“爱自己”和“爱他人”及“爱万物”之间的逻辑联系，孔子提出了“推己及人”的思维方式。推己以“自爱”为前提，“自爱”才是最高的境界。《孔子家语·三恕》篇中有孔子与弟子讨论“智”“仁”问题的记载：

> 子路见于孔子。孔子曰：“智者若何？仁者若何？”子路对曰：“智者使人知己，仁者使人爱己。”子曰：“可谓士矣。”
>
> 子路出，子贡入。问亦如之。子贡对曰：“智者知人，仁者爱人。”

子曰："可谓士矣。"

子贡出，颜回入。问亦如之。对曰："智者自知，仁者自爱。"子曰："可谓士君子矣。"

图 10-10　颜回像

颜回所说的"自知""自爱"是"士君子"的"为己"功夫，人只有具备了"为仁"的自觉，才是真正的"仁者"。孔子说："仁远乎哉？我欲仁，斯仁至矣。"（《论语·述而》）对此，朱熹《论语集注》解释说："仁者，心之德，非在外也。放而不求，故有以为远者。反而求之，则即此而在矣，夫其远哉？"此处朱熹引孟子"求放心"之说以为解，可谓得之。孔子所强调者在于内心自省，非待外求。在外者，知识也。而仁乃心中之德，仁之得与不得，无他，唯求与不求而已，故孔子强调"志于道"之"志"。所以孔子说"一日克己复礼，天下归仁焉"（《论语·颜渊》）。颜回能够"其心三月不违仁"，其他人也只能"日月至焉而已矣"（《论语·雍也》），区别只在于是否自觉内求。这就像想念一个人，如果不是真的想念，就会有像"室是远而"之类的一万个理由；若真想念，"夫何远之有"（《论语·子罕》）。为人子者一定要孝亲于点滴的日常之中，自爱而爱亲，真心孝敬父母，就不会徒留"子欲养而亲不待"的悲叹。

孔子的仁爱思想在于思考人性与人的价值，人"不忘其初"，也包括要思考人之初生。《论语·阳货》记孔子语："子生三年，然后免于父母之怀。"人只要“有三年之爱于其父母”就不能不孝，这是做人、为仁的基石。有了这样的孝，才能有亲亲之爱的推衍。所谓“推己及人”，简单地说，就是中国民间常说的“将心比心”“换位思考”“设身处地为别人着想”。孔子认为，“推己及人”的思维方式，主要体现在“己欲立而立人，己欲达而达人”（《论语·雍也》）、“己所不欲，勿施于人”（《论语·颜渊》）两个方面。

孔子“仁”的学说是他一以贯之的核心理论。实际上，孔子自己也曾说“吾道一以贯之”，这个“一以贯之”之道便是“忠恕”，便是“推己及人”：

> 子曰：“参乎！吾道一以贯之。”曾子曰：“唯。”子出。门人问曰：“何谓也?”曾子曰：“夫子之道，忠恕而已矣。”（《论语·里仁》）

《论语·里仁》篇明确记载曾子有“夫子之道，忠恕而已矣”的说法。朱熹解释说，“尽己”就是“忠”，“推己”就是“恕”。人能够自觉“推己”，就一定能够做到“尽己”，“尽己”是“推己”的前提。所以子贡请教孔子“有一言而可以终身行之者乎”时，孔子回答：“其恕乎！己所不欲，勿施于人。”（《论语·卫灵公》）然而，要真正做到“推己及人”需要极高的修养，故孔子说：“修己以敬”“修己以安人”“修己以安百姓”“修己以安百姓，尧舜其犹病诸”（《论语·宪问》）。“己所不欲，勿施于人”是孔子仁学思想的精髓。

图 10-11　曾参像

总之，“仁”是孔子道德理论的基本原则，是各种道德规范、道德要求的基本出发点，孔子的道德规范体系以“仁”为核心展开。在仁爱思想的指导下，孔子又推衍出了“爱”“敬”等具体原则，其他许多道德规范、范畴都是“仁”的体现，都是从“仁”的基本原则下派生出来的。

五、富民足食的经济思想

孔子的经济思想本源于他的仁爱学说，由爱人而利民、富民，孔子提出了“庶、富、教”“足食、足兵、民信”，以及“薄赋税”“轻徭役”“使民以时”等思想主张。《论语·子路》载：

> 子适卫，冉有仆。子曰：“庶矣哉！”冉有曰：“既庶矣，又何加焉？”曰：“富之。”曰：“既富矣，又何加焉？”曰：“教之。”

孔子依次提出了“庶”“富”“教”的治国主张。庶，增长人口；富，生活富裕；教，加强教化。这是孔子实行仁政德治的步骤，也是国家富强的条件。三者是依次递进的关系，人口和物质财富是基础，而最终还要教化人民。《说苑·建本》载：“子贡问为政，孔子曰：‘富之。既富，乃教之也。’”其与《论语》所记略同。孔子“庶”“富”“教”的思想不能机械地理解，它不是一个简单化“三步走”的问题。任何社会都是这样，政权建立之初首先是稳定社会，接着就要发展生产，因为“仓廪实则知礼节，衣食足则知荣辱”（《管子·牧民》）。物质生活是社会政治生活的基础，因此要把解决温饱问题放在首位。“仓廪实”“衣食足”之后就要“教”。为政者必须在管理的过程中注重人心教化，不但要使人丰衣足食，还要注重人心和谐。显而易见，分三步走是内在逻辑，不是绝对顺序。一般情况下都会循序渐进，协同兼顾，而最好的做法是有前瞻性，齐头并进。有了“教”可以更好更快地“富”“庶”，社会成员“富而好礼”（《论语·学而》）才是最高追求。

先富后教，这是孔子的一贯主张。《论语·颜渊》记载：

> 子贡问政。子曰：“足食。足兵。民信之矣。”子贡曰：“必不得已而去，于斯三者何先？”曰：“去兵。”子贡曰：“必不得已而去，于斯二者何先？”曰：“去食。自古皆有死，民无信不立。”

孔子强调仁政，而以民众“足食”为先。正因如此，他格外强调君德，这在《论语》中多有提及。治国不能忽视经济发展，东汉王充在《论衡》中就对孔子“去食”“去兵”的说法表示质疑，他说：“使治国无食，民饿，弃礼义；礼义弃，信安所立？”这种质疑从表面看不无道理，但他没有注意到孔子把“食”放在了最前面。这正如“富而后教”思想一样，“富”与“食”是社会和谐的先决条件，具备了一定物质基础，“教”与“信”就成为根本条件。假如民众无教，即使丰衣足食，也难免是非观混乱、价值观失衡。众所周知，信任危机尤其是政府的公信力危机才是最大最可怕的危机。

与“食”相比，“信”对于社会的整体意义体现在社会信任的建构上。社会信任的建立，最重要的是政府有公信力，而政府公信力又基于政治亲密关系的建立。如果把人与人之间的亲密关系分为“情感性信任”和“权威性信任”，那么政府信任的建立，就一定是二者的有机结合。因此，它需要政府与民众之间平等、可信任以及情感基础。建立政府信任极其重要而且难度很大，政府得到民众信任，物质匮乏的困难就容易克服；政府失去民众的信任，社会就失去了和谐的基础，有了一定的物质财富也未必保得住、用得好。就像齐景公问政于孔子所说：“信如君不君，臣不臣，父不父，子不子，虽有粟，吾得而食诸？”（《论语·颜渊》）

必须知道，孔子这里所说的“去食”“去兵”乃与“足食”“足兵”相对，他并不是说“无食”“无兵”。所谓“去”，有减省之意。“足食”“足兵”是为政的先决条件，赢得“民信”则是必要条件。“去食”与“民信”相比，孰轻孰重，不难明了。

孔子主张轻徭薄赋，藏富于民，《论语·颜渊》载：

> 哀公问于有若曰：“年饥，用不足，如之何？”有若对曰：“盍彻乎？”曰：“二，吾犹不足，如之何其彻也？”对曰：“百姓足，君孰与不足？百姓不足，君孰与足？”

鲁哀公问孔子弟子有若，收成不好，国用不足，怎么办？有若回答说，为什么不实行彻法，只抽十分之一的田税呢？哀公感到奇怪，说现在抽十分之二，我还不够，怎么能还要减少呢？有若则认为，如果百姓富足，国君怎么会不富足呢？如果百姓不富足，国君又怎么会富足呢？

图 10-12　有若像

在孔子弟子中，有若是很出色的一位，他的言论往往都很符合中道原则。他的话见载不多，却“言必有中”，例如他所说的“百姓足，君孰与不足”。君主是让老百姓过好日子的，如果先想到自己过好日子，就会失“正”，政治就难免不稳定。为什么强调政府的公信力？因为若个别为政者不讲信用，影响了政府公信力，危害是很深的。为政者内在的“仁”一定要体现在对社会的治理中，体现在如何对待老百姓的衣、食、住、行上。政府的公信力是慢慢积累的，而且要在积累过程中保持一致性，这是政府建立公信力的基础条件，这需要执政者具备一定的执政素养。孔子说得好：“君子欲言之见信也，莫善乎先虚其内；欲政之速行也，莫善乎以身先之；欲民之速服也，莫善乎以道御之。故虽服必强，自非忠信，则无可以取亲于百姓者矣。内外不相应，则无可以取信于庶民者矣。此治民之至道矣，入官之大统矣。”（《孔子家语·入官》）

有若的话与孔子的思想一以贯之，体现了孔子经济思想与政治思想的整体完整性。作为孔子弟子，有若秉承孔子重民、爱民思想，规劝鲁哀公对人民轻徭薄赋，以百姓的富足为富足。《说苑·政理》有相应记载：

> 鲁哀公问政于孔子。对曰：“政有使民富且寿。”哀公曰：“何谓也?”孔子曰：“薄赋敛则民富，无事则远罪，远罪则民寿。”公曰：“若是，则寡人贫矣。”孔子曰：“《诗》云：‘恺悌君子，民之父母。’未见其子富而父母贫者也。”

《中庸》记哀公问政，孔子说“时使薄敛，所以劝百姓也”，算是对这些讨论的总结。孔子的富民主张有很多具体举措，例如，“薄赋敛”即轻徭薄赋，“节用”即减少用度，以及“使民以时”（《论语·学而》）而不是违背农时。

儒家所讲的礼义、仁爱，正包含了富民、足民和藏富于民等意义。礼之义要求以百姓富足为前提，以民富为目的。礼仪制度的制定乃根据“人情”，此即“缘人情而制礼，依人性而作仪”（《史记·礼书》）。但是，人不仅要吃饱穿暖，还有更高的需求，如果这些欲求肆意膨胀，为了满足一己之心而不择手段，不仅会自食恶果，还会影响社会安宁。“君子爱财，取之有道”，取得自己应该得的报酬是义，过多索取就是欲。孔子不排斥经济利益，还主张“因民之所利而利之”（《论语·尧曰》），关注民众的愿望和要求，尽可能满足民众的物质利益需要。在孔子眼中，使百姓富裕是执政者的首要任务。为此，孔子也提出过各种富民措施，如前面说到的实行低税率；又如尽量减少百姓服徭役出苦力的时间，可以规定百姓每年出徭役三天且在农闲时候；再如因势利导，采取各种方法使百姓受益得利等。

财富是每个人不得不关注的问题，那么，应该如何面对财富？如何处理“义”与“利”的关系？对此孔子有十分精到的论述。他旗帜鲜明地亮出自己的观点：“富与贵是人之所欲也，不以其道得之，不处也；贫与贱是人之所恶也，不以其道得之，不去也。”（《论语·里仁》）他还说：“富而可求，虽执鞭之士吾亦为之。”如果能得到富贵的话，即使拿着鞭子去管理市场，自己也去干。孔子肯定追求财富、摆脱贫贱是人的天性，与此同时，他又强调获取财富要符合道义原则，摆脱贫贱要合乎正道而不走邪道。《论语》等典籍中多次明确说到这一点，如“见得思义”“见利思义”“义然后取”，即面对利益的诱惑时，要考虑接受它们是否符合“道义”“礼义”，符合的才能接受。

春秋时期贫富对立矛盾比较尖锐，孔子对此忧心忡忡，并提出财富分配要“均无贫”。孔子说“不患寡而患不均，不患贫而患不安”（《论语·季氏》），不是赞同寡与贫，而是强调公平公正、社会和谐的重要性。有社会正义在，财富分配公正，事实上就没有所谓的贫穷了。当时统治者利用职权，超越等级占有财富，这种事例比比皆是。季氏比周公还富足，却还到处大肆搜刮，而孔子的学生冉求就是帮凶。对此孔子忍无可忍，甚至号召自己的学生讨伐冉求。因为孔子深知，历次社会动乱无不是因社会财富的分配不均而引起，只有财富分配合理了，社会才能实现和谐稳定。

合理分配财富后就该好好地享用财富了，这就涉及财富的消费问题。关于这一点，尽管当时人们有各种各样的观点，但孔子立场鲜明地主张“节用”，甚至把这一点列入治理国家的原则中。他认为治理一个具有千乘战车的国家，节约费用、仁爱他人是重要的方面。而且，孔子在其极为重视的各种礼仪中也不忘提倡节俭。孔子倡导人们积极、努力追求精神财富，形成安贫乐道的人生观，争取达到“富而好礼”（《论语·学而》）的人生境界。孔子所谓“贫而乐”（《论语·学而》），不是说越穷越高兴，越穷越光荣，而是指处在贫苦中也应乐于学道，也不忘弘道。

孔子的学生子贡善于经商，富可敌国。子贡还乐于帮助别人，用他自己的钱赎回了在其他国家做奴隶的鲁人。按照鲁国法律，这样做可以从鲁国府库里领取钱财，子贡却推辞不要。孔子听说这事，就责怪子贡。对此，《吕氏春秋·察微》载：

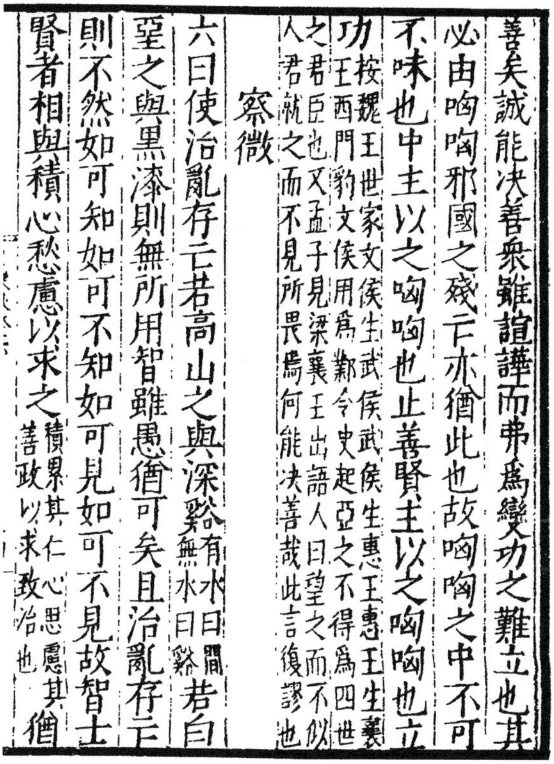
善矣誠能決善衆雖諠譁而弗爲變功之難立也其
必由哅哅邪國之殘亡亦猶此也故哅哅之中不可
不味也中主以之哅哅也止善賢主以之哅哅也立
功按魏王世家文侯生武侯武侯生惠王惠王生襄王西門豹文侯用爲鄴令史起亞之不得爲四世之君臣也又孟子見梁襄王出語人曰望之而不似人君就之而不見所畏焉何能決善哉此言復謬也
察微
六曰使治亂存亡若高山之與深谿有水曰澗無水曰谿若白
堊之與黒漆則無所用智雖愚猶可矣且治亂存亡
則不然如可知如可不知如可見如可不見故智士
賢者相與積心愁慮以求之積累其仁心思慮其善政以求致治也猶

图 10-13　《吕氏春秋·察微》

> 鲁国之法，鲁人为人臣妾于诸侯，有能赎之者，取其金于府。子贡赎鲁人于诸侯，来而让，不取其金。孔子曰：“赐失之矣。自今以往，鲁人不赎人矣。取其金则无损于行，不取其金则不复赎人矣。”

在孔子看来，境界高的人做事要着眼于移风易俗，教化开导百姓，并非只是适合自身。鲁国富人少而穷人多，如果因为赎人后从府库领取钱财就有损于德行，那么以后谁还会去赎人呢？《吕氏春秋·察微》又载：

> 子路拯溺者，其人拜之以牛，子路受之。孔子曰：“鲁人必拯溺者矣。”

子路救了一个落水的人，接受了被救者答谢的一头牛，孔子知道后，认为今后鲁国人一定喜欢救人于危难。子贡做好事没取报酬受到批评，子路救人一命收下答谢得到赞扬，孔子对二人做法的评价是基于对人情和人义予以综合考量的结果，他更关注事情本身的社会效果。人对利益都有一定的诉求，况且每个人的经济状况不同，苛求所有人都不求回报并不合情理。如果给予做好事的人适当物质鼓励，既尊重了做好事的人的付出，也符合“义”即社会影响的追求，这可以激发更多人做更多好事，改善社会风尚。

六、中正不倚的中庸思想

孔子的智慧来源于他对历史的总结。中国漫长的文化发展史给了孔子一个制高点，在他的时代，似乎没有人比他更“好学”，没有人比他更博学、更睿智。他与常人之不同，就在于他立足更高，所见更远。他思考人性与人道，思考人们该如何效法天地之道，如何整体、系统而动态地观察世界。从他敬仰的先圣先王那里，孔子看到了“允执其中”，看到了“时中之道”。孔子说：“中庸之为德也，其至矣乎！民鲜久矣。”(《论语·雍也》)通过继承、凝练与提升，孔子达到了他认识世界的最高境界。理解孔子的中庸学说，才能真正理解孔子。

对于“中庸”，历代学者做出过很多解释。可以说，“中庸”十分神奇，但同时理解这个概念本身似乎十分简单，因为“中庸”就是“执中”，就是“用中”。无论是《易经》，还是新出土的地下文献（例如《郭店楚墓竹简·五行》)，都证明“庸”在先秦时与“用”相通，“中庸”即“用中”。“用中”就是“用心”，“用心”就是“诚”。

宋代以来，学者们对“中庸”的解说越来越复杂。其实，汉代的郑玄解释得已经很清楚了，他说：“以其记中和之为用也。庸，用也。”庸，也就是“用”。《中庸》通篇讲的也是如何把握中道，在实践中如何使用“中”。

作为一个概念，“中庸”似乎不难理解，但要真正把握“中”道、做到“用中”却没那么容易，正因如此，孔子才说“中庸其至矣乎”。不难理解，“中”随着时间、空间的变化而变化，“中庸”不是简单的“调和”，也不是简单的“折中”。

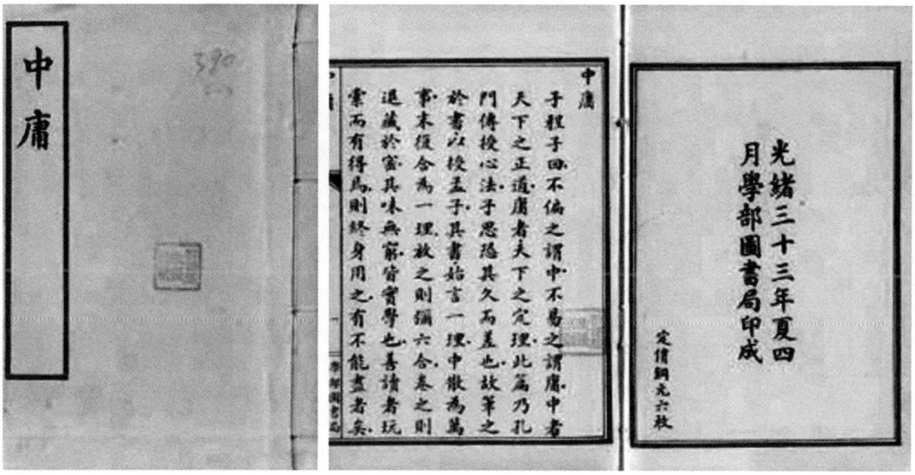

图 10-14　《中庸》清光绪刻本（中国国家博物馆藏）

中庸，就是“致中和”。对这个“中”的把握，就好像掌握平衡，这样的平衡就是一种稳定、一种和谐。如果不稳定、不和谐，就不能发展。所以《中庸》说．“致中和，天地位焉，万物育焉。”“天地位”就是稳定、和谐，“万物育”就是发展。“中”不是任何时候都能一眼看透，它不是简单的数理意义上的“中间”。

清华大学收藏有一批战国时期的竹简，价值极高。最初公布的第一篇文章被定名为《保训》，这是周文王临终时训诫太子的“遗言”①。周文王在位的第五十年病重，他担心自己来日无多，有可能来不及按照惯例会合诸侯，只好让太子先记录下他的遗言。《保训》首先交代背景，接着是文王所述的具体内容。文王

① 李学勤先生称之为“周文王遗言”，见李学勤《周文王遗言》，《光明日报》2009 年 4 月 13 日。

的遗言，列举了历史上先王保有大命、建立王业的事迹，以启发和教育太子。他先叙述了大舜行“中道”的故事，又叙述上甲微、成汤行“中道”的故事。其文曰：

昔舜久作小人，亲耕于历丘，恐求中，自稽厥志，不违于庶，万姓之多欲。厥有施于上下远迩，乃易位迩稽，测阴阳之物，咸顺不扰。舜既得中，言不易，实变名，身滋备惟允，翼翼不懈，用作三降（隆）之德。帝尧嘉之，用受厥绪。呜呼！发，钦之哉！

图 10-15　清华简《保训》

昔微假中于河，以复有易，有易服厥罪。微无害，乃归中于河。微志弗忘，传贻子孙，至于成唐（汤），祗备不懈，用受大命。

人们惊奇地发现，周文王临终谆谆嘱托其太子的竟然就是一个“中”字，这个字先后出现了四次。这段遗言讲述了两个故事，一是讲如何学会增长才干，理解人生，懂得社会；二是讲怎样把握方式，处理矛盾，使事情做得恰到好处。文王对太子提出的要求很严格，希望太子认真遵行，保持诚敬态度，不要松懈。他要求太子了解民情、了解人生，深入社会、认识社会，从而准确把握矛盾，尽量处事以“中”。

据《逸周书·五权解》记述，武王临终时，同样希望自己的儿子做到“中”。武王让周公辅佐成王，他对周公说“先后小子！勤在维政之失”，希望他“克中无苗，以保小子于位”，又说“维中是以，以长小子于位，实维永宁”。本着适中无邪的原则，既要“保”其在位，又要“长”其于位，使其在王位上尽快成长。如何保位？要“克中无苗”；如何成长？要“维中是以”，即维中是用。孔子“宪章文武”，所以文王、武王的“中道”思想一定对孔子产生了很深的影响！

文王、武王、周公以后，周人认真遵行“中”，在西周时期，“中道”思想很受重视。在他们的观念中，“天道尚左，日月西移；地道尚右，水道东流；人道尚中，耳目役心”（《逸周书·武顺解》）。人道尚“中”，就像“日月西移”“水道东流”那样，自然而然，理当如此。所谓“耳目役心”，就是“耳目役于心”，即用心去思考、分析、把握信息。而“用心”要“有心”，要具有透过现象看本质的能力。这种朴素的“人道”主张，将“天”“地”“人”合观，把人放在天地之间，没有孤立看待人的问题。

历史上，“中庸”曾备受误解，不少人认为“中庸”就是没有原则，就是片面“折中”或“调和”。时至今日，还常常会听到一些有关的似是而非的论调。事实上，孔子非常反对不讲原则的做法，认为这是“乡愿”，是“德之贼”（《论语·阳货》），是对道德的戕害。

中庸，指准确判断事情变化，把握时空条件，掌握事态动向，将问题处理得恰到好处。要在具体实践中“执中”“用中”、符合“中道”，需要具备知识与境界，具有理解能力与水平，了解事物属性，把握事物发展规律。孔子十分赞赏和尊崇大舜，认为他能够“好问而好察迩言，隐恶而扬善，执其两端，用其中于民”。清华简《保训》篇中所记述的，正是大舜以“中道”治天下的具体事实。“中”是不断变化的，就像平衡被打破后如果要继续保持平衡，就应采取相应措施。舜也一定是这样，因此孔子感叹大舜有“大智”（《礼记·中庸》）。

那么，这个“中”的标准是什么？这个“中”就是“礼”。西周职官中有“师氏”，具体职掌邦国事务是否合乎法度、礼制，并以之教育后代。《周礼·地官·师氏》曰：“师氏……掌国中失之事，以教国子弟。凡国之贵游子弟学焉。”郑玄注：“教之者，使识旧事也。中，中礼者也；失，失礼者也。”符合礼的为“中”，否则就不是“中”，就是“失”。所以《逸周书·武顺解》又说：“天道曰祥，地道曰义，人道曰礼。”这里的“礼”符合天理、人情。

人以“礼”为标准学会守“中”，使行为符合法度，这是主动“中庸”。但有时候，一些人（或者“个别人”）需要教育、教化学会守“中”，这是被动“中庸”，这便是《周礼》所说“以刑教中”（《周礼·地官·大司徒》）。这里的“刑”可与“型”相通，所以“刑”包含两重意义：一是具有强制性的“以刑罚处置”，二是具有主动性的“树立标准引导”。因此《周礼》所说的“以刑教中”内涵丰富，与孔子思想一致。孔子说：“名不正则言不顺，言不顺则事不成，事不成则礼乐不兴，礼乐不兴则刑罚不中，刑罚不中则民无所错手足。”（《论语·子路》）如若“刑罚不中”，何以“以刑教中”？孔子曾说“君子怀刑”（《论语·里仁》），意即“君子怀型”，是说君子怀有做人处世的正确标准。

在现实社会中，有很多时候人的行为未必合适。按照孔子的价值取向，社会管理的最高境界是用道德教化人心，并以政治引导人民。但政教不是万能的，它并非任何时候、对任何人都适用，而且有的人“化之弗变，导之弗从”（《孔子家语·刑政》），其行为伤义败俗，负面影响很大，对这些人就只能“用刑”，采取强硬措施。这种对“伤义败俗”者的惩罚，是对价值观混乱、是非观扭曲者行为的矫正，是对社会行为的刚性引导。这是从“刑”的特殊角度，告诉人们什么是“中”，什么样的行为才不违背社会规范。

从实质上讲，“中庸之道”就是修身之道，也是君子之道。孔子主张仁政德治，他教育弟子时十分强调个人修养，教之以《诗》《书》，道之以孝悌，用仁义、礼乐加以教育和启示，以成就其道义、德行。这就是人的具体的修身方式与途径。

怎样“致中和”？《中庸》载：“喜怒哀乐之未发，谓之中；发而皆中节，谓之和。”人都有喜、怒、哀、乐之类的情绪，这是对外部事物的正常反应。人们对外界事物的反映都具有一定的客观性，正如《尚书·盘庚中》所说“各设中于乃心”。人心里面的那个“中”，是人正常的情绪与心境，它正常、适度、有节地进行表达，才会得到“和”的结果。人怎样才能“发而皆中节”，这才是问题的关键或要害。这需要“以礼制中”，需要懂得礼，需要素养、格局与境界，不然就不能“用中”，或者说就把握不了“中”；做不到“中庸”，就无法达到“中和”状态。没有对“中”的认识和把握能力，就不能“致中和”。可见，“中和”的标准在于礼。

在孔子看来，礼与中、礼与和紧密联系。他曾说：“夫礼，所以制中也。”这是他与弟子们一起讨论礼时的明确表述。《孔子家语·论礼》载：

> 孔子闲居，子张、子贡、言游侍，论及于礼。孔子曰：“居！汝三人者，吾语汝，以礼周流，无不遍也。”
>
> 子贡越席而对曰：“敢问如何？”子曰：“敬而不中礼，谓之野；恭而不中礼，谓之给，勇而不中礼，谓之逆。”子曰：“给夺慈仁。”
>
> 子贡曰：“敢问将何以为此中礼者？”子曰：“礼乎！夫礼，所以制中也。”

此处孔子关于“以礼制中”的表述，可以说既简洁又明确。“敬”“恭”“勇”看起来都是不错的品质，但如果不能运用得恰到好处，超过了应有的限度，就会走向反面，无法达到预期的效果。所谓礼，就是“理”。孔子说：“夫礼者，理也。”（《孔子家语·论礼》）《礼记·礼器》也说：“礼也者，合于天时，设于地财，顺于鬼神，合于人心，理万物者也。”合理的才“合礼”，合乎“礼”才是“中”。“中”符合天理，顺乎人情，合乎人心。这种

“中”的合理表达，其结果必然是“和”。没有和谐稳定，就没有进步发展。所以《中庸》又载：“致中和，天地位焉，万物育焉。”“天地位”就是和谐，“万物育”便是发展。孔子主张用仁、义、礼、智教化民众，人有了个体素养的提升，有了对社会及人生的深刻理解，才有可能认识和把握“中”，从而尽力做到“中和”。

不难看出，认识和把握“中”，进而做到“中庸”，是一种境界，但长期做到“中庸”很不容易，所以《论语·雍也》记孔子言：“中庸之为德也，其至矣乎！民鲜能久矣。”《礼记·中庸》也记有大致一样的话：“中庸其至矣乎！民鲜久矣。”所谓“久”，意味着“大中”“无邪”，意味着修养高、有坚守，这一定是具有了很高的仁德境界。有人不能“久处约”，不可以“长处乐”，是因为没有做到“仁”，所以孔子说“仁者安仁”（《论语·里仁》）。颜回为什么能“其心三月不违仁”（《论语·雍也》）？在孔子看来，只有真正的君子才能做到这一点，所以他说：“君子无终食之间违仁，造次必于是，颠沛必于是。”（《论语·里仁》）能够长期中庸的人，有对于礼的坚守，能持之以恒循理而动。中庸之道是修身的法宝，其基本点在于使人自觉修身、自觉完善，自我监督、自我教育，努力成为具有君子人格的人；而其理论基础则在于使人道符合天道，将天、人合一，尽心、知性、知天，将人的理性与情感统一起来，完善自己的品德和智慧。

中庸是人生和谐之道，也是世界和谐之道。人生和谐的追求需要以“义”为准则，力求使言行“惟义所在”（《孟子·离娄下》）。“中和”之境的“和谐”不是暂时的，而是建立在“礼”的牢固基础上，具有相对稳定性。儒家主张“以和为贵”，同时主张“以礼节和”，认为不可为了和谐而一味地、片面地求和，不能不用礼加以节制，即“知和而和，不以礼节之，亦不可行也”（《论语·学而》）。礼之用是为了和，知有所“节”才能真正达到“和”。中庸之常道，要不偏不倚，不能“过”也不能“不及”，要恰到好处。

要“中庸”或者“用中”，须有系统观念、全局意识、整体思维。正如

《荀子·大略》所说："礼之于正国家也，如权衡之于轻重也。"我们以往常用秤或天平，秤或天平达到平衡状态时，可以把这个"平衡"视为"用中"。但是，就像事物总是在不断发展变化那样，这种和谐、平衡也是动态的，而不是静止的，时间、空间等相关条件发生变化，"用中"的标准也会发生变化。比如秤，物体增加或者减少，平衡就被打破；要维持新的平衡，达到新的"中"，秤砣必须进行相应移动。但是，要使这种移动适当，必须处理好三个问题：第一，往哪儿移动，即方向；第二，移动多少，即距离；第三，移动快慢，即速度。无论哪个方面做不好，这个平衡就会被打破，就达不到"中庸"预期的效果。事情发生变化后，要在新的条件下做到"中庸"，就必须准确地认知事物的变化。

中庸，也是"时中"。"中庸"或"用中"是一个不断纠偏的过程。了解到这一点，就把握了中庸思想的要点。显然，"中"不是简单的数理意义上的"中间"，不是一眼就能看透的。也就是说，"中"的标准不是一成不变的。《论语·乡党》中记载了这样的故事：

> 色斯举矣，翔而后集。曰："山梁雌雉，时哉！时哉！"子路共之，三嗅而作。

这是一个很具体、很生动的场景。有一次，孔子和子路在山间散步，发现前面有一群雌雉（野鸡）。子路好动，他看见野鸡，做出一个举手之类的动作，野鸡看到后便警觉地飞到了前面的树上。见到这个情景，孔子脱口而出地赞叹："山梁雌雉，时哉！时哉！"意思是山梁间的野鸡，它懂得"时"呀！时，就是"时中"，野鸡知"时"，发现了"变化"，并顺应了这种"变化"。野鸡发现对自己造成了危险和不利的情况，就立即远离这种危险，把自己置于安全境地。孔子对此非常感慨，慨叹雌雉之知"时"！

《大学》引《诗》云："缗（mín）蛮黄鸟，止于丘隅。"又记孔子说："于止，知其所止，可以人而不如鸟乎？"那些小鸟知道停落在山丘安全之处，孔子很感慨，他说何以有的人还不如这些小鸟呢？

现实生活中也常有这样的例子。有的人浑浑噩噩，不明确自己人生的时空定位，还怨天尤人、牢骚满腹，这就是不知“时”的缘故。孔子说得好：“不患无位，患所以立。”人们应该加强对自身的修炼，不要担心有没有自己的“位”，而应该担心自己能否适合一定的“位”。一个人有了立身的本领，就不用担心“位”的问题。一个人明白了自己现在所处的“时”，清楚自己是谁，要走向哪里，就能够抓住当下，“知止而后有定”（《礼记·大学》），就能够“藏器于身，待时而动”（《周易·系辞下》）。

图 10-16　《圣迹图》之“观周欹器”图

从这句话看，《论语》的编者有其深意，这个深意恰恰就在于“时”。《周易》中亦载“坤以藏时”，孔子“时”的思想意义重大。儒家典籍中有很多相关记述，它们大都是相通的。这给我们的启发是：我们都应该了解自己，了解自己是谁，了解自己是做什么的，了解自己能不能做好自己该做的事。

第十一章

『六经』之教与孔子遗说

孔子所尊崇的“先王政典”之类的文献载记，其中有许多都“布在方策”(《礼记·中庸》)或“书于竹帛”(《墨子·兼爱下》)。孔子从事诗、书、礼、乐、易、春秋“六艺”之教，为了便于施教，于是认真整理文献，删《诗》《书》、订《礼》《乐》、赞《易》、作《春秋》，并结合现实阐发其义理。在长期的教学过程中，孔子有不少思想言论被弟子后学记录整理并流传下来。除了《论语》，还有其他如《孔子家语》《孔丛子》《孔子三朝记》《易传》等文献，都十分珍贵。可是，其中有不少长期遭受怀疑，几乎被弃置不用。

一、“六经”及其教化功能

六经原称“六艺”。“六艺”之名始见于《周礼》。《周礼·地官·保氏》载：“保氏掌谏王恶，而养国子以道。乃教之以六艺。”但这里的“六艺”是指礼、乐、射、御、书、数，是古代教育的六种科目。后来，儒家的“六经”也称“六艺”。司马迁说：

> 孔子曰：“六艺于治一也。《礼》以节人，《乐》以发和，《书》以道事，《诗》以达意，《易》以道化，《春秋》以义。”(《史记·滑稽列传》)

孔子为“六艺”编订教本，此即儒家“六经”。从史料记载看，“六经”

之名可能在庄子以前已经确立。《庄子·天运》篇记载：“孔子谓老聃曰：‘丘治《诗》《书》《礼》《乐》《易》《春秋》六经。’”《天运》属于《庄子》的《外篇》，一般认为《庄子》的《内篇》时间较早且比较可靠，《外篇》和《杂篇》则时间较晚。但新出地下文献资料改变了人们的这种认识：湖北江陵张家山、安徽阜阳双古堆两座汉墓中发现的竹简《庄子·杂篇》，证明《庄子》之《外篇》及《杂篇》的成书时间，应该“距离庄子活动的时间不远”，很可能就成书于先秦时期。①

孔子对“六经”的认识有一个演变过程，这也影响到后人对“六经”次序的认识。马王堆帛书《要》篇提供了孔子与《易》关系的新线索。结合传世文献，可以看出孔子晚年对《易》产生了浓厚兴趣，这就是《论语》《史记》等书所说“晚而喜《易》”，而此前他并不非常重视《易》。可能由于这个原因，原来的“六经”常以《诗》为首，后来才用以《易》居前的方式，将《易》冠于《诗》《书》《礼》《乐》之前。②

首先，“六经”具有不同特性。孔子整理“六经”，实际是整理古代传承下来的文化资源，这些文化资源是深厚而多元的。对此，前人的认识已经十分明确，如《庄子·天下》篇说：“古之人其备乎！配神明，醇天地，育万物，和天下，泽及百姓，明于本数，系于末度，六通四辟，小大精粗，其运无乎不在。其明而在数度者，旧法世传之史尚多有之。其在于《诗》《书》《礼》《乐》者，邹鲁之士、搢绅先生多能明之。《诗》以道志，《书》

---

① 1988年初，湖北江陵张家山第136号墓中出土了《庄子·盗跖》，该墓主下葬的上限为汉文帝前元十三年（前167）（荆州地区博物馆：《江陵张家山两座汉墓出土大批竹简》，《文物》1992年第9期）；1977年发掘的安徽阜阳双古堆一号汉墓中出土了大批竹简，其中有几篇《庄子》残简，据考证属于《庄子·杂篇》的《则阳》《外物》《让王》。双古堆一号汉墓墓主为西汉的第二代汝阴侯夏侯灶，此人卒于汉文帝前元十五年（前165）（韩自强：《阜阳汉简〈庄子〉》，《文物研究》第六辑，黄山书社1990年版）。

② 廖名春先生专门探讨过“六经”的次序问题，对前人的论述进行了细致分析。见其《“六经”次序探源》，《历史研究》2002年第2期。

以道事，《礼》以道行，《乐》以道和，《易》以道阴阳，《春秋》以道名分。其数散于天下而设于中国者，百家之学时或称而道之。”按照《庄子》的说法，“六经”之中包含了治世的法度，无论大经大法还是细枝末节、“小大精粗”，无所不有，所以《庄子》赞叹“古之人其备乎”。

图 11-1　明人彩绘《圣迹图》之“退修诗书”图（孔子博物馆藏）

其次，各经功能不同。战国秦汉时期，人们对此问题的认识大致都是如此。依我们今天的眼光看，经由孔子整理的“六经”（或“六艺”）可大致分属于今之社会科学的各个门类：《易》属于哲学，《书》属于政治学，《诗》属于文学，《乐》属于艺术学，《礼》属于伦理学与行为规范，《春秋》属于历史学。有学者从出土文献中得到启示，给经书以现代性的解释，认为《诗经》所代表的人是感情的动物，《书经》所代表的人是政治的动物，《礼记》所代表的人是社会的动物，《春秋》所代表的人是历史的动物，《易经》所代表的人是具有终极关怀的动物。①

① 杜维明：《郭店楚简与先秦儒道思想的重新定位》，《郭店楚简研究》（《中国哲学》第二十辑），辽宁教育出版社 1999 年版。

“六经”之成为“经”，关乎“王道”教化。所谓“圣人制作曰经”（《博物志》卷六《文籍考》）。孔子之前，经书已经存在，只不过那时的经书与我们今天所看到的面貌不同。春秋时期，《诗》《书》《礼》《乐》是人们共同学习的科目，《左传·僖公二十七年》中关于“说《礼》《乐》而敦《诗》《书》”的记载就证明了这一点。《礼记·王制》云“乐正崇四术，立四教，顺先王《诗》《书》《礼》《乐》以造士。春秋教以《礼》《乐》，冬夏教以《诗》《书》”，说的也是春秋时期的情形。《诗》《书》《礼》《乐》为“先王”之书，因此受到孔子的重视。

因为“六经”中蕴涵了“先王之道”，所以孔子重视“六经”，认识到“六经”的教化功能。孔子说：

> 入其国，其教可知也。其为人也，温柔敦厚，《诗》教也；疏通知远，《书》教也；广博易良，《乐》教也；洁静精微，《易》教也；恭俭庄敬，《礼》教也；属辞比事，《春秋》教也。
>
> 故《诗》之失，愚；《书》之失，诬；《乐》之失，奢；《易》之失，贼；《礼》之失，烦；《春秋》之失，乱。其为人也，温柔敦厚而不愚，则深于《诗》者矣；疏通知远而不诬，则深于《书》者矣；广博易良而不奢，则深于《乐》者矣；洁静精微而不贼，则深于《易》者矣；恭俭庄敬而不烦，则深于《礼》者矣；属辞比事而不乱，则深于《春秋》者矣。（《孔子家语·问玉》）

在孔子的心目中，这些“先王政典”从不同角度教化人心，不同的经典作用有所不同，但都可以移风易俗，敦化社会风尚。反过来，从民风民俗中也可以看到经典教育是怎样取得成效的。《论语·学而》载：

> 子禽问于子贡曰：“夫子至于是邦也，必闻其政，求之与？抑与之

与？”子贡曰：“夫子温、良、恭、俭、让以得之。夫子之求之也，其诸异乎人之求之与？”

子禽感到孔子善于理解不同国家和区域的风俗，但不知他何以如此，便向子贡询问。子贡认为，孔子得知这些事情不是打听得来，也不是别人主动告诉他的，而是孔子凭借人们的温和、善良、恭谨、节俭、谦逊得知的。孔子是从教化角度了解民情，从而又以民情推知政治教化。可以说，这是孔子独特的认知方式。“六经”有益于社会教化，后来的儒家学者对此认识都十分一致、十分明确。董仲舒说：“君子知在位者不能以恶服人也，是故简六艺以赡养之。”（《春秋繁露》卷一《玉杯》）

二、孔子与“六经”的整理

孔子向往三代之治，不满于春秋以来的社会现实，不满于当时“礼坏乐崩”、王道不行的政治局面，于是他整理“六经”并以之教授生徒。《史记·孔子世家》曰：“孔子之时，周室微而礼乐废，《诗》《书》缺。”于是，“孔子闵王路废，邪道兴，于是论次《诗》《书》，修起礼乐”。《诗》《书》《礼》《乐》之外，《易》成于殷商末西周初，《春秋》为鲁国国史。孔子对《诗》《书》《礼》《乐》进行加工整理后，又“赞《易》”而作《易传》，据鲁史而成《春秋》，从而以“六经”作为教材教授弟子。《史记·孔子世家》云“孔子以诗书礼乐教”。

孔子担心王道废弛而整理六经，借助先王旧典以明王道。他说：“我欲载之空言，不如见之于行事之深切著明也。”（《史记·太史公自序》）。《汉书·地理志》也说：“孔子悯王道将废，乃修六经，以述唐虞三代之道。”孔子致力于六经整理与研究，使之成为儒家经典，这是他对于中国文化的极大贡献。“六经”包蕴精微而博大，诚如《韩诗外传》卷五所云：“儒者，儒也。儒之为言无也，不易之术也。千举万变，其道不穷，六经是也。”

图 11-2 明人彩绘《圣迹图》之“删述六经”图（孔子博物馆藏）

孔子与诸经关系各有不同，这在他对六经所做的工作中体现出来：

1.“论次”《诗》《书》

孔子整理《诗》《书》的方法，《史记·儒林列传》称之为“论次”。所谓“论次”，应该是研究整理，去其冗杂，重新编排。

《诗》，后世又称《诗经》。司马迁在《史记·孔子世家》中解释说：

> 古者《诗》三千余篇，及至孔子，去其重，取可施于礼义，上采契、后稷，中述殷、周之盛，至幽、厉之缺，始于衽席，故曰“《关雎》之乱以为《风》始，《鹿鸣》为《小雅》始，《文王》为《大雅》始，《清庙》为《颂》始”。三百五篇孔子皆弦歌之，以求合《韶》《武》《雅》《颂》之音。

这里，司马迁不仅谈到了《诗》在孔子以前是什么面貌，也谈到孔子为什么以及怎样整理《诗》。

在今本《诗经》以外有不少的逸诗，这说明今本《诗经》的确经过了编订。儒家典籍所述所引基本不离今本，说明它很可能经过了孔子的删订。《论语》两次提到“《诗》三百”，又有十多次提到“《诗》”，除了个别句子，所引诗篇都在今本《诗经》中。《孟子》引诗共37次，其中也仅有一次称引自逸诗，而且只有一句。孔子删《诗》，重要标准之一是“取可施于礼义”，由此“以备王道，成六艺”并成为儒家的教科书。因此，在后世著作中，儒家所引逸诗的比率明显不及其他各家。

《诗》在孔子之前应该已经形成，鲁襄公二十九年（前544），吴国公子季札至鲁“请观周乐”，鲁国师工所歌《诗》之内容与今日所传《诗》相近，时孔子八岁。鲁国乐工所演奏的《国风》《雅》《颂》等虽然编次与今本大体相同，但毕竟两者有差异。对于这种差异，晋朝学者杜预已有所注意，他在《春秋经传集解》中将演奏次序与今本不同者一一注明，并说：“后仲尼删定，故不同。”《诗》经由孔子删定，这是很好的证明。

在长期的流传过程中，《诗》出现了错讹，曲调散乱，或有句而不能成章，或有章而不能成篇。孔子留意搜求，核对校勘，对《诗》进行整理。情况很可能是，孔子对《诗》的语言文字进行了一定的统一订正整理，还删除重复篇章，调整了篇章编次。孔子还进行了“正乐”的工作，孔子说：“吾自卫返鲁，然后乐正，《雅》《颂》各得其所。”（《论语・子罕》）

孔子认为《诗》内容丰富，思想纯正，所以十分重视对《诗》的学习。在教学中，他首先进行的就是《诗》的教学。他说：“《诗》三百，一言以蔽之，曰：‘思无邪。’”（《论语・为政》）又说：“小子！何莫学夫诗？诗，可以兴，可以观，可以群，可以怨。迩之事父，远之事君。多识于鸟兽草木之名。”（《论语・阳货》）孔子认为《诗》可以使人“温柔敦厚”，具有陶冶性情、表情达意的作用，所以孔子非常重视“诗教”。孔子说：“人而不为《周南》《召南》，其犹正墙面而立也与？”（《论语·阳货》）他认为：“不学《诗》，无以言。”（《论语·季氏》）

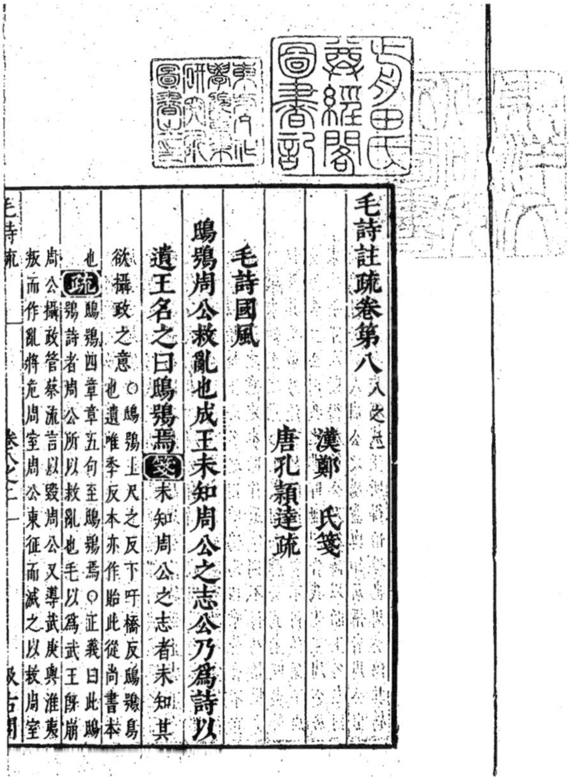
毛詩註疏卷第八　八之一
漢鄭氏箋
唐孔穎達疏
毛詩國風
鴟鴞周公救亂也成王未知周公之志公乃為詩以
遺王名之曰鴟鴞焉 箋 未知周公之志者未知其
欲攝政之意○鴟鴞上尺之反下吁橋反鴟鴞鳥
也遺唯季反本亦作貽此從尚書本
疏 鴟鴞四章章五句至鴟鴞焉○正義曰此鴟
鴞詩者周公所以救亂也毛以為武王既崩
周公攝政管蔡流言以毀周公又導武庚與淮夷
叛而作亂將危周室周公東征而滅之以救周室

图 11-3　《诗经》

《书》，又称《尚书》《书经》。在孔子之前，已经有《夏书》《商书》《周书》等散篇流行于世，《尚书纬》载：“孔子求《书》，得黄帝玄孙帝魁之书，迄于秦穆公，凡三千二百四十篇。断远取近，定可以为世法者百二十篇。以百二篇为《尚书》，十八篇为《中侯》。”其所记虽未必足信，却说明孔子整理编纂《尚书》是有资料可寻的。孔子认识到三代时期文献档案的思想和价值，便广泛搜求，把零散的资料汇编成集。他“序《书传》，上纪唐虞之际，下至秦缪，编次其事”（《史记·孔子世家》）。孔子所做的工作，主要是“编次”和“纂”，即对古代文献进行汇集编排。孔子不仅作了《书序》，还进行了断限和选材，“断远取近”，“上断于尧，下讫于秦”，“其文不雅驯”者不选，舍弃了尧、舜以前的材料。从此，《书》就成为孔子所编订的这部文献总集的专称。

孔子认为《尚书》可以使人“疏通知远”，所以对其十分重视，常常引用。《论语·述而》载：“子所雅言：《诗》、《书》、执礼，皆雅言也。”孔子向弟子教授《诗》《书》，指导学生的礼仪实践时均使用“雅言”。

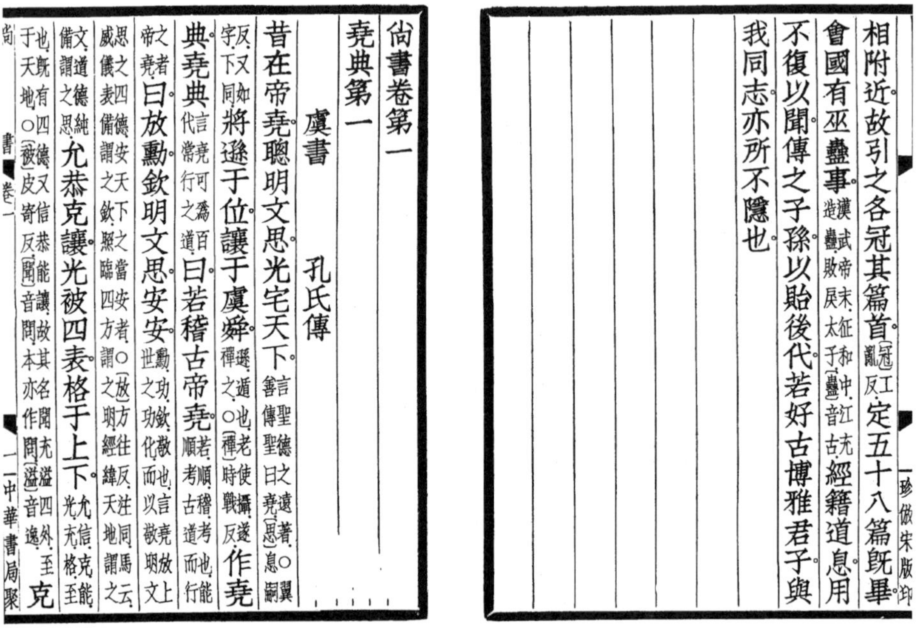
相附近。故引之各冠其篇首。[冠]工亂反。定五十八篇。既畢，會國有巫蠱事。漢武帝末征和中，江充造蠱敗戾太子。[蠱]音古。經籍道息，用不復以聞，傳之子孫，以貽後代。若好古博雅君子，與我同志，亦所不隱也。

一 珍倣宋版印

尚書卷第一

堯典第一

虞書　孔氏傳

昔在帝堯，聰明文思，光宅天下。言聖德之遠著。○翼善傳聖曰堯。[思]息嗣反，又如字，下同。將遜于位，讓于虞舜。遜，遁也。老使攝，遂禪之。○[禪]時戰反。作堯典。言堯可爲百代常行之道。曰若稽古帝堯，若，順；稽，考也。能順考古道而行之者，帝堯。曰放勳，欽明文思安安，勳，功；欽，敬也。言堯放上世之功化，而以欽明文思之四德，安天下之當安者。○[放]方往反，注同。馬云：威儀表備謂之欽，照臨四方謂之明，經緯天地謂之文，道德純備謂之思。允恭克讓，光被四表，格于上下。允，信；克，能；光，充；格，至也。既有四德，又信恭能讓，故其名聞充溢四外，至于天地。○[被]皮寄反。[聞]音問，本亦作問。[溢]音逸。克

尚書　卷一　一　中華書局聚

图 11-4　《尚书》

2. “修起”《礼》《乐》

孔子曾经“修起《礼》《乐》”，《礼》是指《仪礼》，《礼》和《乐》都是儒家“六经”之一，孔子应当对《礼》和《乐》进行过整编和修订。

《仪礼》现存十七篇，记载了周代所倡导和施行的有关仪节制度和行为规范。殷商时代，礼主要表现在祭祀仪式方面，周灭殷后承袭部分殷礼，加

以改造而成为周礼，并将其扩展至整个社会政治范围内。

儒家强调“陈其数”而“知其义”，讲求礼的本质意义，认为不仅要明了各种礼仪的具体规定，更要明了其中的思想内涵。孔子“追迹三代之礼”，对《礼》有所阐述，所以司马迁说“故《书传》《礼记》自孔氏”。

《仪礼》十七篇的某些内容，可能是周公“制礼作乐”时所规定的一些礼仪。《经典释文·序录》说“《周》《仪》二礼并周公所制”很有道理，礼典的施行往往先于礼书的撰作，礼书很可能是对已经施行的礼制的系统化总结。但是，《礼记·杂记》说：“恤由之丧，哀公使孺悲之孔子学士丧礼，士丧礼于是乎书。”孺悲跟随孔子学习士丧礼，以后才有了著于竹帛的《士丧礼》。《仪礼》中的其他篇章也可能与孔子有关。《礼经》（即《仪礼》）应当经过了孔子的整理与传授，孔子对礼确有“修起”之功，所以《汉书·艺文志》说：“《礼古经》五十六卷，《经》十七篇。……《礼古经》者，出于鲁淹中及孔氏，与十七篇文相似，多三十九篇。”

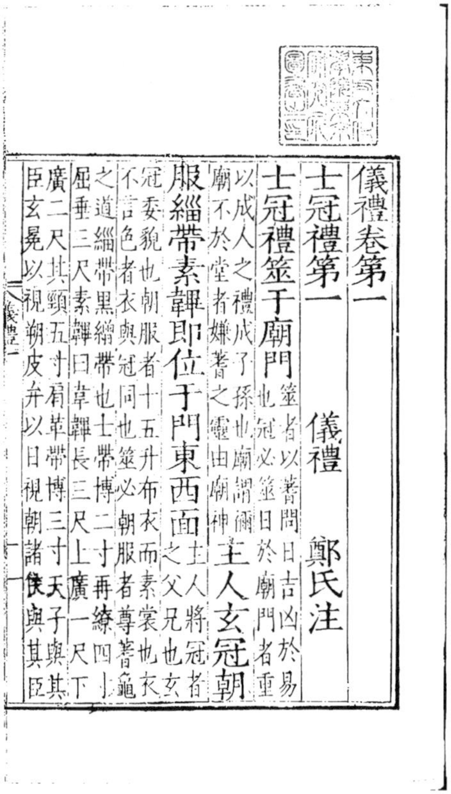
儀禮卷第一
士冠禮第一　儀禮　鄭氏注
士冠禮筮于廟門筮者以蓍問日吉凶於易也冠必筮日於廟門者重以成人之禮成子孫也廟謂禰廟不於堂者嫌蓍之靈由廟神主人玄冠朝服緇帶素韠即位于門東西面主人將冠者之父兄也玄冠委貌也朝服者十五升布衣而素裳也衣不言色者衣與冠同也筮必朝服尊蓍龜之道緇帶黑繒帶也士帶博二寸再繚四十屈垂三尺素韠白韋韠長三尺上廣一尺下廣二尺其頸五寸肩革帶博三寸天子與其臣玄冕以視朝皮弁以日視朝諸侯與其臣

图 11-5《仪礼》

现存经书没有“乐经”，“六经”中的“乐经”何指？人们对此看法不一。先秦及秦汉时期，人们把《诗》《书》《礼》《乐》《易》《春秋》并提，表明历史上曾有名为《乐》的书籍存在，这一点应该没有问题。有人认为，《乐》本来有经，只是因为秦始皇焚书而归于亡佚。也有人认为，由于《诗》具有可以“弦歌”的特征，《乐》原来只是附于《诗经》的乐谱或者举行礼仪活动时所奏的乐曲，未必有经文存在。对于作为“六艺”之一的乐，今天可以从《周礼 · 大司乐》和《礼记 · 乐记》等篇略知其中的精神。

孔子重视乐，也精通乐。孔子以仁为本，礼、乐并提，他说：“人而不仁，如礼何？人而不仁，如乐何？”（《论语 · 八佾》）他强调乐对人的塑造作用，认为人应当“兴于《诗》，立于礼，成于乐”（《论语 · 泰伯》），通过乐方能达到仁的最高境界。孔子在乐方面有很深造诣，他在齐国闻《韶》乐，三月不知肉味，还说“不图为乐之至于斯也”（《论语 · 述而》）；孔子曾与鲁国的太师谈论音乐，并从声调方面说明乐的发展。孔子对音乐有独到的见解，早年便“恶郑声之乱雅乐也”（《论语 · 阳货》），晚年又自述道：“吾自卫返鲁，然后乐正，《雅》《颂》各得其所。”（《论语 · 子罕》）他对乐进行了加工和整理，确有“正乐”之功。

3. “作”《春秋》

《春秋》是我国的第一部编年体史书，系孔子根据鲁史编纂而成。该书纪事起自鲁隐公元年（前722），迄于鲁哀公十四年（前481），以鲁国历史为主，记录了春秋时期二百四十二年的历史。

《春秋》是孔子基于世道衰微的社会现实而作。其时诸侯纷争，礼崩乐坏，君、臣、父、子名分紊乱，孔子深为忧虑，于是作《春秋》以警诫乱臣贼子。《孟子 · 滕文公下》云：

> 世衰道微，邪说暴行有作，臣弑其君者有之，子弑其父者有之。孔子惧，作《春秋》。《春秋》，天子之事也。是故孔子曰：“知我者其惟《春秋》乎！罪我者其惟《春秋》乎！”……孔子成《春秋》而乱臣贼子惧。

孔子在特殊历史条件下写成的《春秋》有深刻的政治寓意。《孟子 · 离娄下》也说：

> 王者之迹熄而《诗》亡，《诗》亡然后《春秋》作。晋之《乘》、

楚之《梼杌（táo wù）》、鲁之《春秋》，一也。其事则齐桓、晋文，其文则史。孔子曰：“其义则丘窃取之矣。”

图 11-6 孔子作《春秋》处

《春秋》是孔子所作，它与晋、楚、鲁等国史书不同，其中存在孔子的“窃取”之义。司马迁也论及“孔子因史文次《春秋》”（《史记·三代世表》），还指出《春秋》的写作原则是“据鲁，亲周，故殷，运之三代”，通过鲁国史事表现周朝的王道之义。杜预在《春秋左传序》中说：“仲尼因鲁史策书成文，考其真伪，而志其典礼，上以遵周公之遗制，下以明将来之法。”

有人否认孔子作《春秋》之说。因为《左传》记载孔子“修”《春秋》，而孟子却说孔子“作”《春秋》，这与孔子自称“述而不作，信而好古”相矛盾。其实，李学勤先生说得好：“孔子修改鲁史，成为传世《春秋》，自其本于旧作而言是‘脩’，由其终成新书而言是‘作’，其间实无矛盾。……孔子自谦‘述而不作’，弟子后人尊之为圣人，则称为‘作’，其间也没有矛盾。如因孔子有此语，就否定孔子有所著作，便与实际不合了。”①虽然早在孔子以前鲁国已有《鲁春秋》，且文字与今之《春秋》大体相同，

① 李学勤：《孔子与〈春秋〉》，《孔子与国学的新认识——曲阜孔子书院学刊文选》，曲阜孔子书院编辑部，2006 年，第 132 页。

但今本《春秋》并非《鲁春秋》。二者有相同之处，是由于孔子修《春秋》时参考了《鲁春秋》，如果据此而否认孔子作《春秋》，就站不住脚了。

《春秋》寄寓了孔子的“微言大义”，融入了孔子的思想主张，最直接地表达了孔子的观点，所以《史记》说“《春秋》以道义”。《春秋》本着“拨乱世，反诸正”“为尊者讳，为亲者讳，为贤者讳”等原则进行编写，具有针砭时弊、规范世人的意义。

图 11-7　明人彩绘《圣迹图》之“西狩获麟”图（孔子博物馆藏）

4. “作”《易传》

《易》本为卜筮之书，其古经分上经、下经两部分。《易》有“经”有“传”。“传”又称《易传》，《易传》有八个部分，共十篇，所以叫作“十翼”，意思是“经”的羽翼。

《汉书·艺文志》称《易》“人更三圣，世历三古”，认为伏羲创八卦，周文王演重卦，孔子作《易传》。孔子之前，《易》长期流传，春秋时鲁国还出现了论述卦象的《易象》。孔子晚年对《易》产生浓厚的兴趣，说：“加我数年，五十以学《易》，可以无大过矣。”（《论语·述而》）司马迁说：“孔子晚而喜《易》，序《彖》《系》《象》《说卦》《文言》。读《易》，韦编三绝。曰：‘假我数年，若是，我于《易》则彬彬矣。’”(《史记·孔子世家》)应当说，今本《易传》虽然非成于一时一人，但其思想主要属于孔子，在一定意义上可以说孔子就是《易传》的作者。

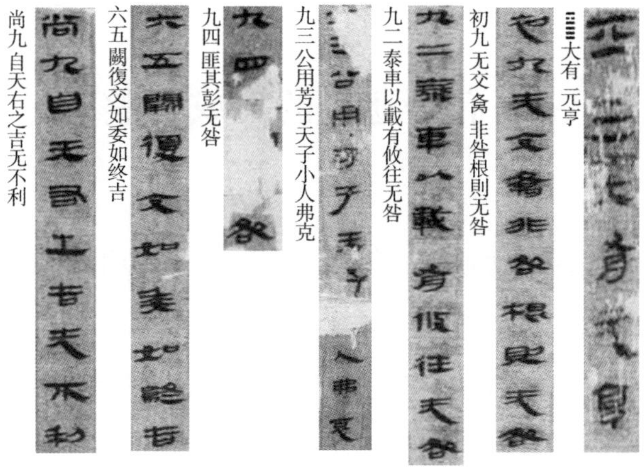

50
☲
☰
大有 元亨
初九 无交禽非咎根則无咎
九二 泰車以載有攸往无咎
九三 公用芳于天子小人弗克
九四 匪其彭无咎
六五 闕復交如委如終吉
尚九 自天右之吉无不利

图 11-8 马王堆帛书《周易》

从先秦到汉初的古书，都曾明引或者暗引《易传》。1973 年，长沙马王堆汉墓出土帛书《易传》，表明孔子确实与《易传》密不可分。其中的《要》篇记载了孔子晚年研究《易》的情况，说“夫子老而好《易》，居则在席，行则在橐（tuó）”。孔子肯定《易》有往圣遗教，他所要探讨的是《易》蕴含的义理。他说《易》“且有古之遗言焉。予非安其用也，予乐其辞也”，并说他乃为“观其德义”，“与史巫同途而殊归”，与占筮者不同。孔子还说：“后世之士疑丘者，或以《易》乎？”孔子此处的口吻，很像他说他与《春秋》关系时的口吻，孔子说："知我者其惟《春秋》乎！罪我者其惟《春秋》乎！"（《孟子·滕文公下》）。孔子可能是读了《春秋》才口出此言，由此推之，孔子与《易》的关系也非同一般。①

三、孔子遗说的形成与整理

孔子长期从事教育事业，在跟从孔子学习的过程中，弟子们往往有做笔记的习惯，即随时记录整理孔子重要言论，孔子言论因而被大量留存下来。《论语》如此，其他典籍如《孔子家语》《礼记》《大戴礼记》《孔子三朝记》《易传》中的孔子言论也是如此，这些都是"六经"之外研究孔子的重要资料。其中有的著录在《汉书·艺文志》的"论语类"里，与《论语》性质同。所有这些，可以统称为"孔子遗说"。

《孔子家语》应为孔子弟子笔记的汇编，所以它不像《论语》那样有摘录选编的痕迹，而明显带有笔记的特征。弟子们遇到孔子的善言嘉语，往往随时加以记录，这在《孔子家语》的一些篇章里有所体现。如《入官》篇载："子张既闻孔子斯言，遂退而记之。"《论礼》篇载："子夏蹶然而起，负墙而立，曰：'弟子敢不志之！'"《五刑解》篇载："冉有跪然免席，曰：'言则美矣！求未之闻。'退而记之。"如此等等，都是弟子们随时记录整理孔子言论的生动场景。

《孔子家语》的《正论解》《曲礼子贡问》篇，有孔子对弟子"小子识之""弟子志之"之类的提醒或叮咛，目的是让弟子记录或记住一些事情。"识"和"志"都有"记"的意思，如《礼记·礼运》记孔子曰："大道之行也，与三代之英，丘未之逮也，而有志焉。"其中的"志"，在《孔子家语》的《礼运》篇

① 参见李学勤《失落的文明》，上海文艺出版社1997年版，第279页。

中作“记”。不论“记”还是“志”，在此处都是用作名词，有“记载”“记录”“志书”之意。朱彬《礼记训纂》引刘台拱解此字曰：“识也，识记之书。”①《论语·卫灵公》曰：

子张问行。子曰：“言忠信，行笃敬，虽蛮貊之邦行矣；言不忠信，行不笃敬，虽州里行乎哉？立，则见其参于前也；在舆，则见其倚于衡也。夫然后行。”子张书诸绅。

所谓“书诸绅”，即写在腰间的大带上。这里可与《孔子家语》相互印证。《论语》出于孔门弟子所记，“皆孔子弟子记诸善言也”（何晏《论语集解序》引刘向语）；《汉书·艺文志》记刘歆说：“《论语》者，孔子应答弟子、时人及弟子相与言而接闻于夫子之语也。当时弟子各有所记，夫子既卒，门人相与辑而论纂，故谓之《论语》。”

图 11-9　子张像

《孔子家语·七十二弟子解》记载：

叔仲会，鲁人，字子期，少孔子五十岁。与孔琁年相比。每孺子之执笔记事于夫子，二人迭侍左右。

① 参见杨朝明《〈孔子家语·执辔〉篇与孔子的治国思想》，《儒家文献与早期儒学研究》，齐鲁书社 2002 年版。

很显然，这条材料十分重要！这说明孔子晚年讲学时，常常会有年轻的弟子在其身侧，轮流进行记录。正因如此，早期典籍中才有那么多“子曰”留存下来。以前人们不相信《孔子家语》的真实性，所以没有注意到该书的这条记载。

在与孔子的交流中，弟子们学到了很多东西，可以想见，不少弟子自然也都有自己整理保存的有关记录。那么，这些材料是什么时候汇聚起来的？又是怎样汇聚起来的？按照孔安国的说法，《论语》与《孔子家语》的编撰时代一致，那么，《孔子家语》的编纂也一定与子思有重要联系。孔子去世后，孔子弟子后学曾集辑整理孔子遗说，其中做出突出贡献的就是子思。由于子思的特殊身份以及他本人学术思想的卓越建树，使他有汇聚整理孔子遗说的独特优势与条件。

由于子思掌握不少孔子言论，甚至当时还有人怀疑子思整理的这些材料的真实性。《孔丛子·公仪》记载：

> 穆公谓子思曰：“子之书所记夫子之言，或者以谓子之辞也。”子思曰：“臣所记臣祖之言，或亲闻之者，有闻之于人者，虽非其正辞，然犹不失其意焉。且君之所疑者，何？”公曰：“于事无非。”子思曰：“无非所以得臣祖之意也，就如君言，以为臣之辞。臣之辞无非，则亦所宜贵矣。事既不然，又何疑焉？”

《孔丛子》记述了孔氏家族从孔子到孔鲋数代人物的言行。由于《汉书·艺文志》不著录其书，加之书中有些明显舛误，故宋代以来很多人不信其真，今人更多认定其书为汉魏时王肃伪造。实际上，孔子后裔采择既有资料，记其先人善言法语，并不是有意作伪。特别是前面有关孔子的部分材料，将其与其他的相关记载认真进行比较，会发现其并非出于后人的杜撰。

我们认为《孔丛子》的这条记载十分重要，它透露出一个十分重要的史实，即子思搜集汇聚了大量的孔子遗说。而且由《郭店楚墓竹简·成之闻之》和《上海博物馆藏战国楚竹书·从政》篇可知，子思所收集的这些孔子遗说，最初可能都以“闻之曰”的形式保留着。只是到了后来传抄整理时，被改成了“子曰”“孔子曰”“子云”“子言之”等，并保留在《礼记》等典籍之中。

图 11-10　子思像

子思所说“虽非其正辞，然犹不失其意”，也符合大量孔子遗说的实际情况。对于典籍保存的有关材料，不可动辄轻言“不合孔子思想”而简单抛弃，而应该有选择地对待。孔子思想内容丰富，而且也会有发展变化。如前人对《礼记·檀弓》多有讥评，但有人认为，该篇也是记载孔子及其弟子们的言行的，应该说其重要性不亚于《论语》，甚至认为其“重要性可能更胜过《论语》”。①

孔子时代距离今天遥远，如果材料的真实性没有问题，即使片言只语，也足可宝之，具有重要价值。《孔子家语》卷帙浩繁，字数是《论语》的 3.5 倍多，其价值绝不在“四书”之下，称之为“孔子文化第一书”并无夸张。但这并不是降低《论语》等“四书”的价值，而是以之衬托《孔子家语》的重要性。关于《论语》一书的名字，“论”有“选择”“选取”之意。《说文通训定声·屯部十五》曰：“论……《释文》本作纶，又为抡。”《国语·齐语》曰：“权节其用，论比协材。”韦昭

① 姚昆群、姚昆田：《研究孔子要注意孔子的真实思想——读〈檀弓〉》，《孔子研究》1990 年第 2 期。

注："论，择也。"《荀子·王霸》曰："君者，论一相，陈一法……以观其盛者也。"杨倞注："论，选择也。"至于"语"，《说文解字》说"语，论也"，《广雅》说"语……言也"。《论语》书名含义与孔安国《孔子家语后序》所说一致，是"取其正实而切事者，别出为《论语》"（《文献通考·经籍考十一·经》）。《论语》是在孔子言论中所"取"，这其中有一个选取、编纂的过程。

第十二章

孔子思想的时空维度

孔子思想在中华文化中的地位非常特殊。人们都知道，中华文化的主干是儒学，儒学的创始人是孔子，孔子儒学和中华民族有着深厚的渊源。但由于种种原因，人们对于孔子儒学有很多不同看法。似乎每个人心中都有一位孔子，而我们心目中的孔子又各有不同。孔子儒学对于中华民族的意义是什么？应该如何看待孔子儒学在今天的价值？

一、中华文明之树的主干

作为一种文明，孔子儒学应从它形成的广阔背景中去理解。如果把中华文明比喻成一棵生生不息的大树，这棵文明之树在不同的历史时期结出了许多不同的文明果实，孔子所创立的儒学则是这棵大树的主干。大树的根部是包括孔、孟在内的春秋战国先哲，这些先哲们的思想深深扎根于中国上古时期的文明土壤。大树的树干之所以又粗又壮，是因为它的根扎得很深很牢。

春秋战国时期，是中华传统思想智慧的繁盛期和高涨期。在春秋战国以前，中华文明已经有漫长的发展历程，有较高的发展水准，这一点非常重要。不了解孔子儒学的来源，不了解孔子儒学产生的文化背景，便很难理解孔子思想的深度、高度和宽度，也很难理解它的超越性。

李学勤先生特别强调要重新评价中国上古文明的发展水平。今天，我们走进许多中国的历史博物馆，所看到的东西有比前人少的，也有比前人多的。比前人少的，是指有很多古人曾经看到的东西散佚了，我们看不到了；但是我们也看到了比前人更多的东西，比如发现了更多战国时期的竹简，这些新材料与很多传世文献相互印证，可以激活很多的学术信息，帮助人们重新认识古代文明。比如墨子曾说，我虽然没有与古代的圣人并世同时，没有听到他们的声音、见到他们的面容，但是很多材料“书于竹帛，镂于金石，琢于盘盂，传遗后世”（《墨子·兼爱下》）。

春秋战国以前，在漫长的历史时期，曾经存在很多文献，有的虽然因为年代久远散佚了，我们今天看不到了，但在墨子所处的时代，有很多记载留存。《尚书》说“天叙有典”，还说“惟殷先人，有册有典”“有典有则，贻厥子孙”。实际上，殷商时代，先人对殷商有很多的记载，今天我们看到的这些记载主要是甲骨文。但是关于甲骨文以前的很多文献记录，典籍里也透露出很多线索。我们可以结合考古发现与学术的推进，重新思考中国的上古文明。当冷静、理性地回望过去时，我们会发现自尧舜以来，中华文明已有一个漫长的发展期。

谈及世界文明时，很多人喜欢用德国哲学家雅斯贝尔斯的所谓“轴心时代”理论。其实，在对人类文明的研究中，这一理论使我们看到很多地区在这一时期确实涌现了很多对人类走向产生重要影响的人物，但是中国的情况不是这样。轴心时代理论没有关注中华文明在诸子以前的漫长发展期，没有注意到许多中国古代思想家为何那么尊崇上古先王。

孔子等先秦时期的思想家，他们为何要尊崇先王，“祖述尧舜，宪章文武”？这与他们对先王的了解和理解，对先王的崇敬、阐释与继承有关。雅斯贝尔斯的轴心时代理论没有意识到一个重要问题，即中国春秋战国时期出现的孔、孟、老、庄等先哲，所代表的已经不是我们文明的发轫期，而是繁盛期、成熟期。

学术研究以及考古材料都证实了这一点：尧舜以来的三代时期，中华文明已有漫长的发展历程。只有了解这一点，才能去思考孔子学术的特征。中国儒学不能因为孔子是儒学的创始人就只从孔子讲起。在很大程度上，孔子处于中华五千年文明史的中间位置。孔子尊崇尧、舜、禹、汤、文、武、周公诸圣，孔子学术的特点是“述而不作，信而好古”。述，就是传述，就是继承，就是发扬光大古圣先王的文明成果。

著名历史学家柳诒徵在其《中国文化史》中评价孔子说：

> 孔子者，中国文化之中心也，无孔子则无中国文化。自孔子以前数千年之文化，赖孔子而传；自孔子以后数千年之文化，赖孔子而开。

类似的说法还有很多。比如，梁漱溟在其《东西文化及其哲学》中说：

> 孔子以前的中国文化差不多都收在孔子的手里，孔子以后的中国文化又差不多都从孔子那里出来。

这就是说，孔子在中国文化发展史上具有承上启下的特殊地位。柳诒徵、梁漱溟等不约而同地说到孔子以前中国文化的漫长形成过程，这一点很重要。唯其如此，才成就了孔子，成就了儒学的全体大用，成就了中华民族的文化底色。

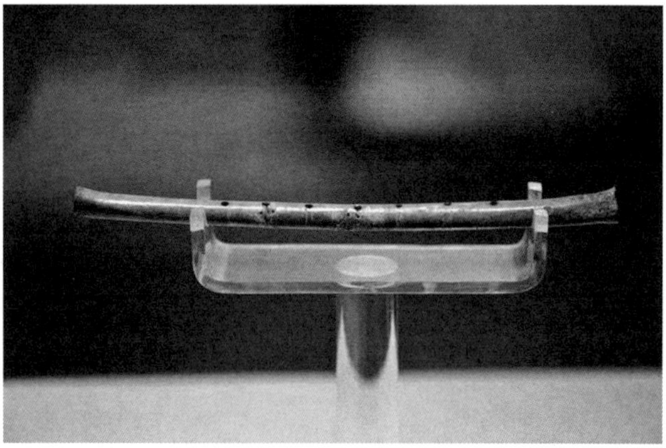

图 12-1　河南舞阳贾湖遗址出土的骨笛

那么，孔子以前的中国文化是什么样子？举例来说，人们到国家博物馆或者河南省博物馆，就会看到河南舞阳贾湖遗址出土的骨笛。骨笛是用丹顶鹤的骨头制作的，笛子距今 8000 多年。测音结果表明，这些骨笛不仅有完整的七声音阶，而且音准的高精度让人感觉不可思议。这一发现不是孤立的，在几次发掘中，贾湖地区前后共出土了骨笛 40 余支。从时间上讲，这些笛子的制作年代是在孔子诞生前的五六千年。这不禁让人思考中华文明的漫长历程，想到“好学”的孔子关于“信而好古”的文化继承。

二、超越时空的孔子思想

在孔子时代以前，中华文明已有漫长发展孕育的历史。孔子好学，好学必先有其所可学。孔子所处的周朝鲁国，以及孔子所处的春秋时代，这个区域与时空到底是什么样的“时空维度”？了解这一点，可以使我们更好地认识儒学，更好地走进孔子的思想世界。

孔子思考的不是“一时一地”的问题，所以《庄子》称孔子的学术是“道术”而不是“方术”。可是，我们想到孔子，脑海中浮现的往往是孔子栖栖遑遑到处奔走的身影，是那个乘坐马车“周游列国”的形象。

看起来，孔子为政似乎没有成功，但他清楚“穷达以时”的道理。孔子信念坚定，也有充分的自信。他为中都宰一年，“西方之诸侯则焉”，《史记·孔子世家》载“四方诸侯皆则之”，将其作为效仿学习的样板。此时，鲁定公问孔子：用你治理中都的办法治理鲁国，怎么样？孔子很自信地说：别说是一个鲁国，就是治理天下都可以。

孔子的自信源自他对礼乐本质的把握，源自他对人性和人的价值的思考，所以，有弟子问他“十世”以后的治世之道是否可知，孔子回答：别说“十世”，即使“百世”也可以知道。孔子认为，人组成社会，成为社会的人必须明于礼义。社会治理的根本，无非就是人心的端正，在人心中筑起道德的堤防。夏、商、周三代，礼的形式随着时代的变化而发生了“损益”，但礼的根本精神永远不会变，这就是人人都应该按照个人的社会角色做好自己。

图 12-2 《圣迹图》之“化行中都”图

由“中都”而“鲁国”而“天下”，由“三代”而“十世”而“百世”，显示出的正是孔子思想的“时空维度”，其思想的高度与宏阔由此可见一斑。孔子倡言“内圣外王之道”，主张推己及人、修己安人、明德新民。比如，孔子思考如何立身处世、怎样进行社会管理的问题时，往往是从根本上着眼，从简单处着手。

人与人相处有礼的规定性，都基于礼义，只是各个时代礼的形式有所变化。也就是说，时代发生了变化，人与人之间相处的原则、管理的方式会有一定程度的变化，但这种变化是以继承为前提的损和益。损，就是把那些不符合时代要求的去掉；益，则是根据新的时代要求适当增加。然而，其深层的义理绝不会变，即孔子所说“虽百世，可知也”。

由中都而鲁国而天下，这是关于孔子思想空间的放大；由三代而十世而百世，这是孔子思想时间的绵延。不管是空间的放大还是时间的绵延，孔子关注的核心是那些超越时空的根本性问题。

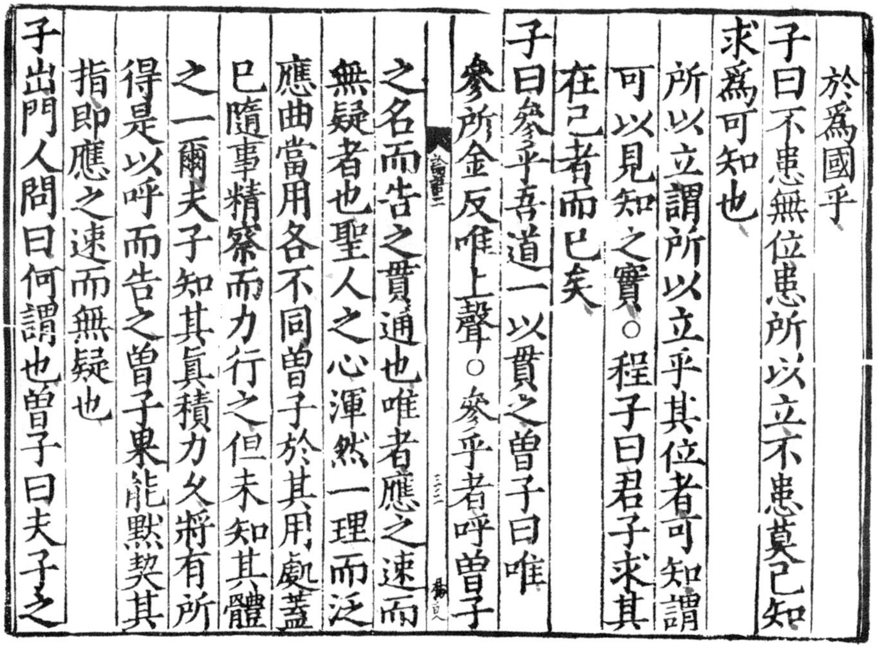
於爲國乎
子曰不患無位患所以立不患莫己知
求爲可知也
所以立謂所以立乎其位者可知謂
可以見知之實○程子曰君子求其
在己者而已矣
子曰參乎吾道一以貫之曾子曰唯
參所金反唯上聲○參乎者呼曾子
之名而告之貫通也唯者應之速而
無疑者也聖人之心渾然一理而泛
應曲當用各不同曾子於其用處蓋
已隨事精察而力行之但未知其體
之一爾夫子知其眞積力久將有所
得是以呼而告之曾子果能默契其
指即應之速而無疑也
子出門人問曰何謂也曾子曰夫子之

图 12-3 “不患无位，患所以立”

子贡向孔子请教有没有一个字可以终身奉行，孔子认为那大概就是“恕”字。孔子进而解释，所谓“恕”就是“己所不欲，勿施于人”。子张向孔子请教“行”，问如何才能使自己处处都能通达。孔子认为，人应当“言忠信，行笃敬”，即说话要忠诚守信，行事要庄重严肃。人应当时刻牢记，将“忠信”“笃敬”装在心中，用来指导自己的行动。孔子思考的不是一时一地的问题。从人们所处的“州里”，到远方与自己文化不同的“蛮貊之邦”，人们都以言行表达内心，人之内在的美无不体现在自己的言行中，所以只要明白并做到“言忠信，行笃敬”，就一定能“行”，即走到哪里都能顺畅通达。孔子的思想之所以能够具有超越时空的意义，就是因为他思考的出发点与立足点具有广阔的时空维度。

孔子学说代表了中国儒学的特性，即以“人”为中心，思考人本身，思考人的特性与价值。作为一个社会的人，应该尽力处理好“人情”与“人义”的关系，以更好地实现自身的价值。人都是自然的人，但也是社会的人。人有自然属性，又有社会属性。孔子告诉了人们结合与调和二者关系的原则或准则。

三、“儒学于道最为高”

孔子出生于社会底层，备尝生活的艰辛，但他自幼“好学”，在古圣先贤那里学的是人生哲理与社会法则。孔子所“好”之“学”，“道”而已矣。孔子之学，就是对“道”的追寻。

在孔子看来，春秋末年是天下无道的时代。天下无道的表现则是“礼坏乐崩”。道就是价值体系，是德行的标准。天下无道意味着价值观混乱、是非观扭曲。天下无道时，德行的好坏就失去了标准，人们纷纷跨越是非界限，社会上令人咋舌的“缺德”现象就频频上演。

道以明德，德以尊道。“德”之不“明”，则意味着“道”之不“尊”，意味着丧失了正确的价值体系，扭曲了是非观念。国家地大物博、人口众多，但管理无道，也不会真正强大进而伟大。国家有治理之道，为人有处世之道。道是时刻都离不开的东西，就像无论大事小事都有“好”与“不好”的标准。《庄子》说，道就在人的日常坐卧之间。《中庸》说，如果可以离开道，那道就不是道了。遵道而行，就是有德。德行的好坏、高低，要看与人道契合的程度。

道，是价值、方向、道路、引导。中国古人对于礼、义、道、德的理解很有意思，曾说礼者，理也；义者，宜也；道者，导也；德者，得也。礼表达的是理，义是合宜的事情，道是人的行为向导，有德的人才能得。孔子强调“谁能出不由户”，孟子强调“礼门义路”，无非是让人们尊道明德、循理而动。有了礼义道德，才能国富民安。礼义道德包含的是是非观、荣辱观的大问题，离开了它，后果将不堪设想。

几千年来，中国都追求和谐和顺，思想家们思索的核心问题是道德礼义问题，说到底就是明理弘道问题。《尚书》就谈到人心和道心，作为一个自然人，大家都有自然诉求，这就是人心；但人心深不可测，而道心又很精微。正因为“人心惟危，道心惟微”，所以人们要在是否合乎礼义道德问题上具有明确认识。这就是说，要在自然性和社会性发生冲突和矛盾时明确自己的选择。这便是孔子等诸圣思考的焦点所在。

《尚书》载“惟精惟一，允执厥中”。这个“一”极其重要，老子说“道生一”，“天得一以清，地得一以宁，神得一以灵，谷得一以盈，万物得一以生，侯王得一以为天下正”（《老子》第三十九章），孔子也说“吾道一以贯之”。这个“一”的内涵实际上就是指一体的思维。只有在社会关系的两端换位思考，不偏执于一方，才能用中而把握中道，才是合宜。也就是说，只有不偏不倚、不过亦不及，才能“允执厥中”。

图 12-4　孟子像

孔子的思想大略是什么？司马迁说“孟子述仲尼之意”，认为孟子传述了孔子学说的要义，所以孔子被尊为至圣，孟子为亚圣。据《孟子》开篇的记述，孟子去见梁惠王，梁惠王第一句话就是：“叟不远千里而来，亦将有以利吾国乎？”梁惠王开门见山地问：你大老远跑过来，能给我国带来什么利益呢？孟子回答：“何必曰利？亦有仁义而已矣。”《孟子》开篇就明明白白地把一个最基本的矛盾摆出来，那就是义利之辨。义和利，就是人情与人义、天理和人欲、道心和人心。孔子儒家所思考的最深层问题，不就是义和利的矛盾吗？

孔子创立儒学之前，早就有了“儒”的存在。如果望文生义，可以训“儒”为“人之需也”，但甲骨文、金文中的“儒”最早是一个“需”的象形，很像一个人以水冲洗，沐浴濡身。前辈学者研究认为，“儒”在商周时期是指相礼之人，负责在举行礼仪时引导具体的礼仪活动。这些礼仪活动具有一定的社会教化作用。相礼起初是一种职业，相礼之人的身份就是儒。①

孔子创立儒学后，情况就不一样了。“儒”和“儒家”存在区别，虽然它们都明于礼仪，但孔子所创立的儒学重在教育与教化。儒家强调不但要洗干净身体，更要洗干净心灵，就像《说文解字》段玉裁注所解释的：“儒之言优也，柔也，能安人，能服人。又儒者，濡也，以先王之道能濡其身。”以道濡身，即用尧、舜、禹、汤、文、武、周公等先圣先王之道来改变自身。所以孔子有一句很重要的话：

子谓子夏曰：“女为君子儒，无为小人儒。”（《论语·雍也》）

君子儒，儒中君子；小人儒，儒中小人。孔子对自己的弟子寄予厚望，希望他们不能仅仅视儒为一种职业或谋生手段，不能仅仅停留在洒扫应对、衣冠陈设之类的形式，而要特别注重对社会的教化，以有益于世道人心为追求。

器与道相对，有道在身才是君子。孔子说“君子不器”（《论语·为政》），即君子不要像器皿一样只有一种用途，要有自己正确的价值判断，有正确的是非抉择，可以依据事物的变化而收放自如，而不能拘泥古板，不能做器量狭小的“斗筲（shāo）之人”。一个合格的从政者要不断提升自己的格局，拓展自己的视野与情怀。君子曰：“大德不官，大道不器，大信不约，大时不齐。察于此四者，可以有志于本矣。”（《礼记·学记》）这个“大”是

---

① 徐中舒：《甲骨文中所见的儒》，《四川大学学报（哲学社会科学版）》1975年第4期。

“大学”之“大”，指大的格局。大德之人不拘于一官之任，懂得大道理就不局限于一定的用处，最讲诚信的人不必靠立约发誓来约束行为，天时与天机不是一成不变。能懂得这些道理，就能立志于根本，才能让生命扎根。

孔子所说“君子儒”讲求“道器合一”，就像孔子既讲“君子不器”又讲“君子藏器于身”。君子素质高而且全面，小人则才干不高、志趣不广，容易被声色犬马和美食美味诱惑。孔子设教，希望弟子为“君子儒”，不做“小人儒”，这是处世的宗旨。也许是因为接受了孔子之教，所以子夏说：“虽小道，必有可观者焉；致远恐泥，是以君子不为也。”（《论语·子张》）小的技艺也有可取之处，但是从长远看，君子若不如此行事，若拘泥于小道而不能通达，就经不起时间的检验，也很难行高致远。不入主流，难成一流。人们一定要关心重要问题，关心当务之急，不要总关注和处理一些无关紧要的小事。孔子说“攻乎异端，斯害也已”（《论语·为政》），即不要把精力集中于一些异端小道。行小道也有可观之处，但还是要把目光放长远，要放眼于更高层面上的大事要事。

孔子之学是“君子之学”。在孔子看来，一个真正的君子要有道术追求，有正确的理想，有坚定的信念。如果这样的追求能得到时代认可，那不是太令人喜悦了吗？所以，他不顾个人安危，四处奔走，希望他的理想得以实现。他甚至说“朝闻道，夕死可矣”（《论语·里仁》）。然而“上失其道，民散久矣”（《论语·子张》），礼坏乐崩的残酷现实使孔子到处碰壁。但他志向不改，希望有人理解自己。在孔子看来，如果有志同道合的人从远方来，那不也令人感到特别的快乐吗？所以，每当孔子与弟子们谈论理想与现实，有的弟子与孔子心灵相通时，孔子就格外开心。① 再退一步，即使所有

---

① 例如，《论语·季氏》记子路、曾皙、冉有、公西华侍坐，曾皙回答孔子之问后，孔子喟然叹曰：“吾与点也！”《孔子家语·在厄》记孔子召子路、子贡、颜回而问，颜回回答后，孔子欣然叹曰：“有是哉，颜氏之子，使尔多财，吾为尔宰。”《孔子家语·致思》记孔子与弟子北游于农山，使子路、子贡、颜渊致思，颜回陈述后，夫子凛然曰：“美哉，德也！”《孔子家语·致思》还记载：“孔子之郯，遭程子于涂，倾盖而语，终日，甚相亲。”这些记载皆可说明这一点。

的人都不理解自己，自己的理想无法实现，也不能因此改变自己的志向。换言之，一个人即使遇到巨大困难也不改初心志向，才是一名信念笃定的君子。

孔子常常谈到“君子”与“小人”的问题。君子就是为政者，“君”的本义是对统治者和贵族男子的通称，指那些地位高的人，后来指人格高尚的人。孔子培养的君子，是有德有位的社会管理者。所谓“仕而优则学，学而优则仕”（《论语·子张》），刘宝楠《论语正义》解释说：“古者大夫士，年七十致事，则设教于其乡，大夫为大师，士为少师，是‘仕而优则学’也。学至大成乃仕，是‘学而优则仕’也。”古代大学之教，教学生“学至大成”，优以入仕，他们“知类通达，强立而不反”，“足以化民易俗”（《礼记·学记》）。“小人”本指社会地位低微的普通民众，后来也用作自己的谦称。早期典籍对“君子”和“小人”的区分，体现了对君子更高的期待和要求。例如孔子说“君子之德风，小人之德草”“君子喻于义，小人喻于利”等。

孔子儒学从认知社会及其管理开始。《淮南子·要略》载：

> 孔子修成康之道，述周公之训，以教七十子，使服其衣冠，修其篇籍，故儒者之学生焉。

孔子的“儒者之学”是怎样产生的？孔子所修“成康之道”，成，指周成王；康，指周康王。西周初年，周公辅助文王、武王取得天下，又辅助成王巩固天下。成王七年，周公还政于成王。成王以后是康王，《史记·周本纪》记载：“成康之际，天下安宁，刑错四十余年不用。”孔子修成康之道、述周公之训而创立儒学，其特征就是追求社会的安宁。

如何才能取得社会安宁和顺的效果呢？《汉书·艺文志》说：

> 儒家者流，盖出于司徒之官。助人君顺阴阳明教化者也。游文于六

> 经之中，留意于仁义之际，祖述尧舜，宪章文武，宗师仲尼，以其重言，于道最为高。

孔子继承自尧、舜至于文、武的文化遗产，述周公之训，习六经之文，重仁义之行，从而培养和造就讲求忠信的君子。孔子以后，其影响越来越大，人们以孔子为宗师，弘扬和光大孔子之道。孔子和他所创立的儒学“于道最为高”，这个道就是向善的信仰、向上的追求。

附录

孔子年谱简编

一岁，前 551 年（鲁襄公二十二年）

孔子生于鲁国昌平乡郰邑（今山东曲阜城东南尼山附近，今尼山下有“坤灵洞”，为传说中的孔子出生地）；因父母祷于尼丘山而生，故名丘，字仲尼。

关于孔子出生的具体时间，存在不同说法；据《史记·孔子世家》，可定为本年夏历八月二十七日。

二岁，前 550 年（鲁襄公二十三年）

孔子在鲁。

三岁，前 549 年（鲁襄公二十四年）

孔子父叔梁纥卒，葬于防（今曲阜城东二十五里处之防山，今称梁公林）。

孔母颜徵在携孔子移居鲁都曲阜阙里。

四岁，前 548 年（鲁襄公二十五年）

孔子在鲁。

孔子与儿童游戏，常陈俎豆，设礼容。

齐崔杼弑其君齐庄公，齐景公立。

五岁，前 547 年（鲁襄公二十六年）

孔子在鲁。

卫国内乱，鲁、晋、郑、曹会于澶州，会商讨卫。

卫宁喜弑其君殇公，献公立。

六岁，前 546 年（鲁襄公二十七年）

孔子在鲁。

孔子行除服礼。

七岁，前 545 年（鲁襄公二十八年）

孔子在鲁。

小学卒业，知洒扫、应对之礼，五礼六乐、五射六御、六书九数之文(《阙里述闻》)。

周灵王死，子贵立，是为周景王。

鲁襄公朝楚。

八岁，前 544 年（鲁襄公二十九年）

孔子在鲁。

吴公子季札聘鲁。

卫献公卒。

周景王即位。

九岁，前 543 年（鲁襄公三十年）

孔子在鲁。

子产相郑。初郑国人歌曰："孰杀子产，吾其与之。"经过改革，郑国"都鄙有章，上下有服，田有封洫，庐井有伍"。从政三年，国人歌曰："子产而死，谁其嗣之。"(《左传》)后来，孔子对子产的政绩评价很高。

十岁，前 542 年（鲁襄公三十一年）

孔子在鲁。

鲁襄公死，其子继位，是为昭公。

郑子产对然明说，人民赞成的就去做，人民反对的就改正。不能对人民作威作福，不让他们讲话，堵塞人民之口犹如堵塞河流，一旦决口，伤人必多，不如疏导使水流通。执政和这个道理一样，应多听听大家的议论，把人民的议论当作药方。孔子后来听到这话便说：“以是观之，人谓子产不仁，吾不信也。”（《左传》）

十一岁，前 541 年（鲁昭公元年）

孔子在鲁。

叔孙豹会诸侯于虢国，楚灵王即位。

十二岁，前 540 年（鲁昭公二年）

孔子在鲁。

晋韩宣子聘鲁，观书于太史氏，见《易象》与《鲁春秋》，曰：“周礼尽在鲁矣。吾乃今知周公之德，与周之所以王也。”（《左传》）

郑杀其大夫公孙黑。

十三岁，前 539 年（鲁昭公三年）

孔子在鲁。

十四岁，前 538 年（鲁昭公四年）

孔子在鲁。

孔子曾说：“吾少也贱，故多能鄙事。”（《论语 · 子罕》）说明孔子少年时代曾经从事各种劳动。

楚灵王于申会十一诸侯，既而伐吴，杀齐庆封。

冬，郑国子产制定丘赋制度。

十五岁，前 537 年（鲁昭公五年）

孔子在鲁。

孔子曰："吾十有五而志于学。"（《论语 · 为政》）孔子在童年好学的基础上，更加致力于道德学问的不断完善。

鲁改三军为四军，叔孙、孟孙各领一军，季孙领二军。当时军、赋统一，分军即分赋，史称此举为"四分公室"（《左传》）。

季孙氏穆子至齐，生子竖牛、孟丙、仲壬，返鲁，竖牛杀孟丙，使其父绝食至死。叔孙昭子为相，继为乱，昭子欲杀之，后被孟丙之子杀死。孔子评论说："叔孙昭子之不劳，不可能也。周任有言曰：'为政者不赏私劳，不罚私怨。'《诗》云：'有觉德行，四国顺之。'"（《左传》）

十六岁，前 536 年（鲁昭公六年）

孔子在鲁。

郑铸刑书。

十七岁，前 535 年（鲁昭公七年）

孔子在鲁。

孔母颜徵在卒。

三月鲁昭公适楚，九月归。

卫襄公卒，子灵公立。

十八岁，前 534 年（鲁昭公八年）

楚灵公灭陈，陈公子留奔郑。

十九岁，前 533 年（鲁昭公九年）

孔子娶宋亓官氏之女（一作上官氏，见《孔子家语 · 本姓解》）为妻。

近人考证孔子夫人之姓应为并官氏。①

二十岁，前 532 年（鲁昭公十年）

孔子为委吏，主管会计、仓库，计算精确。

孔子夫人生子，因昭公赐鲤鱼以示祝贺，故名鲤，字伯鱼。

孔子有一女，不知生年，嫁公冶长为妻。

晋平公卒。

二十一岁，前 531 年（鲁昭公十一年）

孔子为“乘田”，管理畜牧，牛羊茁壮（《孟子·万章下》）。

楚灵王灭蔡，杀其世子。

二十二岁，前 530 年（鲁昭公十二年）

孔子少孤母寡，博学众艺，又善畋（tián）鱼，以奉母家祭之需。

是年，孔子设教闾里，有鲁人曾点、颜无繇、秦商、冉耕踵门受业。从此，孔子讲学不辍，弟子日增（《阙里志·年谱》）。

季氏宰南蒯以费叛。

郑简公卒，子定公立。

楚左史倚相趋而过，楚王曰：“是良史也，子（指宰相子革）善视之，是能读《三坟》《五典》《八索》《九丘》。”（《左传》）

二十三岁，前 529 年（鲁昭公十三年）

孔子在鲁。

子产推崇按轻重依次献贡，孔子闻之曰：“子产于是行也，足以为国基

---

① 参见王培荀《乡园忆旧录》，齐鲁书社 1993 年版，第 298 页；骆承烈《孔子夫人姓氏考辨》，《齐鲁学刊》1996 年第 1 期。

矣。”（《左传》）

二十四岁，前 528 年（鲁昭公十四年）

孔子在鲁。

孔子称赞叔向：“叔向，古之遗直也。治国制刑，不隐于亲，三数叔鱼之恶，不为末减。曰义也夫，可谓直矣。”（《左传》）

二十五岁，前 527 年（鲁昭公十五年）

孔子在鲁。

孔子居丧期间赴季氏之宴，阳虎绌之。（狄子奇《孔子编年》谓阳虎此时尚未用事。）

二十六岁，前 526 年（鲁昭公十六年）

孔子在鲁。

晋昭公卒，季平子前往参加葬礼。

二十七岁，前 525 年（鲁昭公十七年）

孔子在鲁。

郯子来鲁国朝见，昭公宴请郯子，其间郯子谈论少昊氏何以以鸟名官。孔子闻之，见于郯子而学，既而告人曰：“吾闻之：‘天子失官，学在四夷。’犹信。”（《左传》）

楚与吴战于长岸。

二十八岁，前 524 年（鲁昭公十八年）

孔子在鲁。

宋、卫、郑皆有火灾。

二十九岁，前 523 年（鲁昭公十九年）

孔子在鲁。

孔子学琴于师襄子（《阙里志·年谱》）。

孔子为吏尝与祭，入鲁太庙，每事问，季氏意如问故，孔子曰："是礼也。"

三十岁，前 522 年（鲁昭公二十年）

孔子在鲁。

齐景公、晏子来朝，景公问孔子秦穆公何以霸，孔子对以"其志大""行中正""身举五"，虽王可也。

郑子产将卒，嘱其子太叔，为政需以宽猛相济。孔子闻之，曰："善哉！政宽则民慢，慢则纠之以猛。猛则民残，残则施之以宽。宽以济猛，猛以济宽，政是以和。"又曰："不竞不絿（qiú），不刚不柔，布政优优，百禄是遒。"及子产卒，孔子曰："古之遗爱也。"（《左传》）《论语·公冶长》载："子谓子产，有君子之道四焉：其行己也恭，其事上也敬，其养民也惠，其使民也义。"

孔子自谓"三十而立"（《论语·为政》）。

三十一岁，前 521 年（鲁昭公二十一年）

孔子在鲁。

三十二岁，前 520 年（鲁昭公二十二年）

孔子在鲁。

四月，周景王崩，子猛立，是为悼王；王子朝之乱，悼王崩，景王另一子炣立，是为敬王。

三十三岁，前 519 年（鲁昭公二十三年）

孔子在鲁。

吴败顿、胡、沈、蔡、陈、许之师于楚地鸡父（今河南固始东南）。

三十四岁，前 518 年（鲁昭公二十四年）

孔子在鲁。

孟僖子将死，嘱其二子以孔子为师。僖子死，其子南宫敬叔随孔子至周王室问礼，会见老子。

孔子访乐于苌弘（《乐记》）。

三十五岁，前 517 年（鲁昭公二十五年）

鲁内乱。鲁昭公率军攻伐季氏。季孙、孟孙、叔孙共攻昭公，昭公奔齐。

孔子以乱邦不可居，亦奔齐。

孔子云："八佾舞于庭，是可忍也，孰不可忍也？"（此语原不详年月，因季氏逐昭公，故于此追记。）

是时，季孙、孟孙、叔孙皆歌雍诗，以行彻祭，孔子说："'相维辟公，天子穆穆'，奚取于三家之堂？"（《论语·八佾》）

孔子适齐，至泰山下遇妇人哭甚哀，问其因，对以三世死于虎，因山中无苛政而不去。孔子对弟子说："小子识之：苛政猛于虎也。"（《礼记·檀弓下》）

宋元公卒，子景公立。

三十六岁，前 516 年（鲁昭公二十六年）

孔子在齐闻《韶》乐，三月不知肉味。

齐景公问政于孔子，孔子对曰："君君，臣臣，父父，子子。"又对曰"政在节财"。

齐景公失政，田氏厚施夺其民。

齐景公将以尼溪之田封孔子，晏子阻。（据《说苑》："孔子见齐景公，景公致廪丘以为养，孔子辞不受，出谓弟子曰：'君子当以功受禄。今说景公，景公未之行，而赐我廪丘，其不知丘亦甚矣！’遂辞而行。”崔述以此说为是，责《史记》为谬。录此说备考。）

齐景公不用孔子，以介于季氏、孟氏之间的地位待之。又对孔子说：“吾老矣，不能用也。”（《论语·微子》）

昭公自齐居郓。

三十七岁，前 515 年（鲁昭公二十七年）

齐大夫欲加害孔子，景公亦不用。孔子自齐返鲁。（此依江永说，将返鲁定为昭公二十七年。）

季氏专政，孔子不仕。孔子云：“不义而富且贵，于我如浮云。”（《论语·述而》）

吴弑其君，阖庐立。

三十八岁，前 514 年（鲁昭公二十八年）

孔子在鲁。

鲁昭公入晋，居于晋邑乾侯。

晋魏献子为政，能举贤，孔子以为义，云：“近不失亲，远不失举，可谓义矣。”（《左传》）

郑定公卒，献公立。

三十九岁，前 513 年（鲁昭公二十九年）

孔子在鲁。

晋赵鞅、荀寅率师城汝滨，遂赋晋国一鼓铁，以铸刑鼎，著范宣子所为刑书焉。孔子曰：“晋其亡乎！失其度矣。夫晋国将守唐叔之所受法度，以经纬其民，卿大夫以序守之。民是以能尊其贵，贵是以能守其业。贵贱不愆（qiān），所谓度也。文公是以作执秩之官，为被庐之法，以为盟主。今弃是度也，而为刑鼎，民在鼎矣，何以尊贵？贵何业之

守？贵贱无序，何以为国？且夫宣子之刑，夷之搜也，晋国之乱制也。若之何以为法？”（《左传》）

四十岁，前 512 年（鲁昭公三十年）

孔子在鲁。

鲁昭公在乾侯。

晋顷公卒。

孔子自谓“四十而不惑”（《论语·为政》）。

四十一岁，前 511 年（鲁昭公三十一年）

孔子在鲁。

晋人使鲁季孙如意迎昭公于乾侯，昭公不见。

秋，吴侵楚。

四十二岁，前 510 年（鲁昭公三十二年）

孔子在鲁。

昭公卒于乾侯，季孙立昭公弟宋为君，是为定公。

四十三岁，前 509 年（鲁定公元年）

孔子在鲁。

夏，昭公灵柩自乾侯归葬鲁，定公即位。

八月，鲁发生严重的霜灾。

四十四岁，前 508 年（鲁定公二年）

孔子在鲁。

鲁国都城雉门及两观遭大火。

四十五岁，前 507 年（鲁定公三年）

孔子在鲁。

郳庄公卒，郳隐公即位，将冠，使人问礼于孔子。

鲁公与孔子车一乘，马二匹，竖子侍御。敬叔与俱至周。见老子，观《周礼》。《孔子家语·观周》曰：“观先王之遗制，考礼乐之所极。”又曰：“问礼于老聃，访乐于苌弘，历郊社之所，考明堂之则，察庙朝之度。”孔子说：“吾乃今知周公之圣，与周之所以王也。”

仲弓将往费为季氏采邑宰，问政于孔子。孔子曰：“先有司，赦小过，举贤才。”是年孔子云：“夏礼吾能言之，杞不足征也。”又云：“周监于二代，郁郁乎文哉！吾从周。”“行夏之时，乘殷之辂，服周之冕，乐则《韶》《武》。”

四十六岁，前 506 年（鲁定公四年）

孔子在鲁。

鲁定公、晋侯谋伐楚。

孔子观鲁桓公庙宥坐之欹器。孔子对弟子说：“吾闻宥坐之器者，虚则欹，中则正，满则覆。”“恶有满而不覆者哉！”孔子认为正确的态度应该是“聪明圣知，守之以愚；功被天下，守之以让；勇力抚世，守之以怯；富有四海，守之以谦。此所谓挹（yì）而损之之道也”（《荀子·宥坐》）。

四十七岁，前 505 年（鲁定公五年）

孔子在鲁。

季氏与家臣阳虎内讧。

阳虎欲见孔子，孔子不见，而在路上相遇。

季氏将伐颛臾。孔子云：“丘也闻有国有家者，不患寡而患不均，不患贫而患不安。盖均无贫，和无寡，安无倾。夫如是，故远人不服，则修文德以来之。既来之，则安之。今由与求也，相夫子，远人不服而不能来也；邦

分崩离析而不能守也。而谋动干戈于邦内。吾恐季孙之忧，不在颛臾，而在萧墙之内也。”（《论语·季氏》）

季氏僭于公室，陪臣执国命，鲁君臣上下皆失其正，故孔子不仕，退而修《诗》《书》《礼》《乐》，以为弟子诵习之资。

孔子曰：“假我数年，若是，我于《易》则彬彬矣。”（《史记·孔子世家》）（《论语》作“加我数年，五十以学《易》，可以无大过矣。”）

孔子弟子弥众，由远方至者，多达三千。

四十八岁，前 504 年（鲁定公六年）

孔子在鲁。

阳虎擅权日重。“阳虎又盟公及三桓于周社，盟国人于亳社”（《左传》），又在五父之衢祭神，以加祸于不守盟誓者。

阳虎策动鲁侯、季孙、孟孙侵郑，又使季桓子往晋献郑俘。

孔子叹曰：“禄之去公室，五世矣；政逮于大夫，四世矣；故夫三桓之子孙，微矣。”（《论语·季氏》）

四十九岁，前 503 年（鲁定公七年）

孔子在鲁。

二月，齐归鲁郓、阳关，阳虎居之以为政。

五十岁，前 502 年（鲁定公八年）

孔子在鲁。

阳虎欲废“三桓”，作乱，败于棘下，遂叛。

公山不狃为季氏费宰，不得志，遂据费邑叛，召孔子，孔子欲往。子路不悦，孔子曰：“如有用我者，吾其为东周乎？”然卒未行。

孔子说：“天下有道，则礼乐征伐自天子出；天下无道，则礼乐征伐自诸侯出。自诸侯出，盖十世希不失矣；自大夫出，五世希不失矣；陪臣执国

命，三世希不失矣。”（《论语 · 季氏》）

孔子自谓“五十而知天命”（《论语 · 为政》）。

五十一岁，前 501 年（鲁定公九年）

孔子在鲁。

南见老聃（《庄子 · 天运》）。

阳虎归所窃宝玉大弓于鲁。鲁逐阳虎，虎奔齐，请齐师伐鲁，不许。囚虎，逃脱后奔晋。赵简子用之。孔子说：“赵氏其世有乱乎！”（《左传》）

季桓子执鲁政，欲求贤。孟懿子荐孔子。

孔子为中都宰，制养生送死之节，长幼异食，强弱异任，男女别途，路无拾遗，器不雕伪；为四寸之棺，五寸之椁，因丘陵为坟，不封不树。行之一年，四方则之。

五十二岁，前 500 年（鲁定公十年）

孔子在鲁。

孔子由中都宰升司空，由司空升大司寇，“摄相事”。

齐鲁夹谷之会，孔子任相礼，劝定公以将军为随从，云“有文事者必有武备，有武事者必有文备”，定公从之。齐鲁会盟，齐奏夷狄之乐，为孔子斥退。齐又出优倡、侏儒，孔子令处死。景公震惧，归还所侵鲁地郓、汶阳、龟阴之田。（《左传》载齐国“以兵劫鲁侯”，崔述称诛侏儒为伪造。）

五十三岁，前 499 年（鲁定公十一年）

孔子为鲁大司寇，鲁国大治。云：“听讼吾犹人也，必也使无讼乎。”

孔子诛乱政者少正卯。

鲁与郑讲和，开始背弃晋国。

五十四岁，前 498 年（鲁定公十二年）

孔子在鲁。

孔子对鲁定公说：“臣无藏甲，大夫毋百雉之城。”仲由为季氏宰，始有堕三都之事。（此事《史记》作定公十三年，今从《左传》《谷梁传》。）

定公问孔子君臣事，孔子曰：“君使臣以礼，臣事君以忠。”

定公问孔子一言是否可以兴邦或丧邦。对曰：“不几乎一言而兴邦乎？”“不几乎一言而丧邦乎？”

孔子仕于鲁，言行动止，时时处处约之以礼节。

五十五岁，前 497 年（鲁定公十三年）

孔子治鲁，齐国惧。齐国送女乐、马队，鲁定公、季氏受之，不闻国政。孔子大失所望，前往卫国。据说，孔子临别，作《龟山操》云：“予欲望鲁兮，龟山蔽之。手无斧柯，奈龟山何！”孔子由此开始了“周游列国”的生涯。

五十六岁，前 496 年（鲁定公十四年）

孔子在卫，卫灵公赐孔子俸禄如鲁。

孔子居卫十个月，受到监视，恐获罪，将适陈，过匡，被围五日，匡人逼迫孔子答应不再返回卫都，便将其释放。孔子被释放后，想去往晋国，听说晋杀二贤人，不由得临河而叹。

晋内乱，佛肸叛，欲召孔子，孔子打算前往，因子路反对而未果。

五十七岁，前 495 年（鲁定公十五年）

孔子前往卫国，向灵公建议讨伐匡地叛乱，灵公未采纳其建议。

孔子见灵公夫人南子，灵公又让南子、孔子同车外出，宦者为参乘，孔子为次乘，招摇过市。孔子曰：“吾未见好德如好色者也。”

邾子朝鲁，子贡观礼。

鲁定公卒。定公子蒋立，是为哀公。

五十八岁，前 494 年（鲁哀公元年）

孔子在卫。

卫公孙朝问子贡："仲尼焉学？"子贡曰复兴文武之道。

孔子击磬，老者闻其声，说孔子是有心思的人，然声音浅薄、固执，诉说没人了解自己。

灵公怠政，不用孔子。孔子曰："苟有用我者，期月而已可也，三年有成。"

五十九岁，前 493 年（鲁哀公二年）

孔子在卫。

卫国内乱，卫世子蒯聩逃亡晋国。

灵公欲讨伐蒯聩，问军事于孔子，孔子以父子之争，师出不义而不对。灵公与孔子谈话，却又观望空中飞雁而慢待孔子，孔子只得离卫。

卫灵公卒。蒯聩子辄立，是为卫出公。

孔子过宋，宋司马欲通过伐树谋害孔子师徒，孔子不得不逃离宋国去郑国，被视若丧家之狗。

孔子至陈，居住在司城贞子家。

六十岁，前 492 年（鲁哀公三年）

孔子在陈。

陈公派人问孔子隼鸟落于宫廷一事，孔子云：鸟来自肃慎族，鸟身上的矢就是肃慎族使用的弓箭。当初武王时，肃慎族曾以之作为贡品纳于公室，武王又曾将矢赠给陈国始君虞胡公。陈公果然在旧府库中找到了矢。

季桓子病重，嘱托继承人将孔子请回鲁国，鲁大夫公之鱼阻之，建议把冉求召回鲁国。

齐助卫国围蒯聩所居之戚邑。

孔子自谓“六十而耳顺”（《论语·为政》）。

六十一岁，前 491 年（鲁哀公四年）

孔子在陈。

孔子自陈至蔡。

六十二岁，前 490 年（鲁哀公五年）

孔子适叶（即负菡），复离叶返蔡。

齐景公卒。

六十三岁，前 489 年（鲁哀公六年）

孔子在陈、蔡间，欲往楚，诸侯指使刑徒围困孔子，绝其粮七日，孔子弟子多病倒。孔子仍然讲学、弹琴、诵诗不辍，鼓励弟子在困窘中坚定信念。最后孔子派子贡至楚求援，楚派兵护送孔子解脱困境，到达负菡。出镇负菡的叶公问政，孔子曰“徂远附迩”；又问孔子为怎样的人，孔子曰：“其为人也，发愤忘食，乐以忘忧，不知老之将至。”

孔子云：“吾党之直者异于是（指叶公所说“其父攘羊，而子证之”一事），父为子隐，子为父隐，直在其中矣。”（《论语·子路》）

楚昭王欲给孔子封地，宰相子西阻之。

楚昭王死于城父。

楚狂接舆为孔子唱“今之从政者殆而”之歌，孔子未至楚境便决定返回卫国。途中遇几名隐者，劝说孔子弟子道：与其追随躲避坏君主的人，不如追随逃避社会的人。孔子驳斥曰：“鸟兽不可以同群。”有老者指责孔子“四体不勤，五谷不分”。

六十四岁，前 488 年（鲁哀公七年）

孔子在卫。

卫出公欲用孔子，子路问孔子为政何者为先，孔子曰："必也正名乎！"（《孔子编年》谓孔子是年在鲁。）

六十五岁，前 487 年（鲁哀公八年）

孔子在卫。

三月，吴攻鲁失败，孔子弟子参战护鲁有功。

六十六岁，前 486 年（鲁哀公九年）

孔子在卫。

楚伐陈。宋伐郑。吴、鲁谋伐齐。

六十七岁，前 485 年（鲁哀公十年）

孔子在卫。

孔子夫人卒。

六十八岁，前 484 年（鲁哀公十一年）

冉有率军，在郎战胜齐军。

季康子派人迎孔子归鲁。孔子至此结束了长达 14 年的"周游列国"的生涯。

哀公问政于孔子，孔子云重在择臣，任用正直的人，斥退奸诈的人。

季康子患盗，孔子说："苟子之不欲，虽赏之不窃。"（《论语·颜渊》）

孔子仍不被重用，于是开始整理文献，自称"述而不作"，哀叹文献不足征。

孔子观夏、商、周之礼，云："后虽百世可知也，以一文一质。周监二代，郁郁乎文哉。吾从周。"（《史记·孔子世家》）

六十九岁，前 483 年（鲁哀公十二年）

孔子在鲁。

春，鲁实行田赋。

夏，鲁昭公夫人吴孟子卒，孔子前往吊唁。

孔子与鲁太师论乐。

冉有为季氏聚敛而附益之，孔子愤然曰：“非吾徒也。小子鸣鼓而攻之，可也。”（《论语·先进》）

冬，鲁国发生蝗灾，季孙问计于孔子。

孔子之子鲤卒，年 50 岁。

七十岁，前 482 年（鲁哀公十三年）

孔子在鲁。

孔子自谓“七十而从心所欲，不逾矩”（《论语·为政》）。

七十一岁，前 481 年（鲁哀公十四年）

鲁公室狩猎获麟，孔子曰：“吾道穷矣。”又云：“河不出图，洛不出书，吾已矣夫!”（《史记·孔子世家》）

孔子因鲁史作《春秋》。《孟子·滕文公》云：“世衰道微，邪说暴行有作，臣弑其君者有之，子弑其父者有之。孔子惧，作《春秋》。《春秋》，天子之事也。”《孟子·离娄》又云：“王者之迹熄而《诗》亡，《诗》亡然后《春秋》作。晋之《乘》、楚之《梼杌》、鲁之《春秋》，一也。其事则齐桓、晋文，其文则史。孔子曰：‘其义则丘窃取之矣。’”

孔子弟子颜渊卒，孔子哭之恸，曰：“噫！天丧予！天丧予!”（《论语·先进》）

七十二岁，前 480 年（鲁哀公十五年）

孔子在鲁。

子路死于卫内乱，孔子恸甚。

七十三岁，前 479 年（鲁哀公十六年）

孔子逍遥于门，歌曰："泰山其颓乎！梁木其坏乎！哲人其萎乎！"子贡入见。孔子说：我梦见自己坐在两柱之间受人祭奠，我的祖先殷人死后就是如此受祭奠的。后七日孔子卒。

鲁哀公作祭文悼孔子。

孔子葬于鲁城北泗上，弟子皆服丧三年。孔子冢大一顷，故居堂内藏孔子衣、冠、琴、车、书，祭祀两千余年而不绝。